国家社科基金项目"形成性评价在我国外语教育领域的情境重构及实现路径研究(17BYY100)"成果

光明社科文库
GUANGMING DAILY PRESS:
A SOCIAL SCIENCE SERIES

·教育与语言书系·

形成性评价研究
基于大学英语教育的实施与效应

陈秋仙 | 著

光明日报出版社

图书在版编目（CIP）数据

形成性评价研究：基于大学英语教育的实施与效应 / 陈秋仙著． -- 北京：光明日报出版社，2025.1.
ISBN 978-7-5194-8438-5

Ⅰ.H319.3

中国国家版本馆 CIP 数据核字第 2025QD6498 号

形成性评价研究：基于大学英语教育的实施与效应
XINGCHENGXING PINGJIA YANJIU：JIYU DAXUE YINGYU JIAOYU DE SHISHI YU XIAOYING

著　　者：陈秋仙	
责任编辑：李　晶	责任校对：郭玫君　李学敏
封面设计：中联华文	责任印制：曹　净

出版发行：光明日报出版社
地　　址：北京市西城区永安路 106 号，100050
电　　话：010-63169890（咨询），010-63131930（邮购）
传　　真：010-63131930
网　　址：http://book.gmw.cn
E - mail：gmrbcbs@ gmw.cn
法律顾问：北京市兰台律师事务所龚柳方律师
印　　刷：三河市华东印刷有限公司
装　　订：三河市华东印刷有限公司
本书如有破损、缺页、装订错误，请与本社联系调换，电话：010-63131930

开　　本：170mm×240mm	
字　　数：263 千字	印　　张：16
版　　次：2025 年 1 月第 1 版	印　　次：2025 年 1 月第 1 次印刷
书　　号：ISBN 978-7-5194-8438-5	
定　　价：95.00 元	

版权所有　　翻印必究

序

近年来，形成性评价成为教育界热议的话题。作为一种能够促进学生全面发展的评价方式，形成性教学评价不仅在学术研究领域得到了广泛关注，① 更是被各国引入政策范畴。不时游走于国内学术界的我，也经常为国内形成性评价及相关研究的热火朝天瞩目。国家层面有刘建达教授带领的团队大刀阔斧，短短几年间就成功开发出《中国英语能力等级标准》（CSE），可与欧洲英语语言通用框架（CEFR）媲美；②③ 有知名教授如何莲珍④、金艳⑤、王海啸等，在国际学术会议、学术期刊以及其他场合为形成性评价发声建言。当然，还有诸多学者同样在形成性评价这一领域默默耕耘。

陈秋仙老师的新作《形成性评价在我国英语教育领域的情境重构及实现路径——基于大学英语学科的区域性视角》是她多年深耕的结晶。该书着力探讨形成性评价这一政策在大学英语学科的实施，在地方院校的情境重构、存在的问题，并仔细分析其对学生学习和教师教学的影响，是一部难得的"及时雨"专著。该书的内容中肯切实，给大学英语教师带来了既有理论价值又有实践价值的视野。尤其难得的是，她的研究立足欠发达地区，为国内形成性评价相关研究全景侧写中的薄弱环节提供了宝贵素材。

---

① WILLIAM D. What is Assessment for Learning？[J]. Studies in Educational Evaluation，2011，37（1）：3-14.
② 中华人民共和国教育部，国家语言文字工作委员会. 中国英语能力等级量表［EB/OL］. 中华人民共和国教育部官网，2018-04-13.
③ 张伟伟，张军. 现代语言测试视域下中国英语学习者口语策略能力研究［M］. 北京：清华大学出版社，2023.
④ 何莲珍. 以语言评价专业化建设推动教育评价改革［J］. 中国考试，2020（9）：5-9.
⑤ 金艳. 大学英语评价与测试的现状调查与改革方向［J］. 外语界，2020（5）：8.

我认识陈老师的这些年来,她一直在该领域笃力前行。好几次在国内的高层次学术会议上相遇,她都在寻求专家意见和努力雕琢文稿。如果没记错的话,我甚至为书中第十章的英文版"When high stakes are no more"提供过反馈和修改建议。第九章"Problematising formative assessment in the undeveloped region of China"发表时,也有幸最早知晓并得以赏读。几乎可以说,我在一定程度上见证了她的持之以恒。如今她将作品结书出版,实在为她高兴。写下此序,愿她在学术上恒以致远!也祝形成性评价能在国家的大力支持下,在刘建达教授等学者的引领下,在类似陈秋仙学者的辛勤耕耘中,在未来的教育改革中发挥越来越重要的作用,在中国大地上结出丰硕喜人的果实!

张军

新西兰奥克兰大学教育与社会工作学部、

课程与教学论学院

2024 年 3 月 28 日于奥克兰

前　言

本书主要是笔者在国家社科基金（17BYY100）的大力支持下于2017年到2022年间产出的一系列研究成果的汇总和升华。

该系列研究以"形成性评价"这一21世纪初就进入我国教育各层次及各学科课程大纲体系的政策话语为题，着力探讨了该评价政策在我国中西部某省八所院校大学英语教育领域的实施和实践状况。在此基础上，作者又通过综合本系列研究和现有相关文献的发现，映射形成性评价这一舶来理论在我国教育和历史文化情境下的解构与现实重构状况，并尝试从中找出现实情境下最大化最优化的实现路径。

关于形成性评价实施和实现的研究之所以重要，首先是因为评价在我国教育中的错位。评价本是课程论中与教、学并列的一环，它与这两环相互关联、相互依存并互相影响。但评价在某些特定的情境下，被显化甚至极端化，进而被赋予堪称"强大"的影响力，[①] 成为课堂教学事实上的"指挥棒""风向标"和"温度计"。这种情形下的评价，其地位自然被扭曲，高高凌驾于另外两环之上，并导致教与学在内容和方向事实上压缩和较少。这一被称为"反拨效应"的现象对具体教学的牵制以及对宏观教育的掣肘早已成为业界共识；[②][③] 同时也是教育领域多年来致力于改进和革新却不显成效的遗留问题之一。

[①] SHOHAMY E. The Power of Tests：A Critical Perspective on The Uses of Language Tests [M]. Harlow：Longman，2001.

[②] 亓鲁霞. 语言测试的反拨效应理论与实证研究 [J]. 外语教学理论与实践，2011（4）：23.

[③] 邹申，董曼霞. 国内反拨效应研究20年：现状与思考 [J]. 中国外语. 2014，11（4）：4-14.

其次是学界对于评价功能的新认知。20世纪后半期，认知和学习理论的新发展促进了对教育评价的重新认识。这些对评价的新认知与教育现实中评价问题的碰撞，将"形成性评价"推到了前台。随着该理论在过去二十年间的逐渐完善以及该理论"促学"效应的被认可，形成性评价成为全球范围教育改革的重要驱动力，① 也成为各国教育领域寻求解决"反拨效应"及其他评价问题，并借力提升教育质量的重要途径②。

我国从21世纪初，逐步将形成性评价引入各教育层次和不同学科的教学大纲和评价政策中，就是为了缓解我国教育中积年难解的评价问题，并削弱这些问题带来的不良影响，在提升教育质量的同时释放教育所蕴含的生产力。2020年10月，中共中央、国务院印发的《深化新时代教育评价改革总体方案》更是将这一任务提上了日程。

深度了解形成性评价的实施状况，可以助力矫正评价在我国教育中的地位，降低甚至解除评价对我国教育的捆绑。本系列研究的主体部分是对形成性评价在我国中西部某省大学英语教育领域的深度探讨，希望能为我国新时代的教育评价改革提供来自偏远地区第一线的实证性数据和参考。

陈秋仙
2025年3月1日　于太原山大蕴华庄

---

① BROADFOOT P. An Introduction to Assessment [M]. London：Continuum，2007.
② BLACK P，WILIAM D. Inside the Black Box：Raising Standards through Classroom Assessment [J]. Phi Delta Kappan Magazine，2010，92（1）：81-90.

目 录
CONTENTS

第 I 篇　情境 & 背景

第一章　绪论 ⋯⋯⋯⋯⋯⋯⋯⋯⋯⋯⋯⋯⋯⋯⋯⋯⋯⋯⋯⋯⋯⋯⋯⋯ 3
　一、研究背景 ⋯⋯⋯⋯⋯⋯⋯⋯⋯⋯⋯⋯⋯⋯⋯⋯⋯⋯⋯⋯⋯⋯ 3
　二、研究价值和意义 ⋯⋯⋯⋯⋯⋯⋯⋯⋯⋯⋯⋯⋯⋯⋯⋯⋯⋯⋯ 5
　三、章节构成 ⋯⋯⋯⋯⋯⋯⋯⋯⋯⋯⋯⋯⋯⋯⋯⋯⋯⋯⋯⋯⋯⋯ 7

第二章　形成性评价理论之源起、演变及本质 ⋯⋯⋯⋯⋯⋯⋯⋯ 9
　一、形成性评价的源起 ⋯⋯⋯⋯⋯⋯⋯⋯⋯⋯⋯⋯⋯⋯⋯⋯⋯⋯ 9
　二、形成性评价定义的演变 ⋯⋯⋯⋯⋯⋯⋯⋯⋯⋯⋯⋯⋯⋯⋯ 10
　三、形成性评价的理论根源及范式转换 ⋯⋯⋯⋯⋯⋯⋯⋯⋯⋯ 14
　四、小结 ⋯⋯⋯⋯⋯⋯⋯⋯⋯⋯⋯⋯⋯⋯⋯⋯⋯⋯⋯⋯⋯⋯⋯ 17

第三章　形成性评价在我国教育领域的文化适可性分析 ⋯⋯⋯ 18
　一、引言 ⋯⋯⋯⋯⋯⋯⋯⋯⋯⋯⋯⋯⋯⋯⋯⋯⋯⋯⋯⋯⋯⋯⋯ 18
　二、我国教育情境分析 ⋯⋯⋯⋯⋯⋯⋯⋯⋯⋯⋯⋯⋯⋯⋯⋯⋯ 19
　三、形成性评价在我国教育领域的适可/不适可性分析 ⋯⋯⋯ 24
　四、小结 ⋯⋯⋯⋯⋯⋯⋯⋯⋯⋯⋯⋯⋯⋯⋯⋯⋯⋯⋯⋯⋯⋯⋯ 27

第四章　形成性评价政策之于大学英语教育 ········ 28
　一、引言 ········ 28
　二、关于大学公共英语教育 ········ 29
　三、数据和方法 ········ 30
　四、大学英语评价政策及其工具性的演变 ········ 31
　五、大学英语评价政策工具性的演变及其现实缘由 ········ 35
　六、小结 ········ 39

第Ⅱ篇　框架 & 方法

第五章　研究设计及理据 ········ 43
　一、理论框架 ········ 43
　二、多案例法 ········ 46
　三、数据的收集和工具 ········ 47
　四、数据整理和分析 ········ 48
　五、小结 ········ 48

第Ⅲ篇　解构 & 重构

第六章　形成性评价在大学英语教育领域的本土呈现 ········ 51
　一、引言 ········ 51
　二、研究设计及方法 ········ 55
　三、研究结果和分析 ········ 57
　四、讨论 ········ 62
　五、小结 ········ 65

第七章　形成性评价在大学英语教育领域的实施案例 A ········ 66
　一、引言 ········ 66
　二、形成性评价实践的复杂性 ········ 67
　三、大学英语学科中的形成性评价 ········ 69
　四、研究方法 ········ 71

五、研究结果 ·· 75
　　六、讨论 ·· 81
　　七、启示 ·· 84
　　八、小结 ·· 86

第八章　形成性评价在大学英语教育领域的实践案例 B ·············· 87
　　一、引言 ·· 87
　　二、研究方法 ·· 88
　　三、结果与分析 ·· 90
　　四、讨论 ··· 103
　　五、结论 ··· 106
　　六、小结 ··· 108

第九章　形成性评价在大学英语教育领域的实施与问题 ············ 109
　　一、引言 ··· 109
　　二、形成性评价在我国英语教育领域遭遇的问题及原因探析 ···· 110
　　三、研究方法 ·· 116
　　四、研究结果及分析 ··· 120
　　五、讨论 ··· 126
　　六、启示 ··· 130
　　七、小结 ··· 131

第Ⅳ篇　影响 & 成效

第十章　评价政策变化对大学英语学习者的影响 ······················ 135
　　一、引言 ··· 135
　　二、背景 ··· 137
　　三、文献综述：评价改变对学生及其学习的影响 ····················· 141
　　四、研究方法 ·· 144
　　五、结果和讨论 ·· 147
　　六、结论 ··· 155

七、小结 ………………………………………………………… 158

**第十一章　形成性评价对我国英语学习者的影响Ⅰ：政策借用视角下的
　　　　　　元分析** …………………………………………………… 159
　　一、引言 ………………………………………………………… 159
　　二、背景 ………………………………………………………… 162
　　三、形成性评价在我国英语教育领域的实施和效果 ………… 163
　　四、研究方法 …………………………………………………… 164
　　五、研究结果 …………………………………………………… 170
　　六、讨论 ………………………………………………………… 175
　　七、结论 ………………………………………………………… 178
　　八、小结 ………………………………………………………… 178

**第十二章　形成性评价对我国英语学习者的影响Ⅱ：政策借用视角下的
　　　　　　主题分析** …………………………………………………… 180
　　一、引言 ………………………………………………………… 180
　　二、数据来源及研究方法 ……………………………………… 181
　　三、分析与发现 ………………………………………………… 183
　　四、结论 ………………………………………………………… 190
　　五、小结 ………………………………………………………… 191

第Ⅴ篇　总结 & 展望

第十三章　形成性评价原则的重构和形成性评价政策的效果 …… 195
　　一、关于原则的情境重构 ……………………………………… 195
　　二、关于政策的实施效果 ……………………………………… 196

第十四章　形成性评价在我国英语教育领域的实现路径 ………… 198
　　一、引言 ………………………………………………………… 198
　　二、形成性评价与终结性评价融合的必要性 ………………… 199
　　三、形成性评价与终结性评价融合的可能性 ………………… 201

四、形成性评价与终结性评价融合的可行性 …………………… 205
五、形成性评价与终结性评价融合的现状与展望 ………………… 210

附录Ⅰ 主管院系领导问题清单 …………………………………… 213
附录Ⅱ 教师焦点访谈问题清单 …………………………………… 215
附录Ⅲ 学生调查问卷 ……………………………………………… 216
参考文献 ……………………………………………………………… 220
书评 …………………………………………………………………… 238

01

第 I 篇

情境&背景

第一章 绪 论

本章为全书的开篇,是对研究全貌的概括和介绍。具体而言,本章在明确研究问题的同时,交代了研究所处的宏观背景,以及研究的价值和意义所在。最后,描绘了具体的章节构成和内容。

一、研究背景

评价对我国教育而言无疑是一柄双刃剑。一方面,评价是教育阶段性遴选、国家选拔任用人才等的必要衡量;另一方面,评价一直以来也困扰并制约着我国教育的良性发展。[①] 2020 年 10 月 13 日,中共中央、国务院印发的《深化新时代教育评价改革总体方案》(下文简称《总方案》)将与评价相关的诸多问题称为我国教育的"顽瘴痼疾"[②]。全方位改革评价机制,破除"五唯"(唯分数、唯升学、唯文凭、唯论文、唯帽子)评价框架对教学的捆绑,提升教育质量,释放教育所蕴含的生产力和国际竞争力,随着《总方案》的印发和党的二十大"高质量发展"主旋律的确定,教育评价改革上升为我国教育事业日程表上亟待解决的顶级任务。[③]

事实上,我国教育评价改革从未停止。始于 21 世纪初的新一轮教育革新就在评价方面做出了很大的改变。其中最显著的一点是,各教育层次和不同学科的纲领性文件,如教学大纲、课程指南或课程标准等,皆将形成性评价引入评

[①] 刘振天,罗晶. 高等教育评价"双刃剑":何以兴利除弊[J]. 大学教育科学,2021(1):4-12.
[②] 深化新时代教育评价改革总体方案[EB/OL]. 中华人民共和国中央人民政府网站,2020-10-13.
[③] 刘云生. 论新时代系统推进教育评价改革[J]. 国家教育行政学院学报,2022(2):13-24.

价范畴，以期能缓解我国教育中积年难解的评价问题，并矫正这些问题带来的不良影响。① 然而，政策的初衷与最终效果之间的路径并非直线，② 其距离之远近也绝非用某种度量衡即可简单测量。③ 对跨越文化和国界的形成性评价理论和政策而言，尤其需要面对重重挑战。

首先，对形成性评价这一理论认知的普及是必须做的功课。了解该理论的源起及其在过去二十多年间的演变，尤其是该理论与现有评价理论之间在基础根源、形式、内容、目的、手段等方面的不同，明白两者之间所发生的范式转变，是所有教育工作者必不可少的前期知识储备。

其次，形成性评价作为舶来理论，在我国教育情境下必将经历一个适应性解构和再建构的过程。④ 其中，对文化情境适可/不适可性的解析是前提，决定着政策制定者如何对该理论进行适应性调整，也很大程度上影响着该理论如何在实践中被诠释和实施。毕竟，不同的社会文化背景和传统可能会对同一理念产生理解和行为上的差异，进而导致不同的结果。对形成性评价与我国教育文化背景下的适可性分析也成为不可忽略的步骤。

再次，各学科的专业特色各不相同，评价历史和评价常规有别，评价的内容、形式、组织方式等也不能一概而论。如何将形成性评价，这一与各学科评价常规有较大差异的评价模式，在各学科以符合其专业特色的途径实行下去，且取得良好的成效，无疑是我国教育界面临的一大难题。而深刻了解本专业的特点和评价历史，自然也成为探索形成性评价在外语教育领域实施状况的必要前提条件。

另外，鉴于教育框架的阶梯式构成，我国教育政策一般都采取从上而下的

---

① CHEN Q, KLENOWSKI V, KETTLE M, et al. Interpretation of Formative Assessment in the Teaching of English at Two Chinese Universities: A Sociocultural Perspective [J]. Assessment and Evaluation in Higher Education, 2012, 38 (7): 831-846.
② SCHULTE B. Envisioned and Enacted Practices: Educational Policies and The 'Politics of Use' in Schools [J]. Journal of Curriculum Studies, 2018, 50 (5): 624-637.
③ BLACK P, WILIAM D. Developing the Theory of Formative Assessment [J]. Educational Assessment Evaluation and Accountability, 2009, 21 (5): 5-31.
④ MORRISON C. From 'Sage on the Stage' to 'Guide on the Side': A Good Start [J]. International Journal for the Scholarship of Teaching and Learning, 2014, 8 (1): 1-15.

方式进行。①② 如何将这一舶来理论以政策的形式从上而下顺利付诸实践也是一个复杂的过程。因为政策的实施牵涉多层次、多因素和诸多风险承担者（stakeholders）相互作用，该过程也因而形成了一张极为复杂的"网"。③ 任一个层次的工作不到位，任一主要因素的缺失，任一主要参与者的不合作都可能影响到该政策是否能顺利下行到课堂，进而影响到该政策的既定目标能否实现。因此，政策实施的各层次及主要所涉人员，如地方院校的有关领导以及教师和学生，他们的声音就显得尤为宝贵。

最后，我国地域辽阔，经济和教育发展有较为明显的地区差异，④ 再加上多元的文化和观念，使得深度了解和全方位监测形成性评价政策的实施成为一项极为艰巨的工程，而偏远且不发达的地区由于当地科研素养和实力的不足更可能成为研究"盲区"。

如上诸多元素构成了形成性评价在我国英语教育领域的多元情境和多维背景，也是本研究所处的情境和背景，具体将在下文第一部分详细阐述。

二、研究价值和意义

本成果研究主要基于我国中西部某偏远省份，是笔者近年来在国家社科基金的支持下，针对形成性评价在通过《大学英语课程要求》⑤ 和《大学英语教学指南》⑥ 进入大学英语学科评价框架后，在该区域大学英语教育领域实施过程中所进行的系列考察。本研究着力于描述形成性评价在该省八大院校政策重构的过程及实施成效，并尝试在综合提炼其发现和意义的基础上，通过已有文

---

① 吴愈晓. 教育分流体制与中国的教育分层（1978—2008）[J]. 社会学研究, 2013, 28
(4): 179-202, 245-246.
② WU X. Higher Education, Elite Formation and Social Stratification in Contemporary China:
Preliminary Findings from the Beijing College Students Panel Survey [J]. Chinese Journal of
Sociology, 2017, 3 (1): 3-31.
③ RAMBLA X. A Complex Web of Education Policy Borrowing and Transfer: Education for All
and the Plan for Development of Education in Brazil [J]. Comparative Education, 2014, 50
(4): 417-432.
④ XIANG L, STILLWELL J, BURNS L, et al. Measuring and Assessing Regional Education Inequalities in China under Changing Policy Regimes [J]. Applied Spatial Analysis and Policy,
2020 (13): 1-22.
⑤ 教育部高等教育司. 大学英语课程教学要求 [M]. 上海：上海外语教育出版社, 2007.
⑥ 教育部高等学校大学外语教学指导委员会. 大学英语教学指南 [M]. 北京：高等教育出版社, 2020.

献与形成性评价在我国其他地区的实施进行对话，以期找出形成性评价的未来发展趋向及实现路径。

其学术和应用价值有以下五点。

一是本研究以教育评价改革，尤其是以从国外引进的、涉及范式转换的、旨在解决我国教育根深蒂固的评价问题、提升教育质量的形成性评价理论为题；以深入考察该理论在我国本土的情境化重构过程为主要研究内容；以挖掘其不同层次的影响机制为研究目的。这一研究课题，在我国教育评价改革随着《总方案》的发布如火如荼的当下，有着重要的学术价值和现实意义。

二是本研究记录了教育国际化背景下，从西方舶来的形成性评价原理在我国中西部某不发达省份八大院校大学英语领域重构性实施和实现的过程。其中，着重描绘了各层次风险承担者，如顶层政策制定者、地方院校的政策实践者（包括院系领导、教师），以及政策和教育评价改革的终极目标——学生所做的努力，也挖掘了宏观、中观及微观三层次的影响机制。用关于形成性评价意义协商和所遭遇问题的综合性阐述，或是深度考察的案例研究，将形成性评价在该省八所主要院校的本土化阐释及地方性实施呈现了出来。这种区域性研究并不多见，是本研究的重要特色之一。

三是本研究运用复杂理论的多维框架，将形成性评价置于我国具体的历史、文化、教育情境中加以解释；又用社会文化理论对形成性评价在宏观、中观及微观三大层次进行深入综合考察。这种考察方式是社科领域较为完备的研究方法和体系，对业界研究教育政策及相关问题应当也有一定的借鉴意义。

四是本研究是一项兼顾区域性和全景性的研究。它将"形成性评价"在我国地方教育情境实施中所遭遇的系列问题揭示出来，提高了我国教育评价改革的区域化研究的关注度，也为教育公平敲响了警钟。同时，也把区域性研究放进我国英语教育的大图中，从而兼顾了区域性深挖和全景化展示的需要。将对当地及类似地区高等层次的英语教育，尤其是下一步教育评价改革有着良好的启示作用。

五是本研究在实证研究和综合考察的基础上提出形成性评价在我国英语教育领域与终结性评价融合的实现路径，并在其多重形态及其发展轨迹中进行了理论提炼，提出了"基于情境的评价功能动态融合"的理念。前者有助于找出形成性评价理论在该领域的可能发展方向；后者则可以为现在堪称混乱和复杂的评价政策和课堂评价实践提供一个可供参考的解决思路。

三、章节构成

全书以深挖形成性评价在我国大学英语领域的情境重构和实施为主要内容，由五大篇共十四章构成：

第Ⅰ篇情境与背景（第一至第四章），在介绍研究内容和目标的同时，为研究铺陈时序、外部和宏观维度的背景。其中，第一章介绍了研究的内容、目的和意义，为全书立下"标杆"和宗旨；第二章关注形成性评价理论的源起、演变及本质。这些事关所涉理论来龙去脉的内容是必要的基础性知识，是研究背景的外部维度；第三章在陈述影响我国教育的历史传统和文化观念的基础上，展现了形成性评价所处的宏观维度背景，并对形成性评价与我国教育情境的适可性进行分析；第四章详细介绍了评价及其地位在五版大学英语教学大纲的演变，为本研究描绘了所立足的大学英语学科背景，也阐释了本研究立足的时序维度背景。三个维度背景是随后解释和理解形成性评价在具体情境中的实施过程及其复杂性的前提。

第Ⅱ篇框架与方法，由第五章独立担当，是本研究的整体设计思路和实施方案，也是研究的理论框架和具体实验路径。在陈述整体设计及其理据的基础上，详细描绘了研究的具体实施方案和步骤、所收集的数据及处理和分析方法。

第Ⅲ篇解构与重构（第六至第九章），是全书的核心部分。这一部分以来自我国中西部某省八所大学的实证探索展示了形成性评价在大学英语教育领域的本土化阐释和地方性实施，以及在此过程中经历的解构与情境重构。其中，第六章用八位主持院长的访谈数据，呈现了形成性评价在八所大学学院层次制定地方性评价政策时，对于形成性评价的意义协商和建构；第七章和第八章分别以其中两所较为典型的大学为案例，深挖了形成性评价在具体情境中的实施状况及其影响因素；第九章再次聚焦问题和挑战，继续从访谈数据中提炼、综合并剖析了形成性评价在该区域八所大学所处的困境及根源。这部分有横向概括，也有纵向深挖，有点有面，囊括了该省八所主要大学，所呈现的是对形成性评价在我国大学英语教育领域的一个区域性考察。

第Ⅳ篇影响与成效（第九至第十一章），聚焦形成性评价对我国大学英语学习者及其英语学习的影响。其中，第九章用问卷形式调查了其中一所综合大学评价政策的变化，对大学生英语学习导向、动力、学习方法，以及参加大学英语四级考试（CET-4）的动机和行为的影响；第十章和第十一章则收集并综合近20年来发表于我国外语领域重要核心刊物和国际期刊的相关实证性文献,分别用元分析(量)和主题分析(质)的方法,计算形成性评价在我国英语教育领域的效应量,提炼出形成性评价对我国英语学习者在不同方面的影响,进而肯定了20年来形成性评价促学效应在该领域一定程度的正迁移。这部分用三种不同的研究方法和不同的数据源,在一定程度上为形成性评价在我国大学英语教育领域的影响找到了答案。

第Ⅴ篇总结与展望(第十三至第十四章)。第十三章对第六至第十二章的实证性研究及综述的重要发现进行了总结,在回答关于形成性评价在我国英语教育领域的情境重构问题的同时,提炼出对形成性评价实现路径的启示。第十四章提出作者对形成性评价在我国英语教育领域实现路径的理论思考,认为形成性评价与终结性评价以协同效应为目标的现实融合是在该领域实现其促学效应的路径,并着力论证了这一路径的必要性、可能性和可行性。最后,在尝试找出形成性评价形态的演变规律和发展轨迹的基础上,提出"基于情境的评价功能动态融合理念"作为整个研究的结论。这也是对本研究的理论提炼和升华。

第二章　形成性评价理论之源起、演变及本质

本章首先回顾了形成性评价的定义及其演变；其次，借助该领域极具影响力的研究，简略介绍了形成性评价理论的形成、发展及基本原则；之后，在着重对比形成性评价与终结性评价异同的基础上，挖掘了形成性评价造成"范式转变"的理论根源。

一、形成性评价的源起

相较于终结性评价的悠久历史，形成性评价这一术语的出现要晚许多。它的起源经常被追溯至20世纪六七十年代美国教育家Scriven[①]收录于编著 *The Methodology of Evaluation* 的一篇文章中所提出的"形成性评估"（formative evaluation）一词。不过，该词当时被用来特指项目评估。几年后，Bloom、Hastings和Madaus[②]的著作 *Handbook on Formative and Summative Evaluation of Student Learning* 将"形成性评估"这一概念引入教育教学领域，并为两种评价模式分别下了定义：

> 形成性评价是在课程建设、教学及学习**过程**中使用系统评价来**改进**这三个过程或其中的某一个。而终结性评价是指在学期、课程**结束**时，用于**评分**、**认证**，或对研究型课程、学习型课程、教育计划等的**进度及有效性进行评估**。

这一定义将"过程"和"改进"界定为形成性评价概念的两大核心要义，

---

① SCRIVEN M. The Methodology of Evaluation [M] // TYLER R W. Perspectives of Curriculum Evaluation. Chicago: Rand McNally, 1967: 39-85.

② BLOOM B S, HASTINGS J T, MADAUS G F. Handbook on the Formative and Summative Evaluation of Student Learning [M]. New York: McGraw-Hill, 1971: 117-118.

并以对比的视角，指出它与终结性评价在时间节点、目的及用途上的根本性区别，是形成性评价发展史上具有开山或奠基意义的举措。

不过，形成性评价的价值是随着20世纪八九十年代几个大规模的文献综述（如Crooks[1]，Black和Wiliam[2]等）对形成性评价促学效果的肯定，才逐渐得到认可的。而形成性评价影响力的最大促因则是10多位英国学者成立的"评价改革小组"（Assessment Reform Group，ARG）和他们针对形成性评价进行的一系列研究，以及率先在英格兰范围实施的名为"促学评价"（Assessment for Learning，AfL）的教育评价改革。这一举措很快被其他同源英语国家效仿，并在不久之后，被包括我国在内的亚、非国家和地区纳入教育评价政策的话语体系。从而在全球范围内掀起了一股以"促学"为目的的评价改革浪潮。[3][4]

迄今，形成性评价也走过了50多年的历程。但该理论不仅在学术研究领域占据了不可小觑的地位，与作为终结性评价代表的"测试"分庭抗礼，而且在不少国家教育评价政策的话语体系中获得了合法地位，逐渐成为课程和课堂具有普识意义的必要组成部分。其发展堪称飞速且壮观。但值得关注的是，该理论在发展期间也经历了诸多争论。这些不同的见解与后来教育领域形成性评价实践纷繁芜杂的现象密切相关，是任何一个教育工作者，包括教育政策制定者、实施者及相关人员的必修课。形成性评价定义在过去数十年间的演变无疑是了解个中要素最直接、最敞亮的窗口。

二、形成性评价定义的演变

事实上，在Scriven[5]和Bloom等[6]学者之后，不少学者和政策都曾对形成

---

[1] CROOKS T J. The Impact of Classroom Evaluation Practices on Students [J]. Review of Educational Research, 1988, 58 (4)：438-481.
[2] BLACK P, WILIAM D. Assessment and Classroom Learning [J]. Assessment in Education：Principles：Policy & Practice, 1998, 5 (1)：7-74.
[3] BERRY R. Assessment Reforms Around the World [M] //BERRY R, ADAMSON B. Assessment Reform in Education. Education in the Asia-Pacific Region：Issues, Concerns and Prospects. Dordrecht：Springer, 2011：89-102.
[4] BROADFOOT P. An Introduction to assessment [M]. London：Continuum, 2007.
[5] SCRIVEN M. The Methodology of Evaluation [M] // TYLER R W. Perspectives of Curriculum Evaluation. Chicago：Rand McNally, 1967：39-85.
[6] BLOOM B S, HASTINGS J T, MADAUS G F. Handbook on the Formative and Summative Evaluation of Student Learning [M]. New York：McGraw-Hill, 1971：117-118.

性评价的内涵做过界定。这里将列举对形成性评价理论的发展最具有代表性意义，同时也最有影响力的几个。

Black 和 Wiliam[①] 在他们已经成为形成性评价典籍的文献综述 "Assessment and Classroom Learning" 一文中，将形成性评价定义为：

> 形成性评价包括教师和/或学生开展的、可以提供信息和反馈的、用来改良教和学的所有活动。

这一定义在重申"改进"功能的基础上，明确指出"教师"和"学生"两个主要施事人，并第一次将形成性评价的重点置于"反馈"上。更重要的是，它将形成性评价的范围扩大至"所有"教学活动。和第一版定义相比，这一定义无疑更加具体和明确，涵盖范围也更广一些，有了不小的改进。

不过，形成性评价被引用最多，影响力最大，或者说，最为学界所认可的定义则见于四年之后形成性评价的核心文献——由英国评价改革小组出版发行的小册子 *Assessment for Learning*：10 *Principles* [②]。

> 促学评价是学习者和教师寻找和解读评价证据，以确定"学习者目前的学习进度""下一步学习目标"，以及"如何最好地达成目标"的过程。

这个定义在继续肯定教师和学生的主要参与者身份的基础上，将形成性评价的诸多要素归结为三个问题：学生目前的状况（Where they are in their learning），下一步学习目标（Where they need to go）和如何最好地达成目标（How best to get there）。可以说是对这一概念更形象化的呈现和表述。

除了给出定义，这一小册子还将形成性评价理论凝练为十大原则：

- 是高效教学规划的组成部分之一；
- 应当以学生如何学习为核心；
- 应当以教学活动为中心；
- 应该是教师的重要专业技能；
- 应该是敏感的且有建设性的，因为任何评价都会对被评价者产生情

---

① BLACK P, WILIAM D. Assessment and Classroom Learning [J]. Assessment in Education: Principles, Policy & Practice, 1998, 5 (1): 7-78.
② Assessment Reform Group. Assessment for Learning: 10 Principles [M]. Cambridge: University of Cambridge, 2002.

感影响；
- 应该考虑学习动机的重要性；
- 应该促进学生实现学习目标，使教师和学生对评价标准达成共识；
- 应该得到教师关于如何改进方面的建设性指导；
- 应该开发学生的自我评价能力，以使他们具备反思和自我管理能力；
- 应该认可所有学生所有方面的成绩。

另外，小册子还对十个原则一一做出了拓展性解释①。这一定义和这些原则成为之后形成性评价在世界范围内引进和实行的圭臬性文献和指导性纲领，其重要性可见一斑。

需要注意的是，在这个文献中，形成性评价是以"促学评价"的形式出现的。有学者曾就两者在内涵和意义的不同提出疑义②，不过这两个术语事实上经常被包括 Paul Black 和 Dylan Wiliam 等在内的学者无差别交互使用。而且二人③在 2018 年发表的另一篇文章中对两者进行过专门的解释，指出"formative assessment"（形成性评价）是他们在学界的说法，"assessment for learning"（促学评价）是政府部门的表达（带有政治色彩的噱头之嫌）。后者虽然有利于和"assessment of learning"（学习评价）进行比较和对照，但是重心更多放在"意图"而不是"行动"上。而形成性评价从词源学上讲更贴切，更能表达学生在学习的过程和经历中逐渐形成自己的学习方法和认知，也逐渐形成一个独立个体的意思。本书将遵照 Black 和 Wiliam④ 的观点和他们的一贯操作，采用形成性评价这一说法和相应含义。当然，如果引用的原文中出现类似"促学评价"的表达，也将予以保留以示尊重。

形成性评价在政策层次接受良好。然而，实施过程中出现偏离甚至错误诠释形成性评价本原意义，甚至在实践中歪曲抑或背离其根本原则的状况。鉴于

---

① Assessment Reform Group. Assessment for Learning：10 Principles ［M］. Cambridge：University of Cambridge，2002：2.
② BENNETT R E. Formative Assessment：A Critical Review ［J］. Assessment in Education：Principles, Policy & Practice, 2011, 18（1）：5-25.
③ BLACK P，WILIAM D. Classroom Assessment and Pedagogy ［J］. Assessment in Education：Principles, Policy & Practice, 2018, 25（6）：551-575.
④ BLACK P，WILIAM D. Classroom Assessment and Pedagogy ［J］. Assessment in Education：Principles, Policy & Practice, 2018, 25（6）：551-575.

此，Black 和 Wiliam① 几年后在一篇题为"Developing the Theory of Formative Assessment"的文章中，对形成性评价重新进行了界定：

> 当教师、学习者或同伴能在课堂实践中提炼和解释有关学生学习成就的证据，并使用这些证据来决定教学的下一步，使得这些决定比在没有证据时更好或更有根据时，这些实践就具有形成性的特性了。

这次的定义首先在施事人中加入了"同伴"，使得形成性评价的主体多元化；其次，它肯定了课堂证据作为基石的重要性和使学习变得更好的功用，且连续用三个动词——"提炼""解释"和"使用"，在具化形成性评价过程的同时，将形成性评价的定义又向前推进了一步。但是，整个段落中甚至没有提及"评价"一词，而只是明确了课堂活动具有形成性属性的条件，让人产生形成性到底是评价还是教学实践活动的疑惑。这一尝试也因此并没有获得太多反响和共鸣。

同年三月在新西兰举办的"第三届国际促学评价大会"上，来自主要英语国家和欧洲的 31 位教育评价专家以推进"促学评价"理论和实践为目的，就促学评价（形成性评价）的概念及内涵进行了激烈的讨论。最终达成一致的定义，由 Klenowski② 教授执笔以社论的形式发表于教育评价领域的代表性刊物 *Assessment in Education: Principle, Policy and Practice* 上：

> 促学评价是学生、教师和同伴以达到改善持续性学习为目的，寻求课堂对话、演示和观察等的信息，进行反思，并做出回应，是日常课堂实践的一部分。

这一定义综合了之前定义对施事人的约定，重申了形成性评价"促学"的目的和功能，将评价证据和行为更加明确和具体，并提供了非常详细的阐释以规避各种误解的可能。该定义也因此被称为继 ARG③ 后，形成性评价的新生代定义。因其足够全面，也足够权威，鲜有争议的声音发出，算是基本上平息了教育界多年来关于形成性评价定义不休的争论。当然，之后也有学者鉴于需要

---

① BLACK P, WILIAM D. Developing the Theory of Formative Assessment [J]. Educational Assessment Evaluation and Accountability, 2009, 21 (5): 9.
② KLENOWSKI V. Assessment for Learning Revisited: An Asia-Pacific Perspective [J]. Assessment in Education: principles, policy & practice, 2009, 16 (3): 263-268.
③ Assessment Reform Group. Assessment for learning: 10 principles [M]. Cambridge: University of Cambridge, 2002.

根据具体场景和教育情境提出各种工作性定义（如 Council of Chief State School Officers，2018 等①），但整体而言，关于对形成性评价含义的认知至此已取得了共识。

与此同时，形成性评价对狭义上的学习及广义上的教育所蕴含的多重益处也获得了广泛的认可。其中最权威的是国际经济合作与发展组织（OECD）委托下属教育研究与改革中心（CERI）进行的两次大规模文献综述：Formative Assessment Improving Learning in Secondary Classrooms②，Assessment for Learning Formative Assessment③。这些文件在汇总大量的实证基础上，郑重肯定了形成性评价对教育质量提升和可持续发展的重大作用，同时也为如何实施形成性评价、克服可能的各种障碍等方方面面都提供了具体的指导性建议。在此背景下，形成性评价以惊人的速度进入各国的教育政策话语体系，成为新时期国际教育改革的主要推动力之一。

三、形成性评价的理论根源及范式转换

其实形成性评价兴起的真正根源需要追溯到 20 世纪中后期学习理论的新发展及其引起的对评价的新认知。这些新发展最终导致新旧教育教学理论范式的更新换代，如图 2-1 所示。

旧的或现有的教育教学是基于行为主义学习理论（behaviorist theory of learning）。该理论从 20 世纪初开始，统治了世界范围的教育教学实践近一个世纪。具体而言，行为主义学习理论⑤强调行为的刺激—反应规律，认为教学就是给学生创设出刺激—反应的机会。教师被定位为教学过程的设计者、组织者和训练者；而学习者在教师创设的环境中被动且反复地接受知识刺激，是可以由教师任意塑造的接受者和被训练者。

---

① Council of Chief State School Officers. Revising the Definition of Formative Assessment [EB/OL]. ccsso. org 官网，2018-06-1.
② Organisation for Economic Cooperation and Development. Formative Assessment Improving Learning in Secondary Classrooms [EB/OL]. OECD 图书馆，2005-01-25.
③ Assessment for Learning：The Case for Formative Assessment [EB/OL]. OECD 图书馆，2008-08-21.
④ SHEPARD L A. The Role of Assessment in a Learning Culture [J]. Educational Researcher，2000，29（7）：4-14.

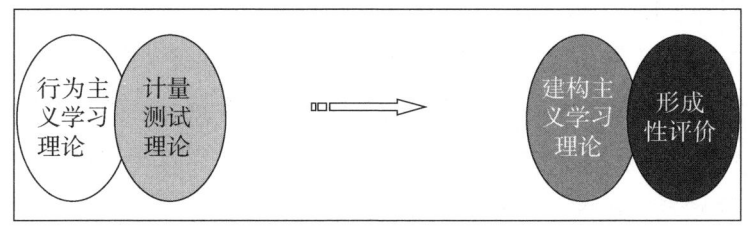

图 2-1 学习理论和评价理论的范式转换①

计量型测试理论（psychometric testing theory）由于可以用观察并精确测量的形式来评估课程内容和教学过程，而成为与之相适应的评价理论。该理论②③认为必须用客观测试的手段确保学生已掌握目前学的知识，才可以继续学习下一阶段的新知识。终结性测试，包括我国仍在广泛使用的标准化考试，都可以称为行为主义学习理论的伴生物。行为主义学习理论和终结性评价因与中国传统教学和评价方法极为契合得以在中国现代教育体系中享有极高的接受度。

大约20世纪后半期，行为主义学习理论和计量型测试理论的后效逐渐显现，于是在质疑声中让位于新兴的认知理论（cognitive theory）和建构主义理论（constructivist theory）框架。这一被称为"范式迁移"（paradigm shift）④⑤的理论转型对学习和评价以及学生和教师的角色重新进行了定义，进而为课程和课堂带来了革命性的影响。

建构主义学习理论⑥⑦⑧不认同行为主义学习理论下知识是通过教师传授所得的观点，认为知识是学习者在一定的社会文化情境下，在他者（如教师和学习伙伴）的互动和协商中，借助必要的学习资料进行的意义建构。建构主义提

---

① SKINNER B F. The Behavior of Organism：An Experimental Analysis [M]. New York：Appleton-Century-Crofts，1938.
② BACHMAN L F，PALMER A S. Language Testing in Practice：Designing and Developing Useful Language Tests [M]. Oxford：Oxford University Press，1996.；
③ LYNCH B K. Rethinking Assessment from a Critical Perspective [J]. Language Testing，2001，18（4）：351-372.
④ BROADFOOT P. Introduction to Assessment [M]. London：Continuum，2007.
⑤ SHEPARD L A. The Role of Assessment in a Learning Culture [J]. Educational Researcher，2000，29（7）：4-14.
⑥ BRUNER J. The Culture of Education [M]. Cambridge：Harvard University Press，1996.
⑦ PIAGET J. The Development of Thought [M]. New York：Vikings，1977.
⑧ VYGOTSKY L S，COLE M. Mind in Society：The Development of Higher Psychological Processes [M]. Cambridge：Harvard University Press，1978.

倡在教师指导下以学习者为中心的信息加工、知识建构和积极参与。教师则是学生建构知识的忠实支持者、辅导者、高级伙伴或合作者和积极引导者。

形成性评价是与建构主义学习理论相适应的评价理论。和传统的强调结果的终结性评价相比，形成性评价在性质、主体、内容以及目标等诸多方面都有根本的不同①②③。其一，形成性评价不是独立的存在，不是教学活动结束后才进行的终结性测量，而是渗透到教学活动全程，并与教学融为一体。其二，形成性评价的内容并非知识传授而是意义构建，是有一定主观性的抽象过程。因此，形成性评价虽然提倡打开评价的"黑匣子"，为评价主体提供参考的标准，但其标准大多是描述性的。其三，学生是形成性评价的主体。即学生在评价方面也有一定的话语权和参与权，而非终结性评价模式下单纯的被评价者。他们了解评价标准，通过有建设性的反馈和协商参与自己、同伴甚至教师的意义建构。另外，形成性评价以促进和提高学生的学习水平和元认知能力为目的，所以往往是多次的、呈螺旋状上升的，而不是为了给一定阶段的学习予以总结的、一次性的、终结性分数。因此，过程才是形成性评价关注的重点。如表2-1所示。

表2-1 新旧评价理论的对照

	原有评价理论及原则 （计量测试理论、终结性评价）	新兴评价理论及原则 （形成性评价）
相适应的学习理论	行为主义	认知理论和建构主义
评价性质	与教、学分离	与教、学融为一体
评价内容	知识和技能	意义构建和元认知能力
评价主体	教师	学生
评价目的	测量、总结	提高、促进学习结果和能力
评价重心	学习结果	学习过程
评价特点	客观的、量化的、一次性的	主观的、质性的、螺旋状上升

---

① CHENG L, J FOX. Assessment in the Language Classroom [M]. London: Palgrave, 2017.
② BROADFOOT P. Introduction to Assessment [M]. London: Continuum, 2007.
③ HAMP-LYONS L. The Impact of Testing Practices on Teaching [M] //HINKEL E. The Handbook of Research in Second Language Teaching and Learning. Mahwah: Lawrence Erlbaum Associates Publisher, 2007: 487-504.

四、小结

从评价原理、评价性质、评价内容、评价主体、评价目的、评价重心以及评价特点等诸多方面的改变来看，形成性评价可以说对评价这一基本概念进行了彻底重构。而这一概念与传统评价概念有诸多差异，甚至相对立，两者之间也因而被普遍认为发生了基于"范式"的根本性转变。加之各国各地教育情境复杂多样，形成性评价从原理到政策，再到实践必然是一个缓慢而艰难的过程。

毋庸置疑，形成性评价在当代教育领域中地位的逐渐确立是在20世纪三四十年代行为主义后，教育理论一个重大的、具有里程碑意义的进步。它在掀起评价改革浪潮的同时，促使人们对评价甚至教育的认知更新换代，将有可能真正成为撬动教育生产力的那根杠杆。

第三章 形成性评价在我国教育领域的文化适可性分析[①]

本章追根溯源,着力于从文化的深层结构及历史底蕴角度,深度审察形成性评价这一舶来理论与中国教育文化价值观的契合与背离。其目的是厘清我国引进形成性评价政策的发展逻辑与我国英语教育所处的现实情境差别,为缩小形成性评价从政策文字到课堂实践的空间差距提供必要的参考和给养。

一、引言

鉴于教育在国家发展中的关键作用,在国际化的当下,从发达程度高的国家或地区引进或借鉴先进的教育理念和教育政策的现象颇为常见。[②] 不过,教育政策的引进和借用绝非简单地克隆或拿来主义。早在20世纪60年代,该领域的研究先驱Noah和Eckstein就明确指出:"确定一项他国的教育政策非常好、很有价值是一回事,将之引进到自己国家并为己所用则完全是另一回事。"[③] 事实上,教育政策的借用过程更像是"一个复杂的大网",牵涉到诸多环节和因素,称之举步维艰也不为过。[④] 英国著名的教育政策研究专家David Phillips和

[①] 本章的主要内容曾以论文的形式收录于:陈秋仙. 论形成性评价在中国的文化适可与挪用 [J]. 山西大学学报(哲学社会科学版),2016,39(3):80-90. 之所以在此出现,是因为该文观点是本书核心论点的基石。
[②] 杨启光. 全球教育政策转移比较研究 [M]. 杭州:浙江大学出版社,2013.
[③] NOAH H J, ECKSTEIN M A. Towards a Science of Comparative Education [M]. London: Macmillan, 1969.
[④] RAMBLA X. A Complex Web of Education Policy Borrowing and Transfer: Education for All and the Plan for Development of Education in Brazil [J]. Comparative Education, 2014, 50 (4): 417-432.

Kimberly Ochs①在综合诸多国家惨痛经验的基础上提出告诫：借用教育政策时，一定要对全球教育发展局势和本国的教育情境在推出和阐释教育政策方面的种种可能予以深入考察；如果忽略本国的教育情境及本土的教育文化价值观与引入政策之间的融合性，后果将会很严重。另有专家②③指出，对舶来政策的实施过程，即被当地社会文化挪用、再情境化、本土化的运作及细化审查可以很大程度上决定引进政策最终的成败。因此，充分了解我国本土的教育情境，深入分析情境与形成性评价政策的适可性/不适可性是首要且必需的工作，关系到能否将引进的教育政策转化为适合于本土情境的形式，甚至关系到最终的实施效果。本章致力于：（1）挖掘我国本土教育情境，尤其是教育和评价文化中根深蒂固的核心观念；（2）深入分析这些观念与形成性评价主要原理的相融/不相融性。

二、我国教育情境分析

儒家文化自春秋战国时期兴起，在历史发展长河中经历了不少跌宕起伏，④如秦始皇时期的"焚书坑儒"、汉武帝时期的"废黜百家，独尊儒术"、隋唐时期的维系和重振、宋元明时期的复苏和发展、清朝八股文的僵化、清末"西学东渐"的冲击、改革开放后的正视，以及时下对儒家经典和文化在国内外的推崇。儒家文化的某些价值观作为中国的传统文化和传统教育思想⑤被保留了下来，是影响中国人的思维和行为方式、中国教育观念和教育行为的主要力量之一。儒家文化关于教育的观念囊括很广，这里仅就与形成性评价相关的几个主要观念进行讨论。

---

① PHILIPS D, OCHS K. Educational Policy Borrowing: Historical Perspectives, Oxford Studies in Comparative Education [M]. Oxford: Symposium Books, 2004.
② SPREEN C A. The Vanishing Origins of Outcomes-Based Education [M] // PHILIPS D, OCHS K. Educational Policy Borrowing: Historical Perspectives, Oxford Studies in Comparative Education. Oxford: Symposium Books, 2004.
③ AULD E, MORRIS P. Comparative Education, The 'New Paradigm' and Policy Borrowing: Constructing Knowledge for Educational Reform [J]. Comparative Education, 2013, 50 (2): 129-155.
④ 王炳照，苏渭昌. 中国教育思想通史：第八卷（1949—1992）[M]. 长沙：湖南教育出版社，1997.
⑤ 湖北省教委教育科学研究所. 现代教育思想研究文选 [M]. 长沙：湖南教育出版社，1986.

（一）教师权威的课堂文化

"尊师重教""师道尊严"是儒家文化的核心价值观之一。究其原因，首先是出于儒家对教育以及教师重要作用的肯定。儒家经典《礼记·大学》将教育的作用定义为"修身、齐家、治国、平天下"。荀子则将尊师重教与国家的兴衰相关联："国将兴，必贵师而重傅；贵师而重傅，则法度存"（荀子·大略篇）。所以，对于统治者来讲，尊师是被提到政治高度的事情。事实上，教师在儒家文化中是仅次于"天""地""君""亲"的存在，并和前四者一样需要敬以下跪的礼仪，即俗称的"拜师"。可以说，教师角色在儒家文化的意识形态中有着不容置疑的神圣性和权威性。① 尊师重道也就意味着教师与学生之间的关系不是平等的，而是分属不同等级的。现代中国教室里的讲台就被认为是这种等级的标志和表现。②

儒家后进，唐朝著名思想家、教育家韩愈在其代表作《师说》中对教师的职责进行了堪称经典的界定："师者，所以传道、授业、解惑也。"这一界定可以说是对教师在课堂内外的教学内容、教学行为以及教师角色的具体阐释，即道、业、惑是教学内容，传、授和解则是教学行为。也就是说，传授是教师的使命和任务，而学生是被动的接受者，是被解惑者。学习是一种从知者向不知者、知多者向知少者、先知者向后知者的由上而下的传递行为。这确实也是在中国被广泛认可的课堂教学模式。

一些外国学者在考察了中国的课堂后发表了类似的看法。如美国学者Ginsberg③做了如下描述："老师决定教什么和怎么教，学生只需接受和学会被教授的知识即可。教师是权威，知识的储备库，引导学生逐渐向知识库靠拢。他们无疑是正向年幼的晚辈传递知识的受人尊敬的长者。"另一位学者Dautermann④在中国教授英语写作课程时也发现学生很尊敬老师，课堂纪律也很好。但是，如果教师不点名要求回答问题，学生很少主动在课堂上发言，而是更乐于听讲。他们好像很习惯也很适应"接受者"的角色定位。两位学者如上的描述可以一

---

① 徐仲秋. 中国教育思想通史：第一卷（先秦）[M]. 长沙：湖南教育出版社，1996.
② GINSBERG E. Not Just a Matter of English [J]. HERDSA News, 1992, 14 (1): 6-8.
③ GINSBERG E. Not Just a Matter of English [J]. HERDSA News, 1992, 14 (1): 6-8.
④ DAUTERMANN J. Teaching Business and Practical Writing in China: Confronting Assumptions and Practices at Home and Abroad [J]. Technical Communication Quarterly, 2005, 14 (2): 141-159.

定程度上证实儒家文化中所设定的教学模式依旧活跃在我国现代教育的课堂上。

但这种教学模式并未被一味全盘接受。事实上，质疑的声音也一直存在。如我国香港地区学者 Ho 等①指出教师权威以及不平等的师生关系是儒家文化圈"学习效果强有力的决定性因素"，但很大程度上也是亚洲学生，尤其是中国学生，在学习方法以及元认知能力方面表现不佳的根本原因所在。其他研究人员②③也不止一次指出：教师权威阻碍师生之间的自由交流，压抑学生个性发展，是培养学生自主学习能力和创造性的最大障碍。教师权威可以说是儒家文化圈教育转型成功与否的关键所在。

当然，随着近 20 年来我国教育大刀阔斧地改革和引进国外先进的教育理念，中国的教育观念和课堂教学模式也潜移默化地发生着变化。如 Shi④ 在调查了 400 多位上海的中学生的英语课堂时发现：这些当代的中国学生和传统认知并不一致。事实上，他们虽然依旧对老师很尊重，比如如果和老师意见不一致时会把问题留到课后再去问。但是，大多数同学都会很积极主动地参与课堂活动。而且，更喜欢和老师保持一种"哥们"式的朋友关系，而不是"父子"式的师生关系。Chan 和 Rao⑤ 也有类似发现，随着新时代教育情境的改变，中国学生的学习方法和学习理念都发生了变化。更有研究者提出警告：课堂上被动和内敛，对当代亚洲学生而言，是一种危险的"泛化概括"，因为事实上，他们在英语课堂上的行为更多取决于自己的英语水平和老师的教学方法，并非具有

---

① HO D Y, PENG S, CHAN F S. Authority and Learning in Confucian-heritage Education: A Relational Methodological Analysis [M] //CHIU C, SALILI F, HONG Y. Multiple Competencies and Self-regulated Learning Implications for Multicultural Education [M]. Greenwich: IAP, 2001: 29-48.
② BIGGS J. Learning from the Confucian Heritage: So Size Doesn't Matter? [J] International Journal of Educational Research, 1998 (29): 723-738.
③ HU G. Potential Cultural Resistance to Pedagogical Imports: The Case of Communicative Language Teaching in China [J]. Language, Culture and Curriculum, 2002, 15 (2): 93-105.
④ SHI L. The Successors to Confucianism or a New Generation? A Questionnaire Study on Chinese Students' Culture of Learning English [J]. Language, Culture and Curriculum, 2006, 19 (1): 122-147.
⑤ CHAN C K K, RAO N. Revisiting the Chinese Learner: Changing Contexts, Changing Education [M]. Hong Kong: Springer, 2010.

文化特质的提前设定。①② 这些说法在出国留学的中国学生身上也得到了很好的验证。③④

从教育改革的大趋势上看，这显然是良性的转变。虽然有些研究（如，Shi 等⑤）是基于中国教育和经济都最发达的地区，对整个中国来讲不具有太大的普及性意义，但至少它表明了一种可能：儒家文化的某些价值观在一定条件下在新一代身上有可能被改变，且正在发生着改变。

（二）结果至上的考试传统

我国有着悠久的考试传统。科举是中国封建王朝选拔人才的有力手段。被公认为现代考试制度始祖的科举不仅在亚洲的儒家文化圈影响深远，而且19世纪以来在世界范围也被广泛应用，考试制度甚至被称为中国影响世界文明进程的"第五大发明"⑥。科举从隋开始，直至1905年废止，前后经历了1300年之久。⑦ 不过，考试在中国并没有随着科举制度的废止而消失。事实上，在中国历史上（包括近、现代），除了某些特定时期由于战争或混乱的原因无法进行，考试几乎没有中断过。

科举的产生和发展与儒家思想密切相关。具体来说，儒家德化尚贤的思想奠定了科举制的理论基础；儒家教育与入仕相结合的思想为科举制的形成确立了一种基本模式；科举考试又主要以儒家思想为内容。

千余年的儒家考试文化留给我国教育的影响是巨大且根深蒂固的，尤其影

---

① CHENG X. Asian Students' Reticence Revisited [J]. System, 2000, 28 (3): 435-446.
② BISWAS D. Asian Students' Perceived Passivity in the ESL/EFL Classroom [M]. Mitte Saarbrücken: LAP LAMBERT Academic Publishing, 2011.
③ JIN L, CORTAZZI M. Changing Practices in Chinese Cultures of Learning [J]. Language, Culture and Curriculum, 2006, 19 (1): 5-20.
④ GRIMSHAW T. Problematizing the construct of 'the Chinese learner': Insights from Ethnographic Research [J]. Educational Studies, 2007, 33 (3): 299-311.
⑤ SHI L. The Successors to Confucianism or a New Generation? A Questionnaire Study on Chinese Students' Culture of Learning English [J]. Language, Culture and Curriculum, 2006, 19 (1): 122-147.
⑥ 冯天瑜. 科举制度：中国"第五大发明"[J]. 山西大学学报（哲学社会科学版），2014, 37 (1): 47-55.
⑦ 刘海峰. "科举"含义与科举制的起始年份 [J]. 厦门大学学报（哲学社会科学版），2008 (5): 70-77, 91.

响到的是民众对于教育本质以及教育目的的认知。Han 和 Yang①将中国考试传统对中国现当代教育的影响总结为：（1）使得教育具有很强的功利性；（2）过度强调考试的关键作用；（3）过度强调一次性的结果，忽视过程。这三点实则可以归结为一点：结果至上。在我国关于教育的主流意识形态中，相对教和学的过程而言，用来检验结果的"考"所占的地位显然更重要。前两者为后者服务，后者结果的好坏是评价教和学水平的唯一标准。

"学而优则仕"《论语·子张》原本是学有所成的儒家学子在实现"修身"和"齐家"的基本目标后，在现实社会中寻求认可，试图学以致用，实现"治国"甚至"平天下"等较高层次功能的体现。于是，通过科举成功入仕首先是他们"学而优"的象征和标志。不过，对大多数出身中下层、穷困潦倒的儒生来讲，让他们能够坚持十年寒窗苦读的，显然不仅仅是学业有成本身，而是入仕后伴随着社会地位的提升所带来的各种福利，如香车宝马、家财万贯、封妻荫子、光宗耀祖等。②③ 宋真宗赵恒御笔亲作《励学篇》，用"千钟粟""黄金屋""颜如玉""遂平生志"等看得见或看不见的利益激励天下学子通过读书登仕。该诗简短精练，却成为近千年来天下士子皓首穷经的精神力量，也成为我国教育功利性最纯粹的表述。Ho 等④学者将我国传统对考试成功近乎迷信的狂热和偏执及其表现的价值取向用一个等式表示如下：

> 考试结果的优秀 = 学业表现的优秀 = 学业的成功 = 未来学业的成功 = 职业上的成功 = 社会经济地位的提升 = 个人及家族的成功 = 个人价值的实现和家族的荣耀

---

① HAN M, YANG X. Educational Assessment in China: Lessons from History and Future Prospects [J]. Assessment in Education: Principles, Policy & Practice, 2001, 8 (1): 5-10.
② LEE W O. The Cultural Context for Chinese Learners: Conceptions of Learning in the Confucian Tradition [M] //WATKINS D A, BIGGS J B. The Chinese Learner: Cultural, Psychological and Contextual Influences. Hong Kong: CERC & ACER, 1996: 25-42.
③ SALILI F. Explaining Chinese Motivation and Achievement: A Sociocultural Analysis [M] //MAEHR M L, PINTRICH P R. Advances in Motivation and Achievement: Culture, Motivation and Achievement. Greenwich: JAI Press, 1995: 73-118.
④ HO D Y, PENG S, CHAN F S. Authority and Learning in Confucian-heritage Education: A Relational Methodological Analysis [M] //CHIU C, SALILI F, HONG Y. Multiple Competencies and Self-regulated Learning Implications for Multicultural Education. Greenwich: IAP, 2001: 29-48.

这种功利主义的思想与我国当下素质教育、公平教育的目标背道而驰。① 教育功利化所导致的更注重结果的意识形态，更是我国施行以提高教育质量为目的的各种改革的最大障碍，包括形成性评价相关的评价改革。

三、形成性评价在我国教育领域的适可/不适可性分析

文化适可性（culturally appropriateness）是从其他文化背景借用政策时必须考虑的首要问题。该问题于21世纪以来，随着教育的全球化和对多元文化的认同，而成为教育界的研究热点。② 拟借用的政策是否适可于当地的社会文化情境是该政策能否被当地文化接受或接受多少，也就是引进政策取得多大成效，甚至是否可以取得成效的关键。③ Gruber④ 就详细叙述了德国和奥地利从英国借用的"全面教育"（comprehensive education）政策由于与当地的文化价值和观念不相融而最终黯然收场的情况。所以，判断拟借用政策是否适可于本土情境，首先需要考察本国与政策输出国之间社会文化背景的差异，尤其是确保两种文化价值和观念之间没有太大的冲突。

对比如上我国教育情境的描述与第二章形成性评价的基本原则和内涵会发现，形成性评价所秉持的原则与我国教育所处的文化价值和观念之间的对立是显著而尖锐的，而且这种对立是多方面的。

换言之，形成性评价和原有的终结性评价体系间有明确的"范式迁移"，我国教育所处的文化情境显然并不利于这种迁移的顺利进行。首先，形成性评价倡导放权给学生，让学生参与到评价中，不仅仅是被评价者，而是做评价的主体，学会评价自己及同伴的学习，进而学会掌控学习过程，学会学习。但是，我国教育的现实情况是尊师重教的意识形态植根于我国以儒家文化为主流的教育传统。以教师为权威是包括学生、家长、教师等教育参与者以及整个社会文

---

① 郑琼琼. 当前我国中小学教师的功利主义价值取向研究 [D]. 重庆：西南大学，2011.
② NGUYEN P M, TERLOUW C, PILOT A. Culturally Appropriate Pedagogy: the Case of Group Learning in a Confucian Heritage Culture Context [J]. Intercultural Education, 2006, 7 (1): 1-19.
③ MCDONALD L. Educational Transfer to Developing Countries: Policy and Skill Facilitation [J]. Procedia-Social and Behavioral Science, 2012 (69): 1817-1826.
④ GRUBER K H. The Rise and Fall of Austrian Interest in English Education [M] //PHILIPS D, OCHS K. Educational Policy Borrowing: Historical Perspectives, Oxford Studies in Comparative Education. Oxford: Symposium Books, 2004: 191-204

化共同体的共识。教师与学生之间从上而下的传递关系是被认可的传授型教学模式。中国课堂上最明显的特点是教师话语权的主导和学生话语权的缺乏甚至缺失。① 在评价方面，教师权威则表现为学生在教学过程中对教师作为唯一的最早的"评判者"或"评价者"角色的认可，对其他人，如自己、同学甚至父母等的评价能力则认为不够权威而持质疑的态度。②

其次，形成性评价重视过程，认为把控好了过程，结果自然也不会差。教育的功利化也将人们的注意力引导至关注学习结果的好坏以及如何取得理想的结果，而不是学习者需要付出的努力以及学习的过程；更多关注学习成绩的优劣而不是能力的获得和水平的提高。③

另外，形成性评价所设立的目标是提高学生的元认知能力和学习结果。该目标在我国当代教育中有所体现，如培养学生的自主学习能力、提高教育质量和进行素质教育等，但不可否认的是，遴选一直是我国教育评价最突出的功能，教育各层次之间的过渡几乎都是以考试为阶梯的择优。这也是结果为导向的应试教育较为风行的根本原因。④

Shepard⑤将形成性评价出现后所引起的系列变化上升到文化层次，提出"学习文化"的概念。Hamp-Lyons 则⑥指出形成性评价代表的其实是一种名为"新兴学习文化"的评价文化，而以考试为标志的终结性评价代表的评价文化是"传统考试文化"。她认为这两种评价文化完全不同，甚至可以说是相互冲突，但是其是多维的、动态的。比如，学习文化下的评价基于课堂，重点关注教和学本身，以

---

① HO D Y, PENG S, CHAN F S. Authority and Learning in Confucian-heritage Education：A Relational Methodological Analysis [M] //CHIU C, SALILI F, HONG Y. Multiple Competencies and Self-regulated Learning Implications for Multicultural Education. Greenwich：IAP，2001：29-48.
② HU G. Potential Cultural Resistance to Pedagogical Imports：The Case of Communicative Language Teaching in China [J]. Language, Culture and Curriculum, 2002, 15 (2)：93-105.
③ 吕洪刚. 教育治理现代化中的功利主义困境及其超越 [J]. 鄂州大学学报，2018，25 (1)：69-72.
④ CARLESS D. From Testing to Productive Student Learning：Implementing Formative Assessment in Confucian-heritage Settings [M]. New York：Routledge, 2011.
⑤ SHEPARD L A. The Role of Assessment in a Learning Culture [J]. Educational Researcher, 2000, 29 (7)：4-14.
⑥ HAMP-LYONS L. The Impact of Testing Practices on Teaching in Hinkel [M] //HINKEL E. The Handbook of Research in Second Language Teaching and Learning. Mahwah：Lawrence Erlbaum Associates Publisher, 2007：487-504.

学习的获得为导向，结果将是学习水平的促进和提高；与之相反，考试文化下的评价，即使基于课堂，也是只为外在设定的考试做准备。完全以应试为导向。另两位香港学者①②将这两个名称进一步具体化为"应试导向的评价文化"（examination-oriented assessment culture）和"学习导向的评价文化"（learning-oriented assessment culture）。几位学者的共识是形成性评价需要以"学习导向的评价文化"为前提条件。只有具备这样的评价氛围，形成性评价才可能充分发挥出促学功能。

形成性评价对我国的教育文化情境而言，其适可性受到一定的制约。关于形成性评价是否适可于包括我国在内的儒家文化圈，还有不少研究者做过理论和实证性的考察。如程利英研究小组在中国和加拿大所做的一系列比较研究③④⑤就证实，应试倾向导致中国的英语教师与加拿大的同行在课堂评价行为方面有显著的区别。众多的学者⑥⑦⑧在仔细分析和比较儒家文化区的社会文化境况和形成性评价的原理后，得出相似的结论：儒家文化的传统价值观（如教师权威、应试传统和重结果而轻过程等）与形成性评价实施的必要条件是不相容的，甚至是针锋相对的。综上所述，可以得出结论：这一文化区域的土壤好像并不适合形成性评价理论的有效实施。

① KEPPELL M, CARLESS D. Learning-oriented Assessment: A Technology-based Case Study [J]. Assessment in Education, 2006, 13 (2): 179-191.
② CARLESS D. Exploring Learning-oriented Assessment Processes [J]. Higher Education, 2015, 69 (6): 963-976.
③ CHENG L, ROGERS T, HU H. ESL/EFL. Instructors' Classroom Assessment Practices: Purposes, Methods, and Procedures [J]. Language Testing, 2004 (3): 360-389.
④ CHENG L, ROGERS W T, WANG X. Assessment Purposes and Procedures in ESL/EFL Classrooms [J]. Assessment & Evaluation in Higher Education, 2008 (1): 9-32.
⑤ CHENG L, WANG X. Grading. Feedback and Reporting in ESL/EFL Classrooms [J]. Language Assessment Quarterly, 2007 (1): 85-107.
⑥ KENNEDY K J, CHAN J K S, FOK P K, et al. Forms of Assessment and Their Potential for Enhancing Learning: Conceptual and Cultural Issues [J]. Educational Research for Policy and Practice, 2008 (3): 197-207.
⑦ BERRY R. Assessment Trends in Hong Kong: Seeking to Establish Formative Assessment in an Examination Culture [J]. Assessment in Education: Principles, Policy & Practice, 2011 (2): 199-211.
⑧ ZHAN Y, WAN Z. Perspectives on the Cultural Appropriateness of Assessment for Learning in the Chinese Context [J]. Educate, 2010, 10 (2): 9-16.

四、小结

本章对形成性评价原则与我国本土教育文化现实情境适切性的深入分析得出了不尽如人意的结论。然而，现实的情况是，新一代的学习理论和评价理论已经诞生，并逐渐在世界范围内取代旧的理论成为主导课程设置以及课堂教学的新理论，而形成性评价也随着世纪之交的改革浪潮被我国纳入教育各层次各学科的评价框架中。我们认为，在既成现实的当下，纠结于适可/不适可的讨论已然没有多少意义。当务之急是在深刻了解新旧评价范式和我国教育情境现实的基础上，深入考察形成性评价在具体情境下的本土化进程及其衍生形态，并从中提炼适合我国教育文化情境的理论和原则，为一线的课堂实践提供具体的指导措施和切实可行的方法。这正是本研究所设定的研究内容和宗旨所在。

第四章　形成性评价政策之于大学英语教育[①]

评价政策是促进教与学的有力工具。在大学英语教育近四十年的学科发展史中，评价政策随着教学大纲（1980、1985/86、1999、2007、2017、2020）的更新不断演变，其工具性也相应地变化着。本章通过对几部大学英语教学大纲中评价政策的细化比较，分析并呈现评价政策在性质、方式、目的、功能、主体及内容等各方面发生的变迁，剖析这些变化背后所蕴含的理论根据及现实原因。借此，本章在明确形成性评价在大学英语教育领域的功能和角色期待的同时，也为本研究提供学科范畴的背景缩影。

一、引言

评价（assessment）在教育领域的地位根深蒂固且举足轻重，不仅仅是因为评价是课程设置中的重要一环，更因为它在教育以及社会领域所担负的多重功能和作用。[②] 尤其是，由于其中的某些功能，如甄别和遴选，往往附带有"高风险"或"高回报"，评价更是被赋予了强大的价值导向作用。[③] 在我国，因为评价一直被窄化为考试，在现实情境中以反拨效应的方式"指挥着教师、学生

[①] 本章主要内容曾发表于《山东外语教学》，文章具体信息为：陈秋仙，甄苗苗. 评价政策在大学公共英语教育史上的工具性解读［J］，山东外语教学，2018，39（3）：11-21。但鉴于《大学英语教学指南》经过修正后于2020年正式发行，所以本章也做了相应的改动。

[②] BROADFOOT P. Introduction to Assessment［M］. London：Continuum，2007.

[③] 戴家干. 改造我们的考试［J］. 教育测量与评价（理论版），2008（2）：1.

以及教与学的整个过程"①。概言之,评价对教学行为的掣肘和对教育价值的导向作用早已是国内外教育界的共识。

鉴于其作用的强大,评价政策在现代教育中又经常被用作"工具",为改善和提高教与学的质量而服务。② 教育评价专家Torrance③在二十多年前曾明确表示:"如果评价不进行重大的革新,课堂和学习就不可能发生真正意义上的改变。"也就是说,如果善加利用评价,完全可以起到正"反拨"的作用,反哺课堂教学和宏观教育。

事实上,我国大学英语的评价政策在大学英语教育近四十年的历史中就充分发挥了"工具"的作用。④ 这里所说的"工具"特指评价作为改革政策的一个组成部分,通过对其性质、目的、功能、内容、形式以及主体等方面的具体规定,起到诸如提供反馈信息、引导课堂的教与学的方向、从整体上改善教育体系,尤其是提高教育水平的作用。本章将通过对几代大学英语评价政策变迁的细化分析,解构其工具性及历史演变,挖掘其演变的理论根据及现实原因,并借此确立形成性评价在大学英语教育领域的未来地位和功能期待。

二、关于大学公共英语教育

大学英语是我国普通高校非英语专业本科生的必修课程。其课程目标除学科素养的提升,还肩负着在各个时期培养人才以满足国家战略发展需要等使命。⑤⑥ 值得一提的是,该学科的目标学生群体庞大、学期长至两学年四学期、高达12~16个学分、有全国统一的教学大纲和大规模的外在测评体系。毋庸置

---

① GAO L. Reforms in Student Assessment in Mainland China [M] //E. H. F. LAW, C LI. Curriculum Innovations in Changing Societies. New York:Sense Publishers, 2013:449-472.
② HAMILTON L. Assessment as a Policy Tool [J]. Review of Research in Education, 2003 (7):25-68.
③ TORRANCE H, PRYOR J. Investigating Formative Assessment Teaching, Learning and Assessment in the Classroom [D]. London:Open University, 1998.
④ 金艳. 大学英语课程评价体系的构建 [J]. 山东外语教学, 2013, 34 (5):56-62.
⑤ 张尧学. 在大学英语教学改革研讨会上的讲话 [J]. 中国大学教学, 2003 (12):9-11.
⑥ 中华人民共和国教育部. 普通高中英语课程标准 [M]. 北京:人民教育出版社, 2020.

疑，大学英语是对我国高等学府影响力非常大的课程之一。①②

本书认同 Wang③ 对我国英语教育发展阶段的划分，认为大学公共英语教育也可依次分为四个阶段：恢复期（1978—1984 年）、快速发展期（1985—1998 年）、改革期（1999—2006 年）和创新期（2007—2014 年）。大学公共英语教育在这四个阶段中分别有一个教育部颁布的纲领性文件，每个大纲都代表着一轮大规模的教学改革。从 2020 年《大学英语教学指南》正式发行起，大学公共英语教育又开启了新的阶段，笔者认为可暂称之为转型期。在大学英语教学大纲的五个阶段性演变以及大学英语教育整整四十年的发展历程中，评价政策的工具性彰显得淋漓尽致。

三、数据和方法

服务于本章解构评价政策在大学英语发展史上的工具性目的，研究及以下的分析主要基于两个数据源：（1）近四十年来，教育部发布的大学英语教学大纲或其他纲领性文件；（2）学者尤其是参与大纲制定的专家们在国内外期刊公开发表的阐释性文献。具体信息见表 4-1。

表 4-1　初始数据来源

时期	教学大纲类	文献示例
恢复期	《公共英语教学大纲》（1980）	
快速发展期	《大学英语教学大纲》（理工科本科用）（1985）《大学英语教学大纲》（文理科本科用）（1986）	大纲设计与《大学英语教学大纲》的特点④

---

① 蔡基刚. 我国大学英语教学史上四次定位争论综述及其启示 [J]. 中国大学教学，2015 (10)：36-42.
② XU J, FAN Y. The Evolution of College English Curriculum in China (1985 - 2015)：Changes, Trends and Conflicts [J]. Language Policy, 2017, 16 (3)：267-289.
③ WANG Q. The National Curriculum Changes and Their Effects on English Language Teaching in the People's Republic of China [M] // CUMMINS J, DAVISON C. International Handbook of English Language Teaching. New York：Springer, 2007：87-105.
④ 韩其顺. 大纲设计与《大学英语教学大纲》的特点 [J]. 外语界，1985 (4)：12-17.

续表

时期	教学大纲类	文献示例
改革期	《大学英语教学大纲》（高等学校本科用）（1999）	温故知新谈大纲①
创新期	《大学英语课程教学要求》（2007）	大学英语教学的个性化、协作化②
转型期	《大学英语教学指南》（2020）	新时代大学英语教学的新要求——《大学英语教学指南》修订依据与要点③

如表所示，大学英语在其四十年的发展史上共出现了六个纲领性文件，分别颁布于 1980 年、1985 年、1986 年、1999 年、2007 年和 2020 年。1980 年的《公共英语教学大纲》由于年代久远无法找到，只能参考专家的撰文述介。1986 年的《大学英语教学大纲》以 1985 年《大学英语教学大纲》的补充版形式出现，④ 而且其评价部分的规定差别不大，所以本文将两个同一时期的评价政策合而为一提及。另外，《大学英语课程要求》有 2004 年发行的试行版，但鉴于实施版于 2007 年发布，所以作者没有将试行版收入本文的数据范畴。各时期政策解读或阐释性文献共参阅 27 篇。我们采用发展视角，对第一和第二来源的数据进行了以内容为核心的比较和对照分析，厘清了大学英语评价政策及其工具性在过去四十年间的演变路径和规律。

四、大学英语评价政策及其工具性的演变

评价政策是大学英语教学大纲的必要组成部分，以大纲一部分的形式存在。据韩其顺⑤老师讲 1980 年的《公共英语教学大纲》，只简单地"规定了语法教学内容，而没有词汇表，更勿论其他"。在此，我们对此不做太多评价。但不可

---

① 韩其顺. 温故知新谈大纲：浅谈对《大学英语教学大纲（修订本）》的认识 [J]. 外语界，1999（4）：21-25.
② 胡壮麟. 大学英语教学的个性化、协作化、模块化和超文本化：谈《教学要求》的基本理念 [J]. 外语教学与研究，2004，36（5）：345-350.
③ 何莲珍. 新时代大学英语教学的新要求：《大学英语教学指南》修订依据与要点 [J]. 外语界，2020（4）：13-18.
④ 韩其顺. 温故知新谈大纲：浅谈对《大学英语教学大纲（修订本）》的认识 [J]. 外语界，1999（4）：21-25.
⑤ 韩其顺. 温故知新谈大纲：浅谈对《大学英语教学大纲（修订本）》的认识 [J]. 外语界，1999（4）：21-25.

否认的是，随着1980年《公共英语教学大纲》首次以政府文件的形式提出对大学公共英语的统一要求，对该学科在高等教育中重要地位的确立起到了开山的作用。[1][2] 当然，大学英语评价政策的地位也水涨船高。之后的近四十年中，教育部通过教学大纲共发布了五个大学英语评价政策。笔者认为大学英语四、六级考试作为外部测试也属于大学英语评价政策，但囿于篇幅，本文只在必要的时候提及。

对这些评价政策比较分析的结果显示，大学英语教育各个不同的发展期，评价政策发生了明显的变化。这不仅仅表现在篇幅上，如关于评价的规定从只有162字，增至270字，到769字，而到2020年关于评价的内容骤然涨至2562字。也不仅仅是其措辞发生了由测试（1985/1986和1999）到评估（2007）到评价与测试（2020）的转变。更重要的是评价政策在其性质、目的、内容、方式和主体等诸方面，或者说，关于评价的话语体系及其支撑理论都发生了范式迁移。

(一) 评价性质和目的的转变

五个评价政策见证了大学英语领域对评价认知的演变。随之，评价政策的工具性在政策逻辑和意图中也发生了明显的转变。

1985/1986年和1999年发布的大纲只有"测试"的提法，两者皆将测试等同于评价。但是，前者将测试定义为"检查学生语言水平的重要手段"[3]，后者则认为测试是"检查教学大纲执行情况、评估教学质量的一种有效手段，是获取教学反馈信息的主要来源和改进教学工作的重要依据"[4]。评价对象在两个政策间发生了从学生语言水平到《大纲》和教学质量的转变，评价目的也由测量学生学习成效变为服务于《大纲》实施和教学质量的提高，这是对评价及其功能认识的进步。

2007年《大学英语课程教学要求》中的评价政策开始使用"教学评估"来代表评价，将之定义为"大学英语课程教学的一个重要环节"，认为其意义在于

---

[1] 谢邦秀. 中国大学英语教学大纲介评 [J]. 北方论丛，2001 (5)：114-118.
[2] 蔡基刚. 大学英语教学：回顾、反思和研究 [M]. 上海：复旦大学出版社，2006.
[3] 《大学英语教学大纲》修订工作组. 大学英语教学大纲（高等学校理工科本科用）[M]. 北京：高等教育出版社，1985.
[4] 《大学英语教学大纲》修订工作组. 大学英语教学大纲（修订本）[M]. 北京：高等教育出版社，2000.

"实现教学目标""有效反馈教与学",以及"提高学习效率和效果"。① 该政策对于评价的定义和之前大纲的定义相比是质的飞跃。这在某种程度上说明大学英语评价领域对于评价的认知已经超越了评价即测试的传统局限,评价的内涵也得以扩展,与国际教育界对评价的定义趋于一致。②

2020年《大学英语教学指南》中的评价政策使用了"评价和测试"的并列说法,认为两者是"检验教学质量、推动大学英语课程建设与发展的重要手段",目的则是"更好地促进大学英语课程的建设和大学生英语能力的提高"。③ 这里的"评价"应该是采用了评价的狭义范畴,即课堂内外各种信息的收集以促学为目标的、非正式的课堂评价。④ 因而在意义上与较为正式的机构或学校组织的测试比肩。这种定位说明课堂评价在大学英语教育领域得到了更多的政策关注,同时也是对测试在我国强大影响力的承认和正视。

(二)评价内容、形式、主体及要求的变化

对五个大学英语评价政策的细化分析还显示,大学英语教育评价在内容、形式、主体以及要求等方面都发生了可见的变化,演变细节见表4-2。

表4-2 评价的多维变化

	评价内容	评价形式	评价主体	评价要求
1985/1986	语言能力、交际能力、语言基础	1~3级学绩考试 四、六级全国统考	高等教育主管部门、四、六级考试主管机构、学校和院系负责人	科学、客观、统一和标准化
1999	语言基础、语言应用能力	1~3级学绩考试 四、六级校本考、区联考或全国统考	高等教育主管部门、四、六级考试主管机构、学校和院系负责人	科学、公平和规范
2007	英语综合应用能力	形成性评价+终结性评价	高等教育主管部门、学校和院系负责人、教师和学生	全面、客观、科学、准确
2020	英语应用能力	课程评价体系+英语能力测试体系	大学英语教学管理者、专家以及教师和学生、	科学、系统、个性化

---

① 教育部高等教育司. 大学英语课程教学要求[M]. 上海:上海外语教育出版社,2007.
② BROADFOOT P. Introduction to Assessment [M]. London:Continuum,2007.
③ 教育部高等学校大学外语教学指导委员会. 大学英语教学指南[M]. 北京:高等教育出版社,2020.
④ 曹荣平. 形成性评估的概念重构[M]. 北京:北京大学出版社,2012.

大学英语评价的内容重点由语言能力、交际能力、语言基础，逐渐转变为侧重交流的语言应用能力，直至综合应用能力。评价形式也经历了从统一的标准化测试到多层次测试，再到形成性评价和终结性评价的结合，直至课程评价体系和英语能力测试体系的演变。评价主体从最初的高等教育主管部门，四、六级考试主管机构，学校和院系负责人，进而包括了教师和学生，至最近更是由"大学英语教学管理者、专家以及教师和学生等教学活动的直接参与者"[①]扮演着评价者的角色。对评价的要求准则也发生了改变，如1985/1986年评价政策要求测试要"科学、客观、统一和标准化"；1999年评价政策成为"科学、公平和规范"；2007年变为"全面、客观、科学、准确"；2020年则是"科学、系统、个性化"。评价标准在几十年间实现了从"统一和标准化"到"系统和个性化"的两极性跳跃。大学英语评价在性质、目的、内容、形式、主体等各方面所发生的一系列变化实则是评价的理论范式发生迁移的体现。

（三）评价范式的迁移

鉴于学习理论与评价理论的伴生关系，20世纪后半叶，随着建构主义学习理论和社会文化学习理论逐步兴起并取代行为主义学习理论，基于计量测试理论的评价范式也逐渐发生迁移。[②③] 当然，这一迁移在当今教育领域正处于过渡阶段。虽然各国的状况不一而足，但是变化趋势却大致相同，即努力引进新的学习理论和建构形成性评价体系。

新型评价理论以形成性评价（formative assessment）或促学评价（assessment for learning）为主要代表，对评价做出了革新性定义。即形成性评价理论框架下，评价内容（What to assess）、评价方式（How to assess）、评价主体（Who to assess）、评价时间（When to assess）以及评价目的（Why to assess）等诸方面

---

① 教育部高等学校大学外语教学指导委员会. 大学英语教学指南［M］. 北京：高等教育出版社，2020.
② SHEPARD L A. The Role of Assessment in a Learning Culture［J］. Educational Researcher，2000，29（7）：4-14.
③ 陈秋仙. 论形成性评价在中国的文化适可与挪用［J］. 山西大学学报（哲学社会科学版），2016，39（3）：80-90.

与基于计量理论的评价有显著不同。①② 学者 Hamp-Lyons③ 对两种不同评价理论下的评价模式做了如下对比：新兴评价基于课堂且融于教学活动，重点关注教和学以及学生个人的发展过程，反映教师和学生的声音，以学习的获得为导向，目的是学习水平的提高和改进；旧的评价范式下，评价与教学活动分离，以结果为中心，基于课堂，但为外在设定的考试服务，完全以应试为导向，反映规则制定者的声音，考察群体的学习结果是其目的。于是，教师为考试而教，学习为分数而学，评价则是为测量而测量。前者讲求个性化，是教师和学生参照标准（criteria-referenced）的主观判断和体验，后者则要求客观科学的统一和标准化，是参模（norm-referenced）的检验。④

大学英语各个时期评价政策的改变正是如上评价理论转变在我国大学英语教育领域的表征和反映。1985/1986 和 1999 评价政策基本推行的是基于测量理论指导下的大规模、标准化测试；而 2007 评价政策开始逐渐将形成性评价引入大学英语评价框架则受到新兴评价理论的影响；到 2020，基于形成性评价理论的课堂评价已经被置于与原本占优势地位的测试分庭抗礼的地位。这也是大学英语评价政策及其工具性发生变化的理论依据。当然，革新中的英语学习理论如社会文化学习理论强调学生为主体，培养其自主学习能力和合作学习模式等，⑤ 需要与之相适应的评价理论也是大学英语评价政策融入形成性元素的另一个理论依据。

五、大学英语评价政策工具性的演变及其现实缘由

英语学习在改革开放以来的我国不仅仅是学习者的个人需要或者局限于教

---

① CHENG L, FOX J. Assessment in the Language Classroom［M］. London：Palgrave，2017.
② BROADFOOT P. Introduction to Assessment［M］. London：Continuum，2007.
③ HAMP-LYONS L. The Impact of Testing Practices on Teaching in Hinkel［M］//HINKEL E. The Handbook of Research in Second Language Teaching and Learning. Mahwah：Lawrence Erlbaum Associates Publisher，2007：487-504.
④ WILIAM D. An Overview of the Relationship Between Assessment and the Curriculum［M］// SCOTT, D. Curriculum & Assessment. Greenwich：JAI Press，2001.
⑤ LANTOLF P J. Sociocultural Theory and Second Language Learning［M］. Oxford：Oxford University Press，2000.

育领域,更是一项与国家政治、经济、社会等方面都需要密切相关的"任务"。①②③ 在其发展的各个阶段,大学英语评价政策的工具性在服务于这些需要时表现得尤为明显。

快速发展期(1985—1998年)的中国需要高校培养的人才同时具有较强的英语语言能力,来满足国家对外开放以及在科学、技术、文化等领域交流的需要。这一时期的大学英语评价政策不但明文规定了期末的学绩(学习成绩)考试,更是将全国四、六级统考写进了大纲。④ 大学英语四、六级标准化考试的引进并在全国范围内实施统一考试无疑是大学英语教育史上的一个重大举措。蔡基刚⑤在综合包括教育主管部门领导、大纲制定者,以及四、六级考试的主要专家等权威人士的意见之后得出结论:大学英语四、六级全国统考使得教育主管部门、各高等院校,以及教师和学生对大学英语更加重视,提高了大学英语教师的地位,也大大地促进了大学英语课程的发展,让大学英语由一门普通的公共基础课一跃成为一门备受各阶层瞩目的课程。特别是当四、六级考试结果与学生的学位和奖学金、教师的晋升和各种评奖、毕业生的就业机会和户口等挂钩后,高校对大学英语的重视达到了"前所未有"的程度。⑥ 但是关于四、六级统考是否有效地提高了我国大学生的英语水平颇有争议。一种观点认为:统考毫无疑问对我国大学英语教学质量和大学生的实际英语水平有很大的提高,如教育部原副部长吴启迪⑦在一次讲话中大大肯定了四、六级考试的积极功用。

---

① WANG Q. The National Curriculum Changes and Their Effects on English Language Teaching in the People's Republic of China [M] // CUMMINS J, DAVISON C. International Handbook of English Language Teaching. New York:Springer,2007:87-105.

② HU G. English Language Education in China:Policies,Progress and Problems [J]. Language Policy,2005(1):5-24.

③ XU J, FAN Y. The Evolution of College English Curriculum in China(1985-2015):Changes, Trends and Conflicts [J]. Language Policy,2017,16(3):267-289.

④ 《大学英语教学大纲》修订工作组. 大学英语教学大纲(高等学校理工科本科用)[M]. 北京:高等教育出版社,1985.

⑤ 蔡基刚. 大学英语教学:回顾、反思和研究[M]. 上海:复旦大学出版社,2006.

⑥ 金艳. 关于大学英语教学改革的思考:评价与教学[J]. 中国外语教育,2008,1(3):57-66,82-83.

⑦ 教育部副部长吴启迪同志在大学英语四、六级考试改革新闻发布会上的讲话[J]. 外语界,2005(2):2-4.

另一种观点①则认为：由于四、六级统考采用标准化模式，特别是其中包含大量的多选题，语言知识被碎片化处理，这种模式引导下的英语学习不但不能提高学生的语言能力，甚至会使其倒退。大量的研究相继证实了四、六级考试会对大学英语教学产生不良的反拨效应和严重的应试倾向。②刘润清等③学者的一个大规模调查显示，70%以上的大学英语教师都否认四、六级统考对教学质量和学生的英语水平有提高的作用。而且由于口语没有包括在考试内容中，所以不但"哑巴英语"没有得到缓解，还出现了"费时低效"的问题。④可以说，这一政策工具并没有充分实现其预期性能。

改革期（1999—2006年）的大学英语教育培养出来的人才不能充分满足社会需要。⑤而且，我国于这一期间加入了世界贸易组织以及申奥成功，急需大量的高素质外语人才以满足全球化这一现实境况，也是重要的推动因素。所以，大学英语教育开始着力寻求"标本兼治，侧重应用"的出路⑥。1999年附属于新教学大纲出现的大学英语评价政策除了沿袭前一个政策所规定的期末学绩考试，为水平考试提供了包括全国统考、地区联考和校本考的选项，有一定程度上减弱了四、六级统考负面反拨效应的意图。其次，大学英语考试委员会同年推出四、六级口语考试，希望对大学英语课堂教学产生一定的正面反拨效应，使英语口头交际和表达得到更多的关注。⑦遗憾的是，社会各界对四、六级考试的狂热在这一时期有增无减，所以提供的另外两个选项形同虚设；而四、六级口语考试由于资源和人力所限只能针对少数高分学生放开。所以，哪怕受试的那部分学生给出了乐观的反馈，教师给出了正反拨的意愿，⑧但是最终的效果并

---

① 钱冠连. 还是要整合性考试：谈纯分析性考试为何是失误［J］. 外语教学与研究，2003（5）：379-380.
② JIN Y. Powerful Tests, Powerless Test Designers? Challenges Facing the College English Test［J］. Chinese Journal of Applied Linguistics, 2008（5）：3-11.
③ 刘润清，戴曼纯. 中国高校外语教学改革现状与发展策略研究［M］. 北京：外语教学与研究出版社，2003.
④ 戴炜栋. 外语教学的"费时低效"现象：思考与对策［J］. 外语与外语教学，2001，33（7）：1-32.
⑤ 黄建滨，邵永真. 大学英语教学改革的出路［J］. 外语界，1998（4）：20-22.
⑥ 教育部副部长吴启迪同志在大学英语四、六级考试改革新闻发布会上的讲话［J］. 外语界，2005（2）：2-4.
⑦ 杨惠中. 大学英语口语考试设计原则［J］. 外语界，1999（3）：48-57.
⑧ 金艳. 大学英语四、六级考试口语考试对教学的反拨作用［J］. 外语界，2000（4）：56-61.

不理想。① 综合来看,这一时期大学英语评价政策基本被用来纠正和解决前一阶段由于发展速度太快所遗留下来的问题了。

创新期(2007—2014年)的大学英语面对的是日益增强的全球化、更趋紧张的就业市场以及基础教育阶段英语教育的高度发展,利用各种可利用的技术和教育理念提高质量即提高学生的英语综合应用能力以满足个人、社会以及国家的需要成为这一时期大学英语教育的主题。② 这一时期的大学英语评价政策有两大亮点:一是时任教育部副部长的吴启迪③专门召开新闻发布会号召减弱四、六级统考的高风险,消减对大学英语课堂的反拨效应,专注于教和学以及语言能力的提高。之后,不少高校逐渐解除学位与四、六级成绩的挂靠。④ 二是《大学英语课程教学要求》⑤ 一改以往测试独占话语权的局面,提出形成性与终结性相结合的评价格局。这一举措无疑是革命性的,使得大学英语的评价开始从单极走向多元⑥;但也是挑战性的,毕竟形成性评价作为舶来理论,对已经习惯于测试和测试文化的教师和学生以及其他大学英语所涉人员来说是新事物。虽然大纲中提供了定义和自评工具,也提供了一定范围的培训,但是大部分相关人员还是不明白加入形成性评价的原因,也对具体该怎么去操作不甚明了。研究发现⑦⑧⑨:形成性评价在不少院校实施了"平时评价"模式,即教师将学生在课堂的参与、作业或小测试以及出勤等方面的表现记录并分别打分,然后

---

① HE L, DAI Y. A Corpus-based Investigation into the Validity of the CET-SET Group Discussion [J]. Language Testing, 2006 (3): 370-401.

② 胡壮麟. 大学英语教学的个性化、协作化、模块化和超文本化——谈《教学要求》的基本理念 [J]. 外语教学与研究, 2004, 36 (5): 345-350.

③ 教育部副部长吴启迪同志在大学英语四、六级考试改革新闻发布会上的讲话 [J]. 外语界, 2005 (2): 2-4.

④ 余渭深. 大学英语四、六级考试改革学生问卷调查与分析 [J]. 中国大学教学, 2005 (7): 43-47.

⑤ 教育部高等教育司. 大学英语课程教学要求 [M]. 上海:上海外语教育出版社, 2007.

⑥ 金艳. 体验式大学英语教学的多元评价 [J]. 中国外语, 2010, 7 (1): 68-76, 111.

⑦ CHEN Q, KETTLE M, KLENOWSKI V, et al. Interpretation of Formative Assessment in the Teaching of English at Two Chinese Universities: A Sociocultural Perspective [J]. Assessment and Evaluation in Higher Education, 2012, 38 (7): 831-846.

⑧ CHEN Q. Formative Assessment and Its Localised Representation in the Chinese Higher Education Context [J]. Frontiers of Education in China, 2017 (1): 75-97.

⑨ HUANG J, LUO S Q. Formative Assessment in L2 Classroom in China: The Current Situation, Predicament and the Future [J]. Indonesia Journal of Applied Linguistics, 2014, 3 (2): 18-34.

按照一定的权重和学生的期末学绩考试结果一起构成学生的综合考核成绩。这一时期大学英语评价政策确实在大学英语教育领域掀起了一定程度的波动，但至于它是否起到了促学的效果尚需进一步证实。

转型期（2015年至今）的大学英语教育继续面对来自国家、社会以及个人发展所需的"提高质量"的使命。同时，专门用途英语在评价政策中获得了合法地位，所以大学英语课程还需逐步实现由通用英语向专门用途英语的转型。① 这一时期的大学英语评价政策要求建立科学的测试与双轨评价体系，为质量目标服务。② 评价的形成性反馈和促学功能在该文件中得到认可。另外，双轨评价体系中的测试轨道提出了"促进学生学习的形成性测试"与"对学习结果的终结性测试"有机结合构想；评价轨道则在承认课堂评价的重要性的同时，也承认其执行难度，所以处理形成性评价与终结性评价的关系，实现从传统的"对课程结果的终结性评价"向"促进课程发展的形成性评价"的转变成为评价轨道的任务。③ 这是对现实状况的正视，毕竟舶来政策的本土化情境重构需要时间，需要逐步推进。④ 形成性评价过去十年在实践中的实施与研究⑤⑥⑦皆证实了这一过程的艰难。

六、小结

本章对过去四十年中，评价在大学英语领域通过全国通用的六个大纲所发

---

① XU J, FAN Y. The Evolution of College English Curriculum in China (1985-2015): Changes, Trends and Conflicts [J]. Language Policy, 2017, 16 (3): 267-289.
② 教育部高等学校大学外语教学指导委员会. 大学英语教学指南 [M]. 北京：高等教育出版社, 2020.
③ 何莲珍. 新时代大学英语教学的新要求：《大学英语教学指南》修订依据与要点 [J]. 外语界, 2020 (4): 13-18.
④ 陈秋仙. 论形成性评价在中国的文化适可与挪用 [J]. 山西大学学报（哲学社会科学版）, 2016, 39 (3): 80-90.
⑤ HUANG J, LUO S Q. Formative Assessment in L2 Classroom in China: The Current Situation, Predicament and the Future [J]. Indonesia Journal of Applied Linguistics, 2014, 3 (2): 18-34.
⑥ LIU J, XU Y T. Assessment for Learning in English Language Classrooms in China: Contexts, Problems and Solutions [M] // REINDERS H, MIDEROS D, ROBERTS N, et al. Innovation in Language Learning and Teaching: New English Learning and Teaching Environments. London: Palgrave Macmillan, 2017: 17-37.
⑦ 金艳. 体验式大学英语教学的多元评价 [J]. 中国外语, 2010 (1): 68-76, 111.

挥的具有"工具"特质的功能及其随着国家和学科需要所发生的转变进行了梳理。《大学英语教学指南》于2020年年底正式颁布。在转型阶段刚刚起步的今天，判断形成性评价这一评价政策在大学英语教育史上如何发挥其工具性以及成效如何为时尚早。不过，大学英语学科所处的评价环境发生了不小的变化。如2018年我国英语能力标准制定完成，为形成性评价在课堂的有效实施提供了必要的参照标准；教师评价素养在过去十年中得到了极大的政策和学术关注；各界人士对于大学英语四、六级的热情趋于冷静。这些变化无疑为形成性评价的有效实施提供了良好的外部环境。但具体形成性评价在教育改革的新时期能发挥更大的正面效应，更充分地实现其促学功能，服务于我国英语及高等教育水平和质量的提升，尚有待来自教学一线的考察来证实，这也正是这项研究的意义所在。

第Ⅱ篇 02
框架&方法

第五章　研究设计及理据

本章详细铺陈了基于研究背景、研究内容和目的展开的研究设计及依据。其中包括社会文化理论和复杂理论共建的理论框架、区域性多案例设计、具体数据源、数据收集和分析方法等。

一、理论框架

本研究以复杂理论作为整个研究的理论框架，以社会文化理论作为其中质性数据的分析和阐释工具，具体缘由和路径如下。

（一）复杂理论

"复杂理论"（complexity theory），在应用语言学领域又被称为"复杂动态系统理论"（complex dynamic systems theory），尤其适用于研究某特定事件或行为变化的过程，特别是当焦点因素之间的关系随着时间的推移有增强或减弱的变化，或该事件或行为被设定于某特定时空背景时。[①] 该理论提倡用定性判断与定量计算相结合、微观分析与宏观综合相结合、还原论与整体论相结合、科学推理与哲学思辨相结合的思路和方法，探讨复杂系统中各组成部分之间相互作用所凸显出的特性。[②] 跨国界跨文化的形成性评价政策借用及实施这一极为复杂的体系，用复杂理论来研究最合适不过。[③]

本课题借用复杂理论对教育情境层次进行划分，[④] 基于大学公共英语学科，

[①] HIVER P, AL-HOORIE A H. Research Methods for Complexity Theory in Applied Linguistics [M]. Bristol: Multilingual Matters, 2020.
[②] MORIN E. On Complexity [M]. Cresskill: Hampton Press, 2008.
[③] SNYDER S. The Simple, the Complicated, and the Complex: Educational Reform Through the Lens of Complexity Theory [M]. Paris: OECD Publishing, 2013.
[④] SNYDER S. The Simple, the Complicated, and the Complex: Educational Reform Through the Lens of Complexity Theory [M]. Paris: OECD Publishing, 2013.

对形成性评价在我国英语教育领域的重构和发展从如下五个维度进行了考察。

一是时序维度。这一维度下，形成性评价的理论、政策以及课堂实践皆是动态的、发展的。因此，我们不仅关注形成性评价政策在《大学英语课程教学要求》（2007）和《大学英语教学指南》（2020）两个政策间的变化，更注重其之前走过的历程以及以后的发展路径。第四章对四十年来大学英语评价政策及其工具性的厘清，正是本研究在时序维度的铺陈。

二是外部维度。采用社会文化视角，审视形成性评价原则与我国社会文化情境的相融与背离，并将这些因素渗透到对形成性评价实施各个环节的考察和理解中、对形成性评价在我国情境下的重构的阐释中以及对发展路径的规划中。第三章对形成性评价与我国教育文化情境适可性的分析正是本研究对外部维度的考察。

三是宏观维度。国家的教育发展状况和体制情境对形成性评价的实施和推行影响颇大。如我国的教育水平相对落后，教师在形成性评价方面的素养还有待提高。再如，在我国教育中央集中的体制下，形成性评价政策基本是"由上而下"以统一的大纲方式推行的。本研究在综合分析这些状况的同时，重点考察形成性评价政策的制定及其变化。这一维度在第一章的背景概述中有提及，并渗透于全书的每一部分。

四是中观维度。我国教育发展水平不均衡，如重点院校和普通院校间的差异很大。各校的管理机制也不一样，有的给政策实施的基层部门和老师很大的话语权，有的则不是。诸多因素导致各校对形成性评价政策有不同的解释。本研究会在了解各校综合状况的基础上，考察他们对形成性评价的校级规定。这一维度是本研究的考察重点，是作者用数据来考证和探究的具体所在。

五是微观维度。本课堂将着重考察教师、学生对形成性评价的认知、态度及行为，以及由此形成的课堂情境。微观维度和中观维度一样，也是本研究用数据来实地考证和探究的重点。

整体而言，这五个维度构成了本研究的理论框架，也是全书的理论支撑。具体而言，前三个维度，即时序、外部、和宏观维度（见第一章至第四章），组成了本研究的三维背景；后两个维度（中观和微观）则是考察的重点和核心部分，将借用真实的、来自第一线的数据，来回答本研究设定的研究问题之一：形成性评价在地方院校及大学英语课堂上是怎样被重构的？这一问题在本书的

第三篇（第六章至第九章），通过作者在该区域收集的量化和质性数据予以解答。

至于第二个研究问题：形成性评价在我国英语教育领域的实施效果如何？则在第四篇由来自区域数据的深度考察（第十章）与两个大型的文献综述（第十一、十二章）一起回答。

第三个研究问题：形成性评价在我国英语教育领域的实现路径如何？构建于对现有文献的综述、分析和深度思考的基础之上，是前半部分区域研究发现的拓展和视野的延伸（见第三部分，第十一章至第十四章）。

（二）社会文化视角

教育评价专家卡大卫·乐士（David Carless）[1]提倡，鉴于各地所处教育情境和文化背景的不同及其对评价的影响，考察评价改革时宜采用社会文化视角。该视角源于俄罗斯心理学家维果茨基（Vygotsky），后经理论家布鲁纳（Bruner）、雷夫（Lave）和温格（Wenger）、沃曲（Wertsch）等发展成型。它强调社会、历史和文化情境的影响，认为特定的文化团体在特定的情境下形成的价值、观念等是该团体成员"思考的工具""行为的指导"[2]。

列文森（Levison）等[3]将社会文化视角引入教育政策研究领域，认为教育政策的实施是各层次的参与者，如学校政策制定者、执行者（教师）以及承受者（学生）等在各自的理念、价值观等因素的作用下，权衡自己的实际情况，选择某种程度接受或不接受的过程。本研究将以该理论为指导，仔细探讨形成性评价理论在我国教育和文化情境下，在中观和微观维度，也就是院校和课堂层次，被权衡和协商的过程，并从中找出参与者或舍或取的文化和社会根源。换言之，社会文化视角是作者收集和分析数据的理论基础。

---

[1] CARLESS D. From Testing to Productive Student Learning：Implementing Formative Assessment in Confucian-heritage Settings [M]. New York：Routledge, 2011.

[2] LAVE J, WENGER E. Situated Learning：Legitimate Peripheral Participation [M]. Cambridge：Cambridge University Press, 1991.

[3] LEVINSON B, SUTTON M. Introduction：Policy as/in practice—A Sociocultural Approach to the Study of Educational Policy [M] // LEVINSON B, SUTTON M. Policy as Practice：Toward a Comparative Sociocultural Analysis of Educational Policy. London：Ablex Publishing, 2001：1-22.

二、多案例法

个案研究法适用于深入探讨并挖掘问题的实质，而多案例则可以强化研究设计的稳健性和可靠性。① 本研究将我国中西部某省份的八所高等院校都囊括在内，是典型的多案例设计。另外，这些案例已将该省的主要院校包括在内，因此也具备了区域性研究的特点。

这八所院校包括一所农业大学、一所综合大学、一所工科大学、一所财经大学、一所医科大学、一所师范大学、一所科技大学和一所理工大学，皆位于该省省会及周边地区，是该省具有一定历史和规模并被普遍认可的传统高等院校，具体细节见表5-1。

表5-1 八校基本状况

学校类型	学校位置	建校史	在校生人数	院校类型
农业大学	省会附近的小县城	百年老校	20000	普通一本
综合大学	省会	百年老校	15000	普通一本
工科大学	省会	60多年	30000	普通一本
财经大学	省会	60多年	12000	普通一本
医科大学	省会	90多年	11000	普通一本
师范大学	省会近郊大学城	60多年	11000	二本院校
科技大学	省会近郊大学城	60多年	20000	普通一本
理工大学	省会近郊大学城	70多年	40000	211院校

这八所院校多为普通一本和二本院校，只有理工大学属于"211"，也是该省唯一的重点院校。这样具有区域性的案例选择应该足可以反映形成性评价在该地区的状况。鉴于我国的教育发展程度和所在地区的经济发展水平存在一定的关联性，②③ 这里特别指出，该省的经济发展水平在全国处于中等偏下。另外，该省是个典型的内陆省份。作为"中华文明摇篮所在地"，当地的传统观念

---

① CRESWELL J W. Educational Research: Planning, Conducting and Evaluating Quantitative and Qualitative Research [M]. 4th ed. New York: Pearson Education, 2015.
② 张正东. 中国外语教育政策：漫议我国外语教育的国情特点 [J]. 基础教育外语教学研究, 2005 (12): 16-21.
③ 王克非. 外语教育政策与社会经济发展 [J]. 外语界, 2011 (1): 2-7.

较为深厚，也就是相对保守，且对外界变化的接受度一般。

三、数据的收集和工具

在八个院校分别进行了数据收集。其基本步骤和程序为：（1）联系各院校负责大学英语工作的院系领导并进行访谈；（2）请院系领导帮忙征募参与焦点访谈的老师4~6位，进行小组访谈；（3）请参与焦点访谈的教师帮忙向学生发放问卷，并从中征募课堂观察对象；（4）清除伦理问题，即说明具体情况并征得同意，并递上知情同意书。最终收集的数据包括：

（1）八所院校负责大学英语工作的院系领导的个别访谈。访谈采用的问题清单来自陈秋仙的论文[1]，并按照情形的变化和实际需要做了一定的修改（见附录Ⅰ）。每个访谈持续时间为45~50分钟，经受访者同意录音，共计收集到390分钟的录音数据。

（2）八所院校关于大学英语评价的规定性文件。我们向院系领导征询文件事宜，其中有六位声称没有书面文件或只有简单的规定，只在访谈中做了口头说明。

（3）八所院校教师焦点访谈。所采用的问题清单同样来源于陈秋仙的论文[2]，见附录Ⅱ。八所院校共有40位教师参与了焦点访谈。其中农业大学5位，综合大学5位，工科大学6位，财经大学5位，医科大学4位，师范大学5位，科技大学4位，理工大学6位。每个访谈时长大约60分钟，共计收集到480分钟的录音数据。

（4）我们从参与焦点访谈的教师中征募课堂观察对象，结果只有两所院校（综合大学和师范大学）共4个教师愿意参与。总计收集到8个课时的课堂观察录像。

（5）我们通过参与访谈的教师向学生发放电子问卷（见附录Ⅲ），以期能够获得评价政策变化对学生及其英语学习的影响。遗憾的是，问卷回收率很低。于是在距离最近的3所院校（综合大学、财经大学、理工大学）请参与访谈的教师向学生发放了600、700和800份纸质问卷。去除无效问卷后，三校分别收

---

[1] 陈秋仙. 形成性评价在中国之原理、政策及实施：基于英语学科的社会文化视角［M］. 北京：科学出版社，2012.
[2] 陈秋仙. 形成性评价在中国之原理、政策及实施：基于英语学科的社会文化视角［M］. 北京：科学出版社，2012.

回 544、622 和 606 份有效问卷。后期按主题撰文时，考虑到理工大学并没有解除 CET-4 与学位的捆绑，20% 的平时评价并没有使风险降低，只能将该校的问卷排除。另外，与两所院校相比，选择其中一所反而更聚焦。于是，最终只对一所院校（综合大学）的数据进行了分析处理并成文（见第十章）。

四、数据整理和分析

我们对收集来的录音材料，首先进行编码处理。如农业大学用其英文缩写编码为 AU，综合大学 CU，工程大学 EU，财经大学 FU，医科大学 MU，师范大学 NU，科技大学 SU，理工大学 TU。负责大学英语的院系领导以 Dean 的首字母 D 标记，教师则以 Teacher 的首字母 T 代替，因此农业大学的负责领导被编码为 AUD，而教师则为 AUT1-5，领导访谈为 AUD interview，教师访谈 AUT interview 等，其他院校的数据编码以此类推。

之后，我们请专人将录音转录为文字，并将外文发表需要的部分翻译为英语。转录和翻译都有对照和核查，以确保其可靠性。这些数据的处理耗时耗力，4 人花费大约 4 个月的时间才完成。

从学生中收集来的问卷数据在经过编码后被输入 SPSS 28.0。这些数据整理完成后，按照主题分别进行分析、成文，用来回答本研究预设的问题（见第六章至十章）。

五、小结

本章详细介绍了研究的整体设计，包括理论框架、多案例设计以及具体数据和收集整理过程。我们在收集和整理的过程中尽力兼顾了科研伦理、科学方法以及现实情形。受疫情影响，这些数据的收集和原来的设计相比并不是非常理想和完备，但这些数据终究为我们回答预设的研究问题，尤其是关于形成性评价在该地区大学英语领域的情境重构问题，提供了坚实的理据。

03

第Ⅲ篇

| 解构&重构 |

第六章　形成性评价在大学英语教育领域的本土呈现——区域视角①

形成性评价源于西方教育背景的事实，使本土化和情境化成为我国将之引入教育评价体系必不可少的前期功课。本章从社会文化视角出发，调查了《大学英语课程教学要求》和《大学英语教学指南》颁布以来，形成性评价在我国中西部某省份八所高校的大学英语学科所呈现出来的有别于源生概念的形态及其文化专属特质。这是借用所收集的部分数据对形成性评价情境重构问题的尝试性解答。

一、引言

形成性评价是基于建构主义性质的学习理论。它凸显学习者在学习和评价过程中的主体地位，将评价的黑匣子打开，借助反馈的核心作用，来提高学习者的学习技巧、效果及对学习的自我掌控能力。② 形成性评价对教育质量的显著推动和促进作用在20世纪八九十年代被逐渐认可。③④ 由于该作用迎合了国家在全球化趋势下教育发展的战略需要，形成性评价在21世纪初期被包括我国在

---

① 本章数据曾以论文形式发表于教育部对外英文期刊，文章具体信息：CHEN Q. Localized Representation of Formative Assessment in China: A Regional Study from a Sociocultural Perspective [J]. Frontiers of Education in China, 2017, 12 (1): 75-97. 但鉴于近来各校大学英语教学和评价政策的变化，以及专著内部结构的整体考量，本文做了不少修整和添加。
② BlACK P. Formative Assessment: An Optimistic but Incomplete Vision [J]. Assessment in Education: Principles, Policy & Practice, 2015, 22 (1): 161-177.
③ BLACK P, WILIAM D. Assessment and Classroom Learning [J]. Assessment in Education: Principles, Policy & Practice, 1998, 5 (1): 7-74.
④ CROOKS T J. The Impact of Classroom Evaluation Practices on Students [J]. Review of Educational Research, 1988, 58 (4): 438-481.

内的诸多国家以政策的形式引进到教育课程领域,形成了一股世界性的改革潮流。

但是,研究人员在考察形成性评价的课堂实践后发现形成性评价成效虽然诱人,实施起来并非易事。如 Marshall 和 Drummond ①、Webb 和 Jones② 等学者发现英国的教师,即使经过了培训,促学评价的原则也不一定能在其教学实践中上升到"精髓"的层次,而往往只是按"字面意思"行事。新西兰的研究人员③也发现形成性评价的原则被扭曲服务于终结性目的,最终学生在考试中的表现成了评价的目标,而真正意义上的学习就成了牺牲品。加拿大教育委员会(Council of Ministry of Education)在检查了五大省区的状况后也发布报告指出:形成性评价的原则在该国课堂的应用远未达到普及的程度。相反,大多数教师依旧广泛使用着终结性评价的原则和方法。④

如果说英语国家的形成性评价问题大多表现在实施和教师方面,在受儒家文化影响颇深的亚洲国家,形成性评价实施的状况则要复杂得多。例如,香港特区政府从 20 世纪 90 年代末就开始大力推行以促学为目标的评价改革,但在应试倾向较为传统的当地学校和课堂中并没有引起足够的重视,评价措施和实践也并未发生明显的变化。⑤ 同样,新加坡教育部早在 1997 年就推行名为"Thinking School, Learning Nation"的改革,试图用形成性评价来革新教育的整

---

① MARSHALL B, DRUMMOND M J. How Teachers Engage with Assessment for Learning: Lessons from the Classroom [J]. Research Papers in Education, 2006, 21 (2): 133-149.
② WEBB M, JONES J. Explore Tensions in Developing Assessment for Learning [J]. Assessment in Education: Principles, Policy & Practice, 2009 (2): 165-184.
③ HUME A, COLL R K. Assessment of Learning, for Learning, and as Learning: New Zealand Case Studies [J]. Assessment in Education: Principles, Policy & Practice, 2009 (3): 269-290.
④ Council of Education, Canada. OECD Study on Enhancing Learning Through Formative Assessment and the Expansion of Teacher Repertoires [EB/OL]. Council of Ministers, Canada website, 2005-10-01
⑤ BERRY R. Assessment Trends in Hong Kong: Seeking to Establish Formative Assessment in an Examination Culture [J]. Assessment in Education: Principles, Policy & Practice, 2011 (2): 199-211.

体状态，并提升本国教育的质量。① 但是，对该政策的实施调查②发现，形成性评价和反馈在实际课堂主要被教师们用来帮助学生在下一层次的考评中获得更好的成绩，并未促成学校教育质量发生实质性的改变。另外，在深受儒家文化影响的其他亚洲国家，如马来西亚③、印度尼西亚④学者等地也有类似的发现。这与引入政策的初衷显然是相悖的。

Berry 等⑤学者对形成性评价在这些亚洲国家和地区的状况进行综合考察后，指出形成性评价在这一特定文化区域内存在问题的根本缘由是该文化区域内普遍存在根深蒂固的、以考试为中心的评价文化。跨越中国内地、香港地区和加拿大的一系列比较研究⑥⑦⑧也证实，应试倾向导致中国的英语教师与加拿大同行在课堂评价行为方面有显著的差异。更有学者⑨断言，评价在儒家文化区域所特有的高风险社会功能，会将形成性评价的促学价值弱化到微乎其微。众多对

---

① INSTERY M，EDUCATION. Shaping Our Future：Thinking Schools，Learning Nation ［M］. Singapore：Ministry of Education，1998.
② TAN K. Assessment for Learning Reform in Singapore - Quality，Sustainable or Threshold? ［M］// BERRY R，ADAMSON B. Assessment Reform in Education：Policy and Practice. New York：Springer，2011.
③ ONG S L. Assessment Profile of Malaysia：High-stakes External Examination Dominates ［J］. Assessment in Education：Principles，Policy & Practice，2010（1）：91-103.
④ RAIHANI. Education Reforms in Indonesia in the Twenty-first Century ［J］. International Education Journal，2007（1）：172-183.
⑤ Berry R，ADAMSON B. Assessment Reform in Education：Policy and Practice ［M］. Dordrecht：Springer，2011.
⑥ CHENG L，ROGERS T，HU H. ESL/EFL. Instructors' Classroom Assessment Practices：Purposes，Methods，and Procedures ［J］. Language Testing，2004（3）：360-389.
⑦ CHENG L，ROGERS W T，WANG X. Assessment Purposes and Procedures in ESL/EFL Classrooms ［J］. Assessment & Evaluation in Higher Education，2008（1）：9-32.
⑧ CHENG L，WANG X. Grading. Feedback and Reporting in ESL/EFL Classrooms ［J］. Language Assessment Quarterly，2007（1）：85-107.
⑨ KENNEDY K J，CHAN J K S，FOK P K，et al. Forms of Assessment and Their Potential for Enhancing Learning：Conceptual and Cultural Issues ［J］. Educational Research for Policy and Practice，2008（3）：197-207.

形成性评价与儒家文化圈文化适可性的考察①②③皆得出近乎一致的否定结论。

鉴于以上情形，Carless④强烈建议儒家文化区域的形成性评价改革不要拘泥于形成性评价理论所规定的条条框框，而是根据当地的实际情形，采取具有一定弹性的扩展型形态，或可行之有效，然后，再逐渐向理想的正统形态靠拢。这一建议已经在越南的课堂得到了实现。Pham 和 Renshaw⑤ 在发现越南学生深受考试和传统文化的影响，对形成性评价有抵触后，将形成性评价的原则糅合成与当地传统学习观相符的形式，于是学生接受良好，且达到了提高学习成效、改变学习观念、培养自主学习和合作学习能力的目的。在中国，Chen 等⑥学者运用社会文化视角，就两所大学对《大学英语课程教学要求》所引入的形成性评价政策及其实施状况进行的个案考察发现：形成性评价这一概念在这两个地方院校皆已被异化为"平时评价"，即将学生在学习过程中的表现如出勤、课堂表现和作业小测试等分别记录并给出成绩，和期末的学绩考试一起按一定的比例纳入学绩考评范畴。本研究是对 Chen 等⑦学者的拓展和延伸，旨在探讨：(1) 该研究基于两个个案研究的发现到底只是个别现象，还是具有一定普遍意义的、在我国呈现的本土化形态？(2) 如果是前者，那么导致这种现象的缘由是什么？(3) 如果是后者，这种本土特色的形态呈现意味着什么？它能否如国

---

① CHEN Q. The Potential Barriers to College English Assessment Policy Change in China: A Sociocultural Perspective [M]//GARRICK B, POED S, SKINNER J. Educational Planet Shapers: Researching, Hypothesising, Dreaming the Future. Brisbane: Post Pressed, 2009: 115-126.
② ZHAN Y, WAN Z. Perspectives on the Cultural Appropriateness of Assessment for Learning in the Chinese Context [J]. Educate, 2010, 10 (2): 9-16.
③ 陈秋仙. 论形成性评价在中国的文化适可与挪用 [J]. 山西大学学报（哲学社会科学版），2016, 39 (3): 80-90.
④ CARLESS D. From Testing to Productive Student Learning: Implementing Formative Assessment in Confucian-heritage Settings [M]. New York: Routledge, 2011.
⑤ PHAM T H T, RENSHAW P. Formative Assessment in Confucian Heritage Culture Classrooms: Activity Theory Analysis of Tensions, Contradictions and Hydrid Pratices [J]. Assessment and Evaluation in Higher Education, 2014, 40 (1): 45-59.
⑥ CHEN Q, KETTLE M, KLENOWSKI V, et al. Interpretation of Formative Assessment in the Teaching of English at Two Chinese Universities: A Sociocultural Perspective [J]. Assessment and Evaluation in Higher Education, 2013, 38 (7): 831-846.
⑦ CHEN Q, KETTLE M, KLENOWSKI V, et al. Interpretation of Formative Assessment in the Teaching of English at Two Chinese Universities: A Sociocultural Perspective [J]. Assessment and Evaluation in Higher Education, 2013, 38 (7): 831-846.

家引入形成性评价时所期待的那样,有效地服务于我国教育质量的提高?

2007年教育部高等教育司全面推行《大学英语课程教学要求》(以下简称《要求》)。该文件要求大学英语的教学要应用先进技术和教学理念,体现多媒体化、个性化、超文本化和合作化的特征。① 在评价部分,《要求》着力推荐将形成性评价融入大学英语的评价中,以评价促进教学质量的提高。2020年新发表的《大学英语教学指南》② 对形成性评价的规定更加具体,要求实现从传统的"对课程结果的终结性评价"向"促进课程发展的形成性评价"转变。

如果《要求》③ 中形成性评价的加入,相对大学英语领域一直沿用标准化考试的终结性评价方式而言,是个巨大的革新,那么2020年《大学英语教学指南》关于形成性评价的描述则是将评价功能和评价方法的彻底改变作为目标。虽然在形成性和终结性、测试与评价之间寻找平衡的意图明显,但是,随着这一文件将"促进课程发展的形成性评价"确定为努力的方向,形成性评价的地位得到了更进一步的提升。迄今为止,形成性评价进入大学英语教育领域已逾十个年头,其实施状态趋于稳定,深入考察的条件已经成熟。

二、研究设计及方法

基于社会文化视角,我们认为,在我国社会、历史、文化条件、教育状况,以及各层次参与人员的综合作用下,形成性评价在实施过程中呈现出来的形态必将具有一定的本土特色。本研究试图回答的问题如下。

(1)形成性评价在该地区以何种形态表现出来?

(2)这个(些)形态是否稳定,具有哪些本土文化特色?

考察形成性评价的实施形态,需要能够进行深入细致研究的方法,如案例研究④,而要考证该形态的稳定性,必然需要尽可能多的、具有一定代表性的样本。鉴于如上需要,本研究采用了多案例的质性研究方法。这是因为相较于寻

---

① 胡壮麟. 大学英语教学的个性化、协作化、模块化和超文本化:谈《教学要求》的基本理念[J]. 外语教学与研究, 2004, 36 (5): 345-350.
② 教育部高等学校大学外语教学指导委员会. 大学英语教学指南[M]. 北京:高等教育出版社, 2020.
③ 教育部高等教育司. 大学英语课程教学要求[M]. 上海:上海外语教育出版社, 2007.
④ CRESWELL J W. Educational Research: Planning, Conducting and Evaluating Quantitative and Qualitative Research [M]. 4th ed. New York: Pearson Education, 2015.

找问题规律的量化研究法，质性研究更有利于挖掘现象背后的问题和原因①，也因而契合了本研究探寻形成性评价呈现形态及其社会文化根源的需要。

具体来讲，本章使用了所收集数据中的院系领导访谈部分，也就是采用个人访谈形式，对八所院校主管外语教学的高级管理人员，如院长或副院长进行的专访。所用问卷基于陈秋仙②的问题列表，但根据实际需要进行了调整。例如，增加了对各校课程设置、师资配置、生源规模等基本情况的了解。还有，原研究发现所调查的学校将形成性评价异化为"平时评价"，并将其结果"平时成绩"用于期末的综合评价，这是研究分析后的结论，原采访清单上并没有提及。本研究则在问题清单上直接列出了问题："在您看来，形成性评价和现在学校所用的平时成绩是否对等？"目的就是进一步确认并验证该发现是否具有一定的普遍性。这一系列访谈数据也决定了本研究的性质。

数据处理和初加工采用"持续比较"（constant comparison）的方法③，即对数据开放式编码、分类、主题引出、提炼以及在反复的数据阅读中不断检查比对。最终归纳出三大主题：院校状况、执行情况和对形成性评价的认知。当然，这一过程绝非一蹴而就，而是在熟悉数据的基础上反复、交互进行的。

数据分析则采用了社会文化视角。社会文化视角强调"情境背景"在解释人类行为中的重要性④，将政策实施过程视为"一个由跨越不同社会和制度背景的参与者构成的、复杂且持续的、具有文化属性的社会实践"⑤。例如，本研究中的院长就是学院层次的大学英语评价政策的制定者和参与者。他们根据自己对《大学英语课程教学要求》和《大学英语教学指南》中评价政策的理解，为各自的大学制定评价政策，从而在该校大学英语评价政策的实施过程中扮演着重要角色。他们制定的院系层次的评价政策规定了该校大学英语教师必须在课堂上执行的具体程序和守则。可以说，他们对评价政策（包括形成性评价）

---

① CRESWELL J W. Educational Research: Planning, Conducting and Evaluating Quantitative and Qualitative Research [M]. 4th ed. New York: Pearson Education, 2015.
② 陈秋仙. 形成性评价在中国之原理、政策及实施：基于英语学科的社会文化视角[M]. 北京：科学出版社，2012.
③ MERRIAM S B. Qualitative Research and Case Study Application in Education [M]. San Francisco: Jossey-Bass, 1998.
④ WERTSCH J V, DEL RIO P, ALVAREZ A. Sociocultural Studies of Mind [M]. Cambridge: Cambridge University Press, 1995.
⑤ LEVINSON B, SUTTON M, WINSTEAD T. Education Policy as a Practice of Power [J]. Educational Policy, 2009, 23 (6): 767-795.

的理解在很大程度上决定了这些政策以何种方式传递给教师和课堂,以及评价改革最终能实现的程度。因此,本章将院系领导作为研究的重点。当然,根据社会文化视角,他们对评价政策的理解以及他们制定大学英语评价政策的过程会受到所处的社会和制度背景的影响,这也是研究人员在分析数据时所持的立场和观点。

三、研究结果和分析

(一)初步分析

数据的初步分析显示,八所院校中有五所将大学英语作为非英语专业本科生的必修课之一,开设在本科第一、二学年,共四个学期,16学分。例外情况有科技大学(SU),将第四学期的大学英语改为考查课,具体的授课及考查都更为灵活;理工大学(TU)则将第一、二学期的大学英语设为选修课程,而且总学分降为14学分;工科大学(UE)前三学期的学分保持4学分,但是将第四学期的学分核减为3学分,所以总学分为15学分。不过,据TUD讲,这种调整只是应学校改革减少必修课,增加选修课的要求,学生也照样"全部"会去上课,所以"对教学并没有太大的影响"。

当然,近两年,尤其是《大学英语教学指南》发布后,有的院校对大学英语课程的学分做了进一步调整。如综合大学和医科大学的学分就减少至12学分,工科大学和科技大学降至11学分,财经大学最近调整为9学分,农业大学为8学分。理工大学则仅在大一两个学期开设大学英语课程,占7学分,大二则开设其他选修课。总的来说,大学英语的学分在这八所院校都呈现出减少的趋势,或多或少。但大学英语对在校本科生而言依旧是一门较为重要的课程。

数据的进一步分析显示八所院校大学英语的教师配置有很大的区别(见表6-2)。

表6-1 八校大学英语教师配置状况

	目标学生数量(人)	教师数量(人)	师生比	班容量(人)	教师周工作量(学时)
农业大学 AU	8000	20	400∶1	120	20
综合大学 CU	6000	50	120∶1	60	12
工科大学 EU	12000	80	150∶1	100	10

续表

	目标学生数量（人）	教师数量（人）	师生比	班容量（人）	教师周工作量（学时）
财经大学 FU	8000	50	160∶1	55	12
医科大学 MU	4000	28	140∶1	45	12
师范大学 NU	6000	50	120∶1	40	12~14
科技大学 SU	8000	40	200∶1	90	15
理工大学 TU	20000	70	180∶1	60	18

如表 6-1 所示，各校师生的配置比例差异显著。比例最大的，如农业大学（AU），平均每名教师需要承担 400 位学生，每周逾 20 学时的工作量，而且还是 120 人的大班。而情况最好的，如师范大学（NU），每位教师只需承担 100 人，每周 10 学时的课程，班容量也可以小至 45 人。当然，有的学校如财经大学（FU）、理工大学（TU）都声明根据需要会外聘数量不等的教师来弥补师资的缺口。但有的院校则明确表示因位置较为偏远（农业大学 AU）或资金短缺（综合大学 CU）没有外聘的状况，有多少课皆由教师"内部消化"。即便不计教师资质的高低，师生配比的落差对各校的课程设置、教学质量以及形成性评价的实施都可能造成不小的影响。

（二）研究发现

《要求》发布前后，几所院校在大学英语的评价方面做出了一些重大改变。除理工大学（TU），其他七所院校都取消了原来学士学位与大学英语四级（CET-4）成绩的关联。这是七校对 2005 年高教司那场新闻发布会所发布政策的响应。另外，八校在评价方面的另外一个重要变化表现在学绩考试的考查方式上。具体细节如表 6-2 所示：

表 6-2　八校大学英语评价方式的变化

	课程评价	
	现在	2007 年之前
农业大学 AU	终结性期末考试（100%）	
综合大学 CU	口语考试（10%）+ 自主学习（10%）+ 平时成绩（10%）+ 期末学绩考试（70%）	终结性期末考试（100%）
工科大学 EU	平时成绩（30%）+ 期末学绩考试（70%）	终结性期末考试（100%）

续表

	课程评价	
	现在	2007年之前
财经大学 FU	口语考试（10%）+ 自主学习（10%）+ 平时成绩（10%）+ 期末学绩考试（70%）	终结性期末考试（100%）
医科大学 MU	平时成绩（20%）+ 期末学绩考试（80%）	终结性期末考试（100%）
师范大学 NU	平时成绩（30%）+ 期末学绩考试（70%）	终结性期末考试（100%）
科技大学 SU	平时成绩（20%）+期末学绩考试（80%）	
理工大学 TU	平时成绩（20%）+ 期末学绩考试（80%）	终结性期末考试（100%）

可以看出，农业大学（AU）和科技大学（SU）的学绩考查方式没有变化。农业大学之所以一直沿用传统的终结性期末考试作为大学英语的评价方式，而没有对教师提出额外的关于平时成绩考查的要求，很大程度上可以归因于该校1：400的师生比。该校大学英语的负责人 AUD 也证实了这一点：

  按说，记分册什么的，咱都有，老师们也都有勾勾画画。但客观情况（教师短缺）就这样，咱也不能要求太多，学生量这么大，老师们又教听力，又教精读，还得做科研，人的精力就那么多。别说再给额外的（考核）要求，课安排下去就不错了！

可以说，农业大学（AU）师生配比的失衡不仅影响了该校的英语教学，而且很大程度上影响到了该校英语的评价。该校之所以一直采用一次性的标准化考试，就是因为该方式简单易行，节约人力。没有对教育部下发的《要求》所要求的评价改革做出对应的改变，也是这个原因。换言之，形成性评价在农业大学根本没有得到贯彻执行。而且可以说，如果教师短缺的情况得不到解决，该校将来实行形成性评价的可能性几乎为零。

科技大学（SU）的现行评价方式中也含有20%的平时成绩。但是，据 SUT 说该校大学英语的评价政策："平时成绩和期末考试成绩一直二八（分），好多年了，一直二八……"当问及《要求》在该校的传达情况时，SUD 承认该校并没有特别强调过《要求》的实施："我们没有特别强调如大纲、平时成绩、考核表、教案等。"

话里话外，这位领导并不知道《要求》早已取代了1999年的《大学英语教学大纲》，成为大学英语新的指导性文件。后来，当研究人员向另外一位负责人提及《要求》时，该领导由于当时出国访学，该文件可能没有下发到老师手里。也就是说，该校的平时成绩并不是应《要求》而发生的，而是该校一直以来自发的评价行为。

其他六所院校在2007年前后都不约而同地增加了一个平时成绩的评价内容。虽然各校给平时成绩的权重从10%到30%不等，但这明显有别于以往100%依赖于终结性期末学绩考试的状况。另外，对各校访谈数据的进一步比较分析发现各校对于平时评价的具体阐释有很大的相似之处。比如，综合大学（CU）10%的平时成绩又分别按3%、3%和4%的比例分配给课堂表现、作业状况和出勤三项内容。财经大学（FU）则将10%的平时评价平均分配给考勤和课堂表现两项内容。不过，该校将课堂表现具体化为presentation。而师范大学（NU）和工业大学（EU）30%的平时成绩则由10%的作业、10%的课堂表现以及10%的出勤三部分构成。理工大学（TU）和医科大学（MU）的20%平时成绩也有类似的规定，不过比例则完全交给老师掌握。即便是科技大学（SU）20%的平时成绩，也被以3∶3∶4的比例细化为课堂表现、出勤率和平时作业。无一例外，七所院校都要求教师在考核的诸方面做记录，并在期末给出具体分数。该分数由核定比例和其他规定成分如学生的考勤分数、期末考试成绩一起构成学生期末综合考评的总成绩。

财经大学（FU）及综合大学（CU）有别于其他六所院校，额外有10%的自主学习考查和10%的口语考试。从与两位负责人FUD和CUD的访谈中得知，这是因为这两所大学参与了《要求》的第二批试点，也因此得到了教育部一定的经费资助和学校的配套支持。于是，能够为英语教师配置电脑，并专门建立了具有相当规模的自主学习中心，从而实现了大学英语教学的多媒体化。尤其是财经大学，2007年经审查被教育部指定为省内大学英语改革示范点，所以多媒体化程度更深一些。《要求》虽然在2007年全部付诸实施，但是其他六所院校没有得到类似的资金投入，自然也就没有完全地实现英语教学的多媒体化。这也是这六所院校没有设置自主学习课程的原因。

需要指出的是，受2020年《大学英语教学指南》出台和过去几年新冠疫情的叠加影响，大多数院校的大学英语评价政策也做出了一些调整以应对课程模式由线下到线上的转变。变化最大的是农业大学（AU），该校的平时成绩现在占到50%。据AUD说，这是因为一方面，学分和课时的减少给了教师余力来做额外的工作；另一方面，也是为了缓解新冠疫情防控期间学生挂科比例较大的问题。工科大学、科技大学和财经大学在疫情网课期间平时成绩的占比都有向上浮动,以达到增强学生课堂关注度的目的。如科技大学由20%升至30%,工科和财经大学提高至40%~60%。不过,综合大学、师范大学和理工大学则基本没有变化。尤其值得一提的是,大学英语四、六级考试在理工大学依旧与学位挂钩,近两年甚至与教师的奖金和绩效相关。

为进一步明确八校在自己的评价政策中对形成性评价的诠释,研究人员专门询问了八位负责人对形成性评价这一概念的理解。其中三位明确表示他们不是搞这个专业(EUD)或这个研究方向(MUD,SUD)的,所以"对这个概念不太了解"。另外五位负责人的回答如下。

  AUD:按照我的理解,形成性评价就是考查学生平时的课堂表现。让学生做主体教师做主导。学生怎么体现就怎么考查。更具体的,就不知道了……

  CUD:就是对学生在学习过程中的表现进行评价。

  FUD:形成性评价,从字面上讲,主要就是个过程性评价——Process-based,而不是以前的那种一考定终身。也就是从学生的各方面,像态度、课堂表现等都加以量化考核评估,我是这样理解的。

  NUD:我认为形成性评价是相对终结性评价而言的。它比较注重学习的过程,关注学生平时的表现和作业。因而对学生的评价会更全面一些,也会激发学生对学习过程的关注和积极性。

  TUD:形成性评价是平常要求老师做一些形成性的考查,就是过程中的考查。比方说学生的出勤、作业、辅导答疑等,相应做个记录,到最终要占个平时成绩……主要是为了能让学生多关注学习过程,还有避免考试的偶然性吧。

几位负责人对形成性评价解释的关注重点各不相同,如NUD更关注作用,TUD的重心是具体内容,但五位负责人不约而同地强调了"学习过程"在他们所认为的形成性评价概念中的核心地位,并一致认定其内容为"平时表现"。FUD和TUD更将之具化为"出勤""作业""课堂表现"等。其评价结果"平时成绩"被用来作为学生学业综合评价的一部分。至于其目的,则是改变终结性考试的"一次性"状况,让考核更"全面",以促进"学生对过程的关注和学习的积极性"。

另外，除 AUD，其他四位负责人都明确表示在他们看来平时评价完全或基本等同于形成性评价。如 CUD 在提到综合评价中加入平时成绩的成分时说："这样就可以将终结性评价和形成性评价很好地结合起来了。"TUD 也把该校"20%平时评价+80%期末考试"的评价方式解释为"形成性评价和终结性评价一起做"。FUD 和 SUD 与研究人员的对话更是将他们对形成性评价的认知明确表达了出来。

研究人员：按您的理解，可不可以把平时评价和平时成绩等同于形成性评价？

FUD：可以。

SUD：基本上可以吧。

综合前面对平时评价的描述和这几位负责人的阐释，形成性评价这一概念在这几所院校的理解：从原来一次性的专属于期末考试的终结性评价中分离出的一部分，用来对学习过程中的其他项类诸如课堂表现、作业甚至出勤等进行评价，是多层次的、多方面的，从而也更公平。不过，从其评价结果被付诸的用途以及被设计的目的来看，平时成绩却依然没有脱离终结性的性质。也就是说，占比的多少，并没有改变平时成绩的根本属性。

四、讨论

概括如上对我国中西部某省八所高校调查发现可知，形成性评价被诠释并实施为"平时评价"绝不是个别现象，而是在这个地区有着甚为普遍的意义。这种诠释是特别的，因为平时评价与形成性评价的本源定义在评价主体、内容、方式、用途以及目的等方面的界定都有着明显的差异。具体而言，学生在平时评价中依然处于被评价的地位，而不是形成性评价原理所说的主体地位，并能参与包括评价标准制定在内的完整的评价过程[①]；平时评价以学生在出勤、平时作业、课堂应答等方面的表现为评价内容，而非形成性评价的以学习获得本身及过程为评价内容；平时评价用给成绩的方法对学生的平时表现予以评价，而非像形成性评价那样依赖反馈；平时评价以公平、提高学生的积极性为目标，有别于形成性评价

---

① Assessment Reform Group. Assessment for Learning: 10 Principles [M]. Cambridge: University of Cambridge, 2002.

提高学习者的元认知能力和学习效果的目的。① 换言之，平时评价，如果一定要称作"形成性评价"，那这一形态也是特殊的、有别于源生概念的本土重构。

这一形态与 Chen 等②学者在中国两所高校的发现完全一致。只不过，其中一所高校是本研究所在省份的普通大学；另一所高校则坐落于我国高度发达的大都市，是全国知名度很高的一所重点大学。如果说该研究的取样属于类型纵向，本研究则可以称为基于某省份的横向取样。但即便这样，试图将仅有的十个案例中的发现普及至更大范围，或者是所有范围，都有以偏概全之嫌。不过，将平时评价当作形成性评价实施的情况不仅仅出现在 Chen 等③学者和本研究所涉及的几所高校。如 CUD 就坦言，该校现行的评价方式是从其他兄弟院校借鉴的经验。另有，黄华④和金艳⑤分别对 20 所和 672 所院校的问卷调查，对学生的学习过程进行类似上述"平时评价"，如采用课堂表现和平时测验评价学生的比例分别高达 95%、90%。由此，可以断言平时评价被异化作形成性评价在我国的大学英语领域还是具有一定的普遍性的。

Chen⑥ 等学者认为平时评价是中国特有的社会文化情境作用的结果。从本研究所调查的八所高校来看，平时评价所表现出的特点确实具有一定的文化性。例如，教师依旧承担着"评价者"的角色，是评价的主体，而学生在整个平时评价的体系中仍是"被评价者"的身份。学生主体地位的被忽略和中国传统课堂中教师的权威地位不无联系。⑦ 还有，平时评价号称与形成性评价等同，而且

---

① CHEN Q, KETTLE M, KLENOWSKI V, et al. Interpretation of Formative Assessment in the Teaching of English at Two Chinese Universities: A Sociocultural Perspective [J]. Assessment and Evaluation in Higher Education, 2013, 38 (7): 831-846.

② CHEN Q, KETTLE M, KLENOWSKI V, et al. Interpretation of Formative Assessment in the Teaching of English at Two Chinese Universities: A Sociocultural Perspective [J]. Assessment and Evaluation in Higher Education, 2013, 38 (7): 831-846.

③ CHEN Q, KETTLE M, KLENOWSKI V, et al. Interpretation of Formative Assessment in the Teaching of English at Two Chinese Universities: A Sociocultural Perspective [J]. Assessment and Evaluation in Higher Education, 2013, 38 (7): 831-846.

④ 黄华. 立体教学模式中的大学英语形成性评估问题研究 [J]. 中国外语, 2010, 7 (5): 15-21.

⑤ 金艳. 大学英语评价与测试的现状调查与改革方向 [J]. 外语界, 2020 (5): 2-9.

⑥ CHEN Q, KETTLE M, KLENOWSKI V, et al. Interpretation of Formative Assessment in the Teaching of English at Two Chinese Universities: A Sociocultural Perspective [J]. Assessment and Evaluation in Higher Education, 2013, 38 (7): 831-846.

⑦ ZHAN Y, WAN Z. Perspectives on the Cultural Appropriateness of Assessment for Learning in the Chinese Context [J]. Educate, 2010, 10 (2): 9-16.

和形成性评价一样强调"过程",但其目的是给出分数用于对学生的学业综合评价而不是提高学生的学习效果和能力,因此平时评价本质上是终结性的。七所院校将学位与大学英语四级考试脱钩,弱化评价的高风险,以及平时评价开始重视过程,这两大改变相对重视结果并且总是给评价附带诸多风险的中国传统学习文化而言①,显然是很大的改变。但是,平时评价终究脱离不了一千多年"一考定终身"的评价文化的影响②,没能改变其终结性的性质。而几位被采访对象提及的采用平时评价的目的,如"公平""避免一次性考试的偶然性"等,一方面反映了我国教育评价现实和评价传统的紧张关系,另一方面也表明这些院校试图通过平时评价改变现有评价状况的努力。从社会文化视角看来,平时评价是院校层次的政策制定者,在所处的社会文化情境和各自的理念、专业素养的作用下,按照他们的理解,权衡学校的现实状况,对形成性评价这一舶来理论某种程度的接受。换言之,平时评价确实可以被看作一种基于儒家文化和中国国情的情境化形态。

当然,近年来,随着教师的专业学习和各层次教师职业培训对评价素养的大力推广,形成性评价的认知也通过教师逐渐渗透到大学英语的课堂。如参与金艳③调查的不少学校都有关于开展多元化或反馈等具有形成性评价特点的评价方式报告。也就是说,平时评价可能只是形成性评价在我国大学英语教育领域呈现出的一种较为初级的形态。至于还有什么其他形态,又分别是什么状况,笔者在本书的最后一章,即第十四章,借助文献进行了较为深入的挖掘。

这些发现最大的启示意义:从国外引进一个先进的政策,单单提供一个概念是远远不够的。政策从上到下的传达一定得到达每一个层次。地方院校的政策制定者在其中所起的作用尤其重要。他们必须得到必要的培训以便能够彻底理解该政策的原理、来源以及具体的实施程序和技巧,并在为本校制定相关政策的时候,

---

① KENNEDY K J. Exploring the Influence of Culture on Assessment: The Case of Teachers' Conceptions of Assessment in Confucian-heritage Cultures [M] //BROWN G T L, HARRIS L R. Handbook of Human and Social Conditions in Assessment. New York: Routledge, 2016: 404-419.
② CARLESS D, LAM R. Developing Assessment for Productive Learning in Confucian-influenced Settings: Potentials and Challenges [M] //WYATT-SMITH C, KLENOWSKI V, COLBERT P. Designing Assessment for Quality Learning. Dordrecht: New York: Springer, 2014: 167-179.
③ 金艳. 大学英语评价与测试的现状调查与改革方向 [J]. 外语界, 2020 (5): 2-9.

随时可以得到充分的、有效的指导，否则，校级层次的政策就可能出现偏差。这个偏差一旦反映到学校的政策中，就会被教师执行到课堂上，最终导致政策和实践之间的显著差距，政策原本设计的宗旨和意图也会打折扣，甚至根本无法实现。

其次，一个政策的推行需要三年、五年甚至更多年的不懈坚持，效果则需要更长的时间才能见得到。如果前期的试点搞得红红火火，后期的全面推广却没有持续性的投入，再新的理念、再好的政策也不可能结出丰硕的成果。另外，对于本土化了的形态需要立足于本土的、系统的考察，获得全面、客观、理性的认知，提炼适合本国国情的理论和原则，并传递给所有的相关人员知晓，以便形成共识而不是将大多数人闷在黑匣子里。细化的实施措施和技巧指导可以让实施者明白具体该怎样去做，因而也是将政策落到实处所必需的。近年来，国家对教育评价方面的决心坚定、投入巨大，教育各界在教师评价素养的培育方面也在做出各种努力，关于评价改革和实践的研究也进行得如火如荼，不夸张地说，这一领域正在发生良性转变。

五、小结

本章通过八所院校院系领导的访谈数据考察了形成性评价在该地区大学英语领域的实施过程，发现形成性评价呈现出一种较为普遍的、具有本土特色的形态——平时评价。它在方式、内容和目的等方面皆有别于正统的形成性评价①，更像是一种权衡现实情境后的适应性产物，是形成性评价被本土文化解构之后的情境重构。

在了解该地区八所院校层次对形成性评价政策的诠释和认知的基础上，我们以一所211院校和一所二本师范类院校为例，试图深挖在院校生态圈中，形成性评价被传递至大学英语课堂的运行机制及其中的关键枢纽（见第七、八章）。之所以没有选择一本院校案例是之前项目负责人博士研究中的普通院校案例就是一本类综合大学，因此不再重复取样。

---

① Assessment Reform Group. Assessment for Learning：10 Principles［M］. Cambridge：University of Cambridge，2002.

第七章 形成性评价在大学英语教育领域的实施个案 A[①]

本章从社会文化视角运用院系领导和教师焦点访谈的数据,深度挖掘了关于形成性评价政策与原则在我国中西部某省一所 211 高等学校大学英语领域协商、建构以及实现的过程。重点涵盖了中观和微观两个维度(院校和课堂两个层次),解析了政策与实践之间的"采纳和适应"(adoption and adaptation)逻辑,以及权力和能动性在其中所起的关键作用。

一、引言

世纪转角以来,我国英语教育领域陆续颁布了《义务教育英语课程标准》[②][③]《高中英语课程标准》[④][⑤][⑥]《大学英语课程教学要求》[⑦] 和《大学英语

[①] 本章的数据曾用于作者和另外一位同行合作完成的英文稿件 Appropriation and Actualisation of a Formative Assessment Initiative at a Chinese Local University: The Power-Process Nexus,将于 2025 年在期刊 The Chinese Journal of Applied Linguistics 刊出。
[②] 中华人民共和国教育部. 义务教育英语课程标准(2011 年版)[M]. 北京:北京师范大学出版社,2012.
[③] 中华人民共和国教育部. 义务教育英语课程标准[M]. 北京:北京师范大学出版社,2022.
[④] 中华人民共和国教育部. 普通高中英语课程标准(实验)[M]. 北京:人民教育出版社,2003.
[⑤] 中华人民共和国教育部. 普通高中英语课程标准(2017 年版)[M]. 北京:人民教育出版社,2018.
[⑥] 中华人民共和国教育部. 普通高中英语课程标准(2017 年版 2020 年修订)[M]. 北京:人民教育出版社,2020.
[⑦] 教育部高等教育司. 大学英语课程教学要求[M]. 上海:上海外语教育出版社,2007.

教学指南》①等政策文件。这些纲领性文件无一例外皆将形成性评价纳入学科评价框架体系中。换言之，随着这些文件的出台，形成性评价在我国英语教育评价话语体系中已获得了完全合法的地位，进入我国英语课堂已成为必然。

然而，具体如何才能使得形成性评价从政策到课堂的路径畅通，与原有的终结性评价体系融合实现协同效应，让其在中国教育背景下真正发挥促学的积极作用，仍是有待深入探索的问题。而来自地方性院校和课堂一线的实证性考察无疑是寻求这些问题答案的突破口。本章和下章分别是笔者在我国中西部某省的一所211院校和一所二本师范类院校如何在大学英语学科实施形成性评价的考察报告。

两个考察皆以大学英语领域为背景，尝试通过教育政策的主要传递者和执行者——教师的视角，深度描绘形成性评价政策在我国中西部高校从中观到微观的传递过程和情境化呈现。借此，希望能够达到如下三个目的：（1）提供对形成性评价在地方高校在实施和实现过程中具化理解的一个窗口；（2）找出促进或阻碍教师课堂评价实践的关键因素；（3）为改进课堂上的评价实践、实现更优化的大学外语教学模式、推进地方改善英语教育现状提供来自一线的实证。

二、形成性评价实践的复杂性

形成性评价在近二十年中获得广泛的国际学术关注，并进入了诸多国家的教育政策话语体系中。这些政策虽然都以"形成性评价"或"促学评价"为名，并皆号称以提高学生的学习为目的，但研究②发现，形成性评价在全球范围内的解释及应用事实上呈现出纷繁芜杂的状况。例如，对英国课堂的调查显示，有些课堂评价实践确实捕捉到了形成性评价的本质及"精髓"，而有的教师只是机械地走规定好的评价程序，仅能将形成性评价的字面意义执行出来③；有的课堂确实是"真正的"学习评价，能使学生的学习得到提高，学校教育质量得到提升，而有些课堂则止于以成绩为导向的评价模式，在一定程度上以其"程序

---

① 教育部高等学校大学外语教学指导委员会. 大学英语教学指南[M]. 北京：高等教育出版社，2020.
② BlACK P. Formative Assessment：An Optimistic but Incomplete Vision [J]. Assessment in Education：Principles, Policy & Practice, 2015, 22 (1)：161-177.
③ MARSHALL B, DRUMMOND M J. How Teachers Engage with Assessment for Learning：Lessons from the Classroom [J]. Research Papers in Education, 2006, 21 (2)：133-149.

化、定式化的方式，掩盖了它的教学本质"①。同样，在东亚的教育情境也做不到对形成性评价原则正统的应用，而是对终结性测试进行"有限的"形成性应用（FUST）。② 在儒家文化和考试传统依然影响深刻的国家，所谓的形成性评价实践采取的是绥靖策略——或仅努力在"低水平"和"高水平"之间取得平衡③，或将形成性评价原则根据所处情境进行适应性调整，形成各种灵活且实用的变体。④ 这样的状况当真是只有"复杂"一词可以概括。

关于形成性评价在实践中呈现出的复杂性，学界基本有三种解释。第一种是技术派，他们试图通过变革过程中的关键维度来解释形成性评价原理从政策到课堂的复杂性⑤，认为形成性评价实践的现状大多是对变革过程中某关键维度关注不够或缺失造成的。第二种观点提出，这种复杂性不仅是实施过程或实施程序的问题，而是与实施情境的政策、历史、政治和文化背景相关。⑥ 第三种观点则主张将形成性评价政策的实施当作"权力的实践"来解释，认为这是一个"由不同社会和制度背景下的不同决策者设立的规范性文化生产的持续过程"⑦。Black 和 Wiliam⑧ 也赞同在实践中对政策的意义协商的观点，认为形成性评价必须在具体的教育情境下才会体现出真正的意义。

我们认同第三种观点，并采用这一视角探讨了形成性评价在八所院校中唯

---

① SWAFFIELD S. Getting to the Heart of Authentic Assessment for Learning [J]. Assessment in Education: Principles, Policy & Practice, 2011, 18 (4): 433-449.
② LAM R. Formative Use of Summative Tests: Using Test Preparation to Promote Performance and Self-regulation [J]. The Asia-Pacific Education Researcher, 2013, 22 (3): 69-78.
③ MCMILLAN J H. The Practical Implications of Educational Aims and Contexts for Formative Assessment [M] // ANDRADE H L, CIZEK G J. Handbook of Formative Assessment. London: Routledge, 2010.
④ LEONG W S, ISMAIL H, COSTA J S, et al. Assessment for Learning Research in East Asian Countries [J]. Studies in Educational Evaluation, 2018, 59: 270-277.
⑤ ARG. Changing Assessment Practice: Process, Principles and Standards [EB/OL]. www.assessment-reform-group.org, 2009-04-30.
⑥ KENNEDY K J. Exploring the Influence of Culture on Assessment: The Case of Teachers' Conceptions of Assessment in Confucian-heritage Cultures [M] //BROWN G T L, HARRIS L R. Handbook of Human and Social Conditions in Assessment. New York: Routledge, 2016: 404-419.
⑦ LEVINSON B A, WINSTEAD T, SUTTON M. An Anthropological Approach to Education Policy as a Practice of Power: Concepts and Methods [M] // FAN G, POPKEWITZ T. Handbook of Education Policy Studies. New York: Springer, 2020.
⑧ BLACK P, WILIAM D. Classroom Assessment and Pedagogy [J]. Assessment in Education: Principles, Policy & Practice, 2018, 25 (6): 551-575.

一的211大学的大学英语范畴的应用和适应。值得一提的是，本章的重点不是简单记录"发生了什么"，而是深挖具体教育情境中的涉事人，如院系领导和教师，在实践中对形成性评价的意义协商和适应性挪用。我们用"挪用"一词来指代"政策实施过程中不同人进行的必要的创造性阐释实践"①。它强调创造性主体对"政策要素"的吸收，以及如何"将话语性和制度性资源纳入他们自己的兴趣、动机和行动中去"②。

本章致力于对该校政策制定和实施过程进行剖析，目的是发现并确定对形成性评价创新实践有重要影响的助力和/或限制因素，找出更好地发挥形成性评价对学习潜力的关键所在。形成性评价原则起源并发展于以英语为母语的盎格鲁文化背景，与我国当下的文化情境相去甚远。我们希望基于我国文化背景的本研究能就形成性评价的复杂性问题增加一点具有地方特色的见解和声音。

三、大学英语学科中的形成性评价

在大学英语教育领域，《大学英语课程教学要求》③ 将形成性评价引入该学科的评价体系时，更多是概念、功能和方法的解释。到《大学英语教学指南》④时，形成性评价已经获得了与终结性评价平起平坐甚至更优越的地位。如该文件明确规定：

> 大学英语课程评价涵盖课程体系的各个环节，应综合运用各种评价方法与手段，处理好内部评价与外部评价、形成性评价与终结性评价之间的关系，实现从传统的"对课程结果的终结性评价"向"促进课程发展的形成性评价"转变。

除了将"促进课程发展的形成性评价"确定为该学科未来发展的方向，该文件中还多次出现"加强形成性反馈""形成性测试"等术语。可以说，形成

---

① LEVINSON B, SUTTON M, WINSTEAD T. Education Policy as a Practice of Power [J]. Educational Policy, 2009, 23 (6): 767-795.
② LEVINSON B, SUTTON M. Introduction: Policy as/in Practice – A Sociocultural Approach to the Study of Educational Policy [M] // LEVINSON B, SUTTON M. Policy as Practice: Toward a Comparative Sociocultural Analysis of Educational Policy. London: Ablex Publishing, 2001: 1-22.
③ 教育部高等教育司. 大学英语课程教学要求 [M]. 上海：上海外语教育出版社，2007.
④ 教育部高等学校大学外语教学指导委员会. 大学英语教学指南 [M]. 北京：高等教育出版社，2020：10.

性评价在该学科评价体系中的地位已经相当稳定，且发展前景可期。

这两个纲领性文件在形成性评价和终结性评价取得平衡的明显趋向自然投射到大学英语教学实践中。于是，大学英语课堂上的评价实践似乎也遵循了一种双重路径。① 具体表现在：一方面，终结性评价方法仍然存在且生命力旺盛，教师和学生们更认可各种竞赛和以标准化测试为代表的终结性评价。事实上，由于其社会环境和其他需要，大部分学生仍将参加并通过大学英语四、六级考试当作大学期间的必需。② 另一方面，随着国家和学科政策文件对评价创新和改革的高调呼吁，形成性评价确实以多种形式进入了中国的英语课堂。③ 如 "多元评价"④ 和 "过程评价"⑤ 等皆被认为是形成性评价在我国英语教育情境下衍生出来的适应性形态。不过，前者由于耗时费力、利益相关者对评价认识不足、教师不信任等⑥未能推广开来，后者则在大学英语领域和其他领域得以广泛使用。⑦⑧⑨ 这些形成性评价在英语课堂上的应用形态，或多或少地体现了中国评价价值观和以应试为主导的体系的影响。换言之，这些将形成性评价纳入原来以终结性为主导的评价框架的努力，都是为了适应现实情况而做出的妥协和适应性改变，挪用在其中的作用很明显。

当然，堪称正统的形成性评价实例报告也有。例如，Tian 等⑩学者展示的中

---

① LIU J, XU Y T. Assessment for Learning in English Language Classrooms in China: Contexts, Problems and Solutions [M] // REINDERS H, MIDEROS D, ROBERTS N, et al. Innovation in Language Learning and Teaching: New English Learning and Teaching Environments. London: Palgrave Macmillan, 2017: 17-37.
② CHEN Q, HAO C, XIAO Y. When Testing Stakes are No Longer High: Impact on the Chinese College English Learners and Their Learning [J]. Language Testing in Asia, 2020, 10 (1): 6-20.
③ 金艳. 大学英语评价与测试的现状调查与改革方向 [J]. 外语界, 2020 (5): 2-9.
④ 金艳. 体验式大学英语教学的多元评价 [J]. 中国外语, 2010 (1): 68-76, 111.
⑤ CHEN Q. Formative Assessment and Its Localised Representation in the Chinese Higher Education Context [J]. Frontiers of Education in China, 2017 (1): 75-97.
⑥ 詹先君. 外语学习主体多元化评价的效应研究：以大学英语学习评价为例 [J]. 外语界, 2010 (3): 87-94.
⑦ 黄华. 立体教学模式中的大学英语形成性评估问题研究 [J]. 中国外语, 2010, 7 (5): 15-21.
⑧ 金艳. 大学英语评价与测试的现状调查与改革方向 [J]. 外语界, 2020 (5): 2-9.
⑨ 王守仁, 王海啸. 我国高校大学英语教学现状调查及大学英语教学改革与发展方向 [J]. 中国外语, 2011, 8 (5): 4-11, 17.
⑩ TIAN L, LI L. Chinese EFL Learners' Perception of Peer Oral and Written Feedback as Providers, Receivers and Observers [J]. Language Awareness, 2019, 27 (4): 312-330.

国人民大学的大学英语写作课堂，学生们热情参与互评，提供、观察和接受书面和口头反馈，呈现出良好的形成性评价氛围。Liu 和同事①的研究则显示教师在大学英语课堂中对建立协作和互动学习环境的积极倾向。不过，这类研究大多发生在位于我国发达程度较高的地域且拥有较高素质教师的重点大学中，对于形成性评价政策在欠发达情境下的实施过程，以及挪用在这一过程中所起的作用却鲜有调查。②

另外需要指出的是，鉴于我国区域发展不平衡和国内大学水平的参差不齐，《大学英语课程教学要求》和《大学英语教学指南》皆赋予了地方大学根据自己的实际情况来制定评价政策的权力。形成性评价政策在地方性大学的实施过程也因而具备了更多的发挥空间和可能。本章对于中西部某欠发达省份某 211 院校中观和微观维度的考察，就是希望揭示形成性评价政策和原则在这一地方性大学的实施进程和应用。

具体来说，本章将回答以下三个问题：

（1）该大学的学校层面是如何采纳和挪用形成性评价政策的？
（2）大学英语教师的课堂评价实践是怎样的？
（3）其间的影响因素有哪些？

四、研究方法

（一）案例研究方法

本文采用了案例研究法，原因是案例研究法可以使研究人员在现实生活中深入探究某个问题及其成因③的特质与本研究所需要解决的问题相契合。

所选择的案例为中国中西部某省份。该省的经济水平和教育水平皆低于全国平均水平。④ 理工大学是所在省份唯一一所被列入国家"211 工程"的大学，

---

① LIU Y, MISHAN F, CHAMBERS A. Investigating EFL Teachers' Perceptions of Taskbased Language Teaching in Higher Education in China [J]. The Language Learning Journal, 2021, 49 (2): 131-146.

② LIU J, XU Y T. Assessment for Learning in English Language Classrooms in China: Contexts, Problems and Solutions [M] // REINDERS H, MIDEROS D, ROBERTS N, et al. Innovation in Language Learning and Teaching: New English Learning and Teaching Environments. London: Palgrave Macmillan, 2017: 17-37.

③ YIN R. Case Study Research: Design and Methods [M]. 5th ed. Newbury Park: SAGE, 2014.

④ 国家统计局. 2020 年中国统计年鉴 [M]. 北京：中国统计出版社，2020.

有 80 多年的历史。每年招收约 10000 名本科生，其中除英语专业的学生外，大多数在校生都必须修习大学英语这门课程。但由于大学英语是前两个学年的必修课，目标学生高达 20000 名。该校的大学英语部共有 72 名专职授课教师。该校的教师和学生比为 1 ∶ 277，班级规模为 120 至 150 人，是典型的大班授课制。[①]

（二）参与者和数据收集

本章所涉研究数据包括以下几点。（1）对该校大学英语部教学院长的个人访谈。其目的是获得对该校大学英语评价政策和决策过程的深入了解。（2）对六位教师的小组访谈，原因是"小组的活力易于激发热烈讨论"[②]，有利于更好地了解和挖掘教师的课堂评价实践及其潜在的影响因素。两次访谈都采用了陈秋仙[③]设计的半结构化问题列表（见附录Ⅰ和Ⅱ）。不过，根据本研究问题的实际需要，对该列表进行了适当的调整，也加入了几个更为具体的问题（细节见第六章第二节）。

与院长联系并征得了她的同意后，研究人员对这位参与该校大学英语评价政策制定的领导进行了面对面的个人访谈。之后，由她在学院的周会上以"具有十年以上的大学英语教学经验"为标准进行了教师焦点访谈参与者招募。设立这一标准的目的是确保参与教师经历了《大学英语课程教学要求》以来的政策变化。六位符合标准的教师自愿参加了这次焦点访谈，他们的基本信息见下表 7-1。

表 7-1 参与焦点访谈教师基本信息

教师人数	年龄	性别	职称	教龄（年）	班容量及班数（人）
TUT-1	53	女	副教授	29	120×2
TUT-2	35	女	讲师	12	150×3
TUT-3	42	女	讲师	20	120×2

[①] 与该校某教师的个人交流得出，该校的大学英语课程设置和学分配比有新的变化，这些变化暂且不在本章的考量范围之内。

[②] GUEST G, NAMEY E, TAYLOR J, et al. Comparing Focus Groups and Individual Interviews: Findings from a Randomized Study [J]. International Journal of Social Research Methodology, 2017, 20 (6): 693-708.

[③] 陈秋仙. 形成性评价在中国之原理、政策及实施：基于英语学科的社会文化视角 [M]. 北京：科学出版社, 2012.

续表

教师人数	年龄	性别	职称	教龄（年）	班容量及班数（人）
TUT-4	34	女	讲师	10	150×3
TUT-5	44	女	讲师	14	150×3
TUT-6	40	女	讲师	18	150×3

出于研究伦理的考虑，我们向参与访谈的教师解释了本研究的内容和目标，并承诺对访谈数据进行匿名处理。院长访谈和焦点小组教师访谈（简称为TUDI和TUFGI）分别持续了40分钟和80分钟。为确保有效沟通，访谈以受访者的母语——普通话来进行，并在征得他们同意的情况下进行了录音。两次访谈由两名事先培训过的研究生转录，并由进行访谈的研究人员和笔者交叉检查和核验，以确保其可信度。转录文档中院长以职位（TUD）称呼，而受访教师则根据他们在访谈中第一次发言的顺序编码为TUT-1、2、3、4、5和6。访谈数据则用访谈组别的缩写、访谈转录的页码进行编码（示例，TUDI：8；TUFGI：6）。

（三）数据分析

数据首先通过扎根理论[①]的路径提炼主题，即开放编码—反复比较和对照—主题提炼与归类。这个过程首先由两位研究者分别进行，然后两人一起讨论新出现的编码，并就编码的聚类和分类达成了一致。最终，产生了四个主题：学校评价政策、学校评价政策的制定、教师评价实践以及影响教师实践的调节因素（见表7-2）。

表7-2 编码方案

主题	话题	编码
学校评价政策	外部	大学英语四级考试
		与实践挂钩的评价
	内部	期末考试
		过程评估
		成绩百分比指南
		过程评价的建议

---

① GLASER B G. Conceptualization：On Theory and Theorizing Using Grounded Theory [J]. International Journal of Qualitative Methods，2002，1（2）：23-38.

续表

主题	话题	编码
学校评价政策的制定	学校层面	校长的关注
		促进学习和教学的制度意图
	部门层面	院长的评价理念
		院长的价值观
	情境层面	对教师能力的关注
		师资短缺
		学校管理
教师评价实践	评价任务	出勤率
		作业
		课堂表现
影响教师实践的因素	学校评价政策	成绩百分比
		过程评价的比例
	经验	职前学习经历
		与评价有关的项目研究
	评价知识	对形成性评价的理解
	情境因素	工作量大
		时间有限

数据分析是一个反复的过程。两位研究人员对每一步进行反复检查、频繁讨论和反思，在确保分析过程的可信度的同时，获取访谈文本中潜藏的意义，进而提炼信息来回答本研究拟定的问题。

这一技术路径同样由社会文化视角引导，重视其中参与者，如院系领导和教师，在政策制定和实施过程中的主观能动性[1]，也强调"情境背景"及参与者在所处文化背景下生成的思想意识等在解释他们行为中作为"思维工具"的重要性。[2]

---

[1] LEVINSON B, SUTTON M, WINSTEAD T. Education Policy as a Practice of Power [J]. Educational Policy, 2009, 23 (6): 767-795.

[2] WERTSCH J V, DEL RIO P, ALVAREZ A. Sociocultural Studies of Mind [M]. Cambridge: Cambridge University Press, 1995.

五、研究结果

（一）学校评价政策

对访谈数据分析发现，学校评价政策由两部分组成。第一部分为外部评价，即大学英语四级（CET-4）统考。该考试仍然是该校大学本科生的必考科目，是学生获取学位证书的必要条件。第二部分为内部评价，即学生在一个学期内大学英语课程的学业考核，这部分评价与学生的学分相关。院长将内部评价政策描述为"80∶20"，并解释说："期末考试占整个评价结果的80%，过程评价占20%"。（TUDI：10）"期末考试"是指在学期末，以大学英语四级考试形式和课程内容为基础的学绩考试。这是之前该大学用来评价学生学绩的唯一途径。"过程评价"是评价改革后新增加的部分，指教师根据学生"在一个学期过程中的表现"对学生进行评价（TUDI：10）。院长总结说："这样就可以将终结性评价和形成性评价很好地结合起来了。"（TUDI：10）该校大学英语评价政策可用图7-1表示。

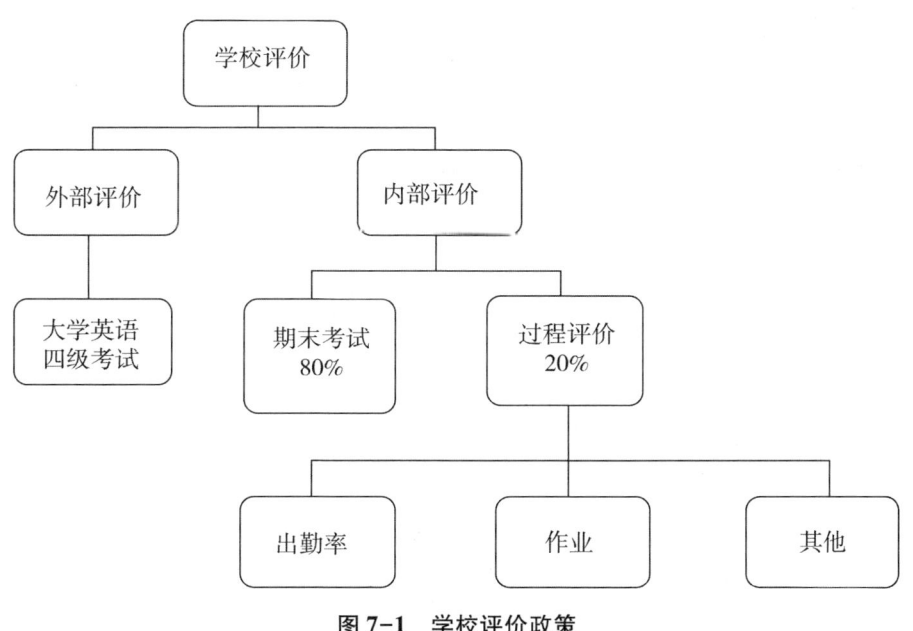

图 7-1　学校评价政策

虽然"80∶20"的比例基本上是"固定的"，但学校"对教师如何进行过程性评价并没有硬性要求"，只是"建议教师可以依据出勤、作业等情况进行评价"。她将这个非强制性建议归因于她对课堂评价的理解,她认为形成性评价是一个"动态的、情境化的"过程,因此应该"由教师自己来决定'怎么做'"(TUDI:16)。换言之,该校的内部评价政策允许大学英语教师自行决定如何实施形成性评价。

(二)学校评价政策的制定

该校外部评价政策保留大学英语四级考试与学位的高风险挂钩不符甚至违背了国家政策的主张。①② 对该问题进一步探究,发现该校此举的原因有二。其一与该大学校长的意见有关。据院长说:

> 我们校长对大学英语四级考试相当关切。他不止一次地在有关会议上提到,如果没有大学英语四级考试的强制要求,不能想象将会是什么情形。

她强调说:"在这一点'CET-4 与学位的挂钩'上不变,就是为了确保教学质量。"可以说,校长的意见或者说上位者的权力在该校评价政策制定的过程中起到了明显的作用。

其二,院长自己的评价理念和价值观似乎也对该校评价政策的制定产生了重要影响。她说:

> 诚然,(大学英语四级考试)不能反映一切。但如果学生连四级考试都考不过,这可能意味着压根就没有英语能力……所以(CET-4 和学位)还是应该挂钩。

也就是说,院长尽管承认大学英语四级考试有其局限性,但仍然认为它是衡量学生英语水平的一个可靠且必要的基准。此外,她视学习过程为取得结果的手段和途径:"你不能只关注过程;过程是为了结果……最终,你还是要测试学生。"(TUDI:23)院长对终结性考试的高度信任和对成绩(评价结果)的重视在该校的大学英语外部评价政策中也得到了充分体现。

将过程性评价(注:该校院长和教师将"形成性评价""过程性评价"以及"平时评价"无差别交叉使用)纳入内部评价体系还是学校意志的反映,即"引导学生从只注重考试结果转向注重学习过程",同时"避免"一锤定音的终

---

① 教育部高等教育司. 大学英语课程教学要求 [M]. 上海:上海外语教育出版社,2007.
② 教育部副部长吴启迪同志在大学英语四、六级考试改革新闻发布会上的讲话 [J]. 外语界,2005 (2):2-4.

结性考试可能具有的偶然性（TUDI：14）。院长在访谈中提到了学校想提供改变评价框架来提高教学质量的目的："终结性考试不会单独发挥作用，（教学）效果取决于对过程的关注。"（TUDI：10-11）可以说，该大学在内部政策中已经意识到需要更加关注学习过程，并努力利用评价政策来改善或提高学校英语教育的整体水平。

虽然学校的这一意图及其努力显而易见，但是在院长看来该校的现实情形使意图的实现变得有些复杂。第一个引发院长担忧的问题是教师评价能力。她非常担心"教师们在课堂上使用华而不实的评价方法和理论，可学生的考试成绩依旧不甚理想"（TUDI：13）。她说："取得好的考试成绩是第一位的，然后才是创新改革。"第二个引发院长担忧的问题是学校师资短缺。她认为师资力量不足和班级规模过大造成该校教师"工作量过大"，这也是过程性评价"效果有限"的重要原因（TUDI：22）。院长忧虑的第三个问题与学校管理有关。她说："管理团队不能保证所有的教师都整齐划一地、恰当地实施过程性评价。"（TUDI：22）这些忧虑也许能够解释该校只分配给过程性评价20%的权重，而在很大程度上继续依赖终结性考试的原因。

（三）教师的评价实践

六位教师在焦点小组访谈中确认了学校内部评价政策中的安排，即"期末考试占总评价成绩的80%，剩余20%的平时成绩由教师给出"（TUFGI：1）。他们也赞同院长实施过程性评价是学校提高英语教育水平的手段的说法。他们还将这一举措与某年期末考试"难度高"导致的高挂科率，该校学生平常上课出勤率低，以及该校"学习氛围不好"等问题联系起来（TUFGI：11）。不过，他们认为过程性评价的目的还包括"赋予教师一些权力，以便能更好地规范和监督学生的行为"（TUFGI：9）。也就是说，他们认为过程性评价是教师管理学生的一种权力，也是解决现有问题的一种手段。

和院长一样，教师们也承认学校没有就如何进行过程性评价做出详细规定，他们可以自由决定如何给出20%的平时成绩。用TUT-2的话说，"这取决于教师自己"（TUFGI：3）。但他们的过程性评价实践在内容构成方面其实还是遵循了学院的建议，由"出勤率、作业和课堂表现"组成（TUFGI：1-2）。只不过，他们在这三方面的具体做法各有千秋。

1. 出勤率

六位教师一致认为，出勤率是评价"学生学习态度"的重要标准（TUFGI：

69-70）。不过，他们用来考查学生出勤的方法不尽相同。

> TUT-6：我按名单喊学生在课堂上回答问题，用这个办法来检查出勤率。有时候也只是点名。

> TUT-3：我肯定会给课堂上比较活跃的学生出勤满分，对比较安静的学生，我就喊他们回答问题，这样他们也能多少拿点分。

如此看来，教师们用出勤率的方式来让学生参与，而不仅仅是检查学生是否来上课。从这个意义上说，考查出勤率不仅是一种课堂管理手段，也是一种成绩奖励和参与度的激励。有趣的是，有教师表示他们并没有严格遵循这一标准。

> TUT-4：也有一些特殊情况。我们班的一个女孩早早就过了大学英语四级。所以，哪怕她只偶尔来上课，我也没多管。

> TUT-5：我觉得吧，不应该强迫学生来上课。如果他们自己英语水平很好，或者觉得我的教学方式不适合他们，我会允许他们做自己想做的事情，仍会给他们考勤满分。

教师对特殊情况的灵活处理，体现了他们对成绩优异学生的宽容和在评价结果方面的重视。

2. 作业和课堂表现

据教师们讲，作业和课堂表现通常是综合在一起来评估的。他们布置了各种作业任务来评价学生在听、说、读、写四种技能上的进步和表现。例如，"听写"常被用作课堂的后续活动，以"提高学生的听力"（TUFGI：91）。"语篇阅读"是应用比较广泛的课堂活动，教师们主要根据学生"对教师提问的即兴回答"来评估他们的阅读理解能力（TUFGI：92）。"小组展示"旨在评价学生的口语水平，"写作任务"则常被用来检查学生的英语写作能力。

六位教师对"写作任务"的阐述演绎了她们各不相同的课堂评价方法。其中4名教师（TUT-1、2、3和4）是某评价相关研究项目的成员。她们有意在课堂上将学生互评和教师评价结合使用："我们在一年前开始了这项试验，学生互评加上教师反馈。"（TUFGI：28）。TUT-3对此操作做了具体说明：

> 学生完成写作后，与另一组交换写好的作文，互相评价，然后，写一份报告，集中讨论彼此作文的优、缺点，并在课堂上口头展示。

TUT-1 则采用了一套网上下载的写作标准，修改之后与学生们分享。TUT-2 强调她的评价过程是"匿名的"，这样学生就不会担心"面子问题"，互评时也不用考虑他们关系的好坏（TUFGI：54）。为提供个性化反馈，老师还会与学生进行小组（TUT-3）和个人（TUT-4）会议（TUFGI：80）。这四位教师的评价实践，随着后来学生逐渐有能力参与评价、共享标准和提供反馈，将写作评估这一"黑匣子"打开，使之成为一种可以认识到不足之处并加以改进的路径。这些做法已然具有明显的形成性评价性质。

另外两位没有加入上述研究项目的教师分享了完全不同的写作评价经历。例如，TUT-5 说她也曾尝试过学生互评，但由于工作量的增加和太耗时间，很快就放弃了（TUFGI：30）。TUT-6 则表示她从来没有使用过，甚至没有听说过学生互评这种方法（TUFGI：33）。对于学生的写作，她一般会"给打个分""给学生看修改过的范文"，并"做一些评注"，就像"大多数教师都会做的那样"（TUFGI：84）。这样看来，该校大学英语教师对写作任务的评价有显著差异，也表明形成性评价在该校大学英语评价任务上的应用可能并不是那么普遍。

当然，六位教师都对学生在这些评价任务中的表现做了记录，用来作为之后评分的依据。他们对待评分也很严肃，正如 TUT-2 所说，"老师不会随意或白给这 20% 的成绩，（学生）需要用自己的表现和态度来获得"（TUFGI：69）。这一行为使得几位老师的课堂评价同时具有了终结性意义。

（四）教师评价行为的调节因素

几位受访教师如上所述的评价实践是多种影响因素综合作用的结果。其中，学校评价政策的影响最为明显。该校的大学英语评价政策首先凸显了评价的终结性功能。如把 20% 的权重分给过程评价，并采纳领导所建议的小任务，就充分表明了学校评价政策本身的约束力。TUT-1 在访谈中清楚地证明了这一点：

> 我们在课堂上尝试各种评价方式，但政策上说，考试是最有发言权的。考试占总分的 80%。这样一来，学生就会觉得课堂评价根本没那么重要……

学校的评价政策将大学英语学科评价的绝大部分权重（80%）分配给了期末考试，指明了明显的考试导向；仅将 20% 留给过程评价，则意味着留给教师在课堂评价实践中可发挥的空间有限。教师们于是不约而同地要求提高过程性评价的比例，以便能拥有更多的发挥余地。

TUT-4：如果平时成绩的比例增加，教师会更好地管理学生，发挥余地也大一些。

TUT-1、2、6：同意。

经验是影响几位教师评价实践的另一个因素。在这六位教师中，只有 TUT-1 和 TUT-3 在成为教师前有过与评价相关的学习经历（TUFGI：40-42）。大家都感叹学校提供的相关学习机会太少（TUFGI：42-43）。事实上，由于缺乏评价培训，她们处于"不断试错的循环"中（TUT-3）。另外，TUT-1 至 TUT-4 皆表示，他们参与评价研究项目的经历对他们的课堂评价实践非常有帮助。这四位教师会"定期会面，分享创新的评价方法"，并"相互学习"（TUFGI：12-13），生动地展示了教师作为一个小型研究共同体的相互支持和积极影响。

评价素养是影响几位教师课堂评价实践的第三个因素。在访谈期间，几位教师针对"什么是形成性评价"展开了激烈辩论。TUT-3 和 TUT-2 认为形成性评价等同于"评价学生在学习过程中的表现"，赞同终结性的成绩可以代表形成性评价（TUFGI：69）。TUT-2 的表述非常有代表性："出勤率代表态度，课堂表现代表了课堂的参与度和学习的热情，作业代表了他们的努力。这三者加起来就可以代表整个学习过程。"（TUFGI：69）TUT-1 和 TUT-6 认为形成性评价是将学生的表现与自己进行"纵向比较"（TUFGI：65），用来检查自己的成长。TUT-4 和 TUT-5 则认为所谓形成性评价是与他人进行的"横向比较"（TUFGI：65）。另外，后四位教师一致认同给学生表现打分的必要性，但对最终分数是否可以代表形成性评价存疑（TUFGI：68）。辩论中，教师们不止一次表示，他们对理想的评价应该是什么样的也感到困惑，并表达了他们对"严肃和真正"的评价培训的强烈需求（TUFGI：43）。甚至四位参与评价研究项目的教师（TUT-1 至 TUT-4）也承认，他们的评价实践只是处在探索阶段，需要得到技术上的指导和支持（TUFGI：72）。事实上，该校院系领导和教师无意识间对形成性评价、平时评价和过程性评价的无差别互用在一定程度上说明他们在评价素养方面欠缺的同时，也佐证了他们在这方面的迫切需要。换言之，评价素养方面的不足确实已经是这些教师课堂评价革新的一个掣肘因素。

另外，有限的课堂时间和巨大的工作量也限制了教师在评价方面的创新能力。以下两段摘录可以说明问题。

TUT-5：我以前尝试过学生互评，但控制不了时间……去年每个老师的工作量都增加了。我还安排了一门新课程，忙得没时间。

TUT-1：要实施形成性评价，时间是个大问题。……工作量太大了。

可以看出，这些极为现实的问题可能导致教师们完成教学任务都很困难。尝试比较费时耗神的新评价方法，几乎成为不可能的事。

六、讨论

本章借助个案研究方法和两个访谈数据探讨了形成性评价政策在这一211高校大学英语领域的落地情况。关于第一个问题（学校层次对形成性评价政策的实施），总的来看，这所大学在中观层面采取了"两手抓"的方式。一方面着力抓终结性评价。尽管教育部①提倡保持考试的低风险，该校仍保留了用大学英语四级考试作为外部评价工具的政策，并使用大学英语四级考试形式的学绩考试作为内部评价的主要部分。以一种"强硬"且"不可协商的"方式，让该校大学英语的教学在很大程度上停留在一个以终结性为主的评价环境中。另一方面则是该校对形成性评价政策做出的响应——将"过程性评价"作为"形成性"元素纳入以终结性为主导的评价框架中。好在"形成性评价"作为内部评价政策的次要部分，是以一种"灵活"和"可协商"的方式处理的，从而为教师们留下了一些尝试新的可能性的空间。

关于第二个问题（教师在课堂/微观层面的实施），可以说，教师们在评价内容方面基本遵循了学校的评价政策；但他们在允许的空间内，在"如何评价"方面发挥了自己的主观能动性，尝试/不尝试创新的评价方法，从而分别成为这一评价改革运动中或主动或前瞻或消极的实践者。

这一实施过程表明，形成性评价政策并没有自上而下以线性方式顺畅地转换为现实。事实上，这一政策的权力是在"实践中被所处的现实情境具化了"②。即该政策的意义在本土化实施过程中和文化背景下得到重新塑造，根据情境发生了适应性调整和转变。具体而言，在中观层面上，由校长、院长（或

---

① 教育部副部长吴启迪同志在大学英语四、六级考试改革新闻发布会上的讲话［J］. 外语界，2005，（2）：2-4.
② LEVINSON B, SUTTON M. Introduction：Policy as/in practice - A Sociocultural Approach to the Study of Educational Policy［M］// LEVINSON B, SUTTON M. Policy as Practice：Toward a Comparative Sociocultural Analysis of Educational Policy. London：Ablex Publishing, 2001：1-22.

他人)协商将该评价政策以"平时评价"的形式纳入学校评价政策中;在微观层面上,学校评价政策在教师课堂评价的社会实践中得到重新建构。而在此过程中,形成性评价政策在学校政策制定中被事实化,形成性评价的意义得以本土化阐释和协商。至于学校评价政策中的终结性部分,也就是Kennedy 等[1]学者所谓的"硬性"部分,或Levinson 等[2]学者所说的"经过授权"的部分,在教师的评价实践中被基本遵循。而对"非硬性"或"未经授权"的形成性部分,则由教师在使用过程中,发挥能动性和创造力。因此,教师的评价实践呈现出和大背景相似的"多样化"景象。[3] 与自上而下的国家政策相比,学校评价政策在本土环境中的影响力显然更加明显有力。这在某种意义上也再次证实了处于中观层次的领导力在政策制定和实施过程中的重要作用。[4]

至于第三个问题(形成性评价在该校实施过程中遭遇到的影响因素),形成性评价政策在该校动态的、相互关联的实施过程也再次证明了政策是一种在社会团体和诸多背景因素作用下由当地参与者挪用并再现的"规范性文化话语"[5]。不可否认,该校现有资源,包括教师评价素养欠缺、师资短缺、工作量大和课时有限等,都是使形成性评价政策在当地背景下做出调整和适应的原因。但更值得注意的是,当地的参与者(校长、院长和教师)重评价结果轻过程的评价理念和评价体验,皆根植于我国的应试传统[6]和现行的评价体系中[7]。这些

---

[1] KENNEDY K J. Exploring the Influence of Culture on Assessment: The Case of Teachers' Conceptions of Assessment in Confucian Heritage [M] //BROWN G T L, HARRIS L R. Handbook of Human and Social Conditions in Assessment. New York: Routledge, 2016: 16.

[2] LEVINSON B, SUTTON M, WINSTEAD T. Education Policy as a Practice of Power [J]. Educational Policy, 2009, 23 (6): 767-795.

[3] 金艳. 大学英语评价与测试的现状调查与改革方向 [J]. 外语界, 2020 (5): 2-9.

[4] LIU J, XU Y T. Assessment for Learning in English Language Classrooms in China: Contexts, Problems and Solutions [M] // REINDERS H, MIDEROS D, ROBERTS N, et al. Innovation in Language Learning and Teaching: New English Learning and Teaching Environments. London: Palgrave Macmillan, 2017: 17-37.

[5] LEVINSON B A, WINSTEAD T, SUTTON M. An Anthropological Approach to Education Policy as a Practice of Power: Concepts and Methods [M] // FAN G, POPKEWITZ T. Handbook of Education Policy Studies. New York: Springer, 2020.

[6] HAN M, YANG X. Educational Assessment in China: Lessons from History and Future Prospects [J]. Assessment in Education: Principles, Policy & Practice, 2001, 8 (1): 5-10.

[7] CHENG L, CURTIS A. The Realities of English Language Assessment and the Chinese learner in China and Beyond [M] //CHENG L, CURTIS A. English Language Assessment and the Chinese Learner. New York: Routledge, 2010: 3-12.

理念和体验作为"文化思维工具"①，在实践中成就了该校大学英语评价框架中的终结性成分，进而将形成性评价挪用为平时评价。

另外，形成性评价政策在该校的实施过程中尤其凸显了政治权力的作用，即在集中制和等级制行政管理系统中，由参与者的地位所带来的权力。位于学校权力结构体系顶层的校长，通过强调外部评价的问责和监督价值，为学校的评价政策及评价环境定下了基调。处在中间领导层的院长接受了校长的意见，保留了大学英语四级考试与学位的关联，同时将终结性考试规定为内部评价的重要部分。拥有课堂和20%过程性评价权力的教师们，则试图通过分数和参与课堂的机会来管理学生和课堂。虽然政策的形成和实施长期以来一直被认为是行使权力的实践活动②，但本项研究似乎补充了一点，就是权力或政治在政策协商和应用中也起到一定作用，而且它的影响在传统根深蒂固的本土环境中尤其明显。

从这个意义上说，地方参与者在现有体制内制定、解释和参与政策实施的过程又成为"一套复杂的、相互依赖的社会文化实践"③。这些文化、情境和政治影响及其相互作用可以较为直观地在图7-2中展现出来。

需要指出的是，这所大学并不是唯一强调大学英语四级考试的学校。王守仁和王海啸④所调查的530所大学中有144所大学和本研究所调查的院校一样，将大学英语四级考试视为质量控制的晴雨表，也将其用作外部评价的手段。本研究调查大学所采用的内部评价政策也并非独立案例。事实上，将平时评价作为形成性评价来使用在我国大学英语教育领域是非常普遍的。这在大规模的问

---

① WENGER E. Communities of Practice and Social Learning Systems [J]. Organization, 2000, 7 (2): 225-246.
② LEVINSON B, SUTTON M. Introduction: Policy as/in Practice-A Sociocultural Approach to the Study of Educational Policy [M] // LEVINSON B, SUTTON M. Policy as Practice: Toward a Comparative Sociocultural Analysis of Educational Policy. London: Ablex Publishing, 2001: 1-22.
③ LEVINSON B A, WINSTEAD T, SUTTON M. An Anthropological Approach to Education Policy as a Practice of Power: Concepts and Methods [M] // FAN G, POPKEWITZ T. Handbook of Education Policy Studies. New York: Springer, 2020.
④ 王守仁，王海啸. 我国高校大学英语教学现状调查及大学英语教学改革与发展方向 [J]. 中国外语，2011 (5): 4-11, 17.

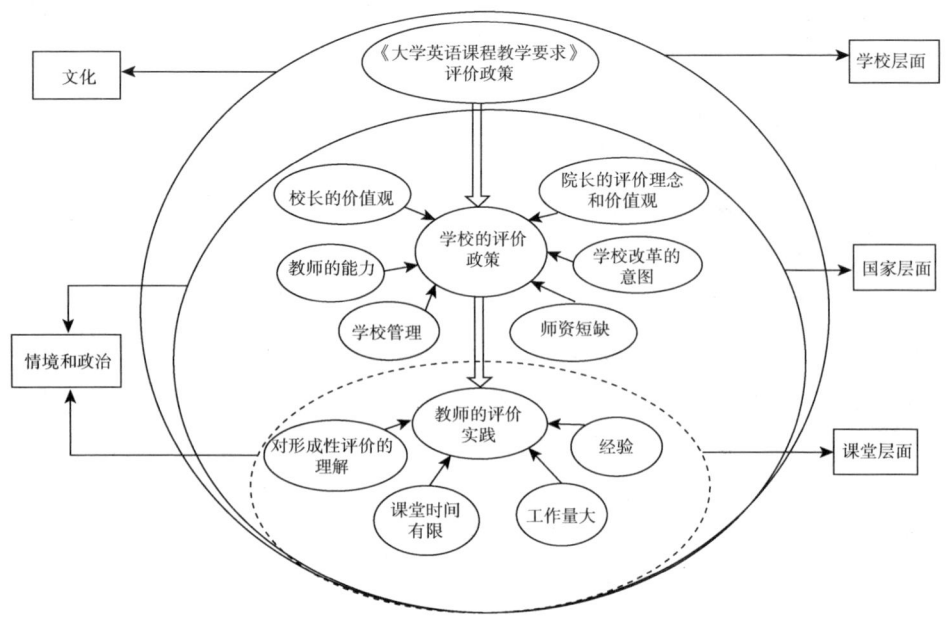

图 7-2 政策实施过程及影响因素

卷调查①②和个案研究③④中均有体现。这些都表明，在中国大学英语教育领域，依旧存在着以结果为主导的评价倾向，以考试为主的测试文化依旧浓厚。

七、启示

上述发现对我国英语教育评价改革及其实施有着较为丰富的启示意义。

首先，与本政策自上而下的方式相比，使情境中的利益相关者能够更好地参与到政策实施过程中的自下而上的方式更有可能对评价产生实质性变化⑤，特

---

① 金艳. 大学英语评价与测试的现状调查与改革方向［J］. 外语界，2020（5）：2-9.
② 黄华. 立体教学模式中的大学英语形成性评估问题研究［J］. 中国外语，2010（5）：15-21.
③ CHEN Q, KETTLE M A, KLENOWSKI V, et al. Interpretations of Formative Assessment in the Teaching of English at Two Chinese Universities: A Sociocultural Perspective［J］. Assessment & Evaluation in Higher Education，2013，38（7）：831-846.
④ CHEN Q. Formative Assessment and Its Localised Representation in the Chinese Higher Education Context［J］. Frontiers of Education in China，2017（1）：75-97.
⑤ ARG. Changing Assessment Practice: Process, Principles and Standards［EB/OL］. www.assessment-reform-group.org，2009-04-30.

别是涉及形成性评价这样的概念创新时。倾听参与实际工作的实践者，尤其是其中重要的风险承担者（学校主管领导、中层领导和教师）的声音，了解他们的需要和面临的挑战，解决困扰他们实践的问题就显得非常重要。

其次，需有来自上级持续的技术支持，使地方院校的政策与国家政策的初衷更加一致。缺乏持续的技术支持，可能会导致政策在国家文件和地方实施上的不对称甚至歪曲。比如，这所大学和本研究中涉及的其他院校都将形成性评价狭隘地解读为以给分为目的的多个小型终结性评价任务。这显然和《大学英语课程教学要求》和《大学英语教学指南》中形成性评价政策的原意不太符合。

再次，考虑到国内大学的多样性和发展的不平衡，国家提议的评价改革可以尝试为具有不同背景和学生群体的大学提供更具体化的建议，为各个大学提供更精确和更具适应性的指导，更方便国家政策在地方的本地化实施。还有，鉴于有研究呈现具有明显形成性评价的实践大多发生在师生素质良好和资源丰富的重点院校，可以大概推测，以结果为主导的评价倾向和测试文化在资源和师生素质越差的高校越明显，这些院校也因此需要更多的支持和关照。

从次，还应注意可能出现权力使用过度或不适当的情况。工作场所的政治可能会夸大微观社会制度场景中上级领导的影响力，导致政策的扭曲和赋权的保守。从上述情况得知，通过赋予教师更多的权力和减少对教师的干预，可以激发他们在教学上的热情和能动性，使课堂活跃起来，因此，基层领导应与教师进行更有效的对话，认可他们的专业知识，提供必要的培训，并在未来评价政策改革中反映他们的需求。[①] 同时，正如参与研究项目的教师所显示，同事合作的教学和研究可以提高教师的评价实践。所以，应尽可能促进以学习共同体方式让教师参与研究活动，开展符合实际情况的评价实践和专业领域的学习。[②]

最后，在有着根深蒂固的应试传统和文化的环境中，要平衡形成性评价和终结性评价的功能，使其在这种环境中协同发展，还有很长的路要走。然而，

---

① SWAFFIELD S. Getting to the Heart of Authentic Assessment for Learning [J]. Assessment in Education: Principles, Policy & Practice, 2011, 18 (4): 433-449.
② YAN X, ZHANG C, FAN J. "Assessment Knowledge is Important, but...": How Contextual and Experiential Factors Mediate Assessment Practice and Training Needs of Language Teachers [J] System, 2018 (74): 158-168.

只要地方各层级的参与者都赞同向更加促学的评价环境转变,这一情形就有可能改变。

事实上,随着新颁布的《大学英语教学指南》① 和新的评价改革方案②的实施,改变中国当前的评价实践和评价文化已是一个紧迫的议程。为了实现这一目标,此类地区需要适当地处理权力与过程的关系,需要更好地解决制约后勤发展的难点堵点问题,为教师评价素养和能动性提供更有力的支持。

八、小结

本章对形成性评价在该地区唯一一所211院校实施状况的深挖揭示了以结果为导向的测评文化依旧根深蒂固,留给形成性评价的空间极为有限。认知、文化、资源和权力等在其中都有不小的影响,但教师主观能动性的重要作用凸显。

---

① 教育部高等学校大学外语教学指导委员会. 大学英语教学指南 [M]. 北京:高等教育出版社, 2020.

② 深化新时代教育评价改革总体方案 [EB/OL]. 中华人民共和国中央人民政府网, 2020-10-13.

第八章 形成性评价在大学英语教育领域的实践案例 B

同第七章一样,本章从社会文化视角用院系领导和教师焦点访谈的数据,描绘并剖析了形成性评价政策与原则在选定地区一所师范大学英语教育领域协商、建构以及实现的过程。重点依旧放在中观和微观两个维度(院校和课堂),希望在解析政策与实践之间"采纳和适应"(adoption and adaptation)逻辑的同时,解构形成性评价在这一特定地方情境下的实施过程,并确认影响其有效实施的利弊因素。

一、引言

在儒家文化价值体系和我国社会教育结构背景下,追踪形成性评价政策的实施过程,了解形成性评价进入某具体教学情境下的课堂所经历的路径和其中的关键环节,对于确定和衡量评价改革的成败得失具有重要意义。迄今为止,针对教师评价实践的相关研究大多基于中国经济和教育较为发达的地区或重点院校,关于形成性评价在中国欠发达地区大学英语教育领域实践状况的研究由于各种原因并不多见。[①] 本章基于来自我国中西部某欠发达省份一所师范类二本院校的数据,期望能够拓展学界对形成性评价在大学英语教育领域实践状况的了解,为解析形成性评价在我国教育和文化情境下实施的复杂性增添一些实证性理据。

拟具体回答如下三个问题:

---

① LIU J, XU Y T. Assessment for Learning in English Language Classrooms in China: Contexts, Problems and Solutions [M] // REINDERS H, MIDEROS D, ROBERTS N, et al. Innovation in Language Learning and Teaching: New English Learning and Teaching Environments. London: Palgrave Macmillan, 2017: 17-37.

（1）大学英语教师是如何看待形成性评价的？

（2）大学英语教师如何在课堂上实施形成性评价？

（3）支持或阻碍大学英语教师的课堂评价实践的因素有哪些？

二、研究方法

（一）个案研究

本研究是基于我国中西部某省一所师范类二本高校的个案研究。个案研究是运用各种数据收集方法从"自然环境中的一个或几个实体"获取信息对某一现象进行的实证调查①，是"针对特殊情况或特定时刻的深入研究"②。它非常适合本研究探究某特定高校大学英语教师在自然情境下的真实教学和评价体验的需要。

该师范院校大学英语课程是大一、大二英语专业之外大多数学生的必修课。大学英语系共有 52 名教师在编，但由于读博、进修、产假等缘由，实际从事大学英语教学工作的在职教师只有 40 多名。因此，该校大学英语学科的师生比大约为 1∶120。

该校为保证大学英语教学的质量采取了两个措施。一是"分级教学"，即根据学生的入学英语成绩将他们分为高级班级和普通班。其目的是方便教师能够根据学生的英语水平适时调整学习进度和难度。二是控制班容量，即将班容量控制在 40 人之内。目的是弱化大班教学对教学质量的负面作用。不过，教师因此需要教的班级数，也就是工作量反倒有不少的增加。

作为一所师范类院校，该校肩负着为当地培养下一代中小学教师和更新在职中小学教师职业素养的任务。对形成性评价的理解和实施在这所院校产生的意义深远，这也在一定程度上为本章的价值起到了加持作用。

（二）参与者

本章的参与者如下。（1）外语学院负责大学英语教学的院长（前 20 分钟）和副院长（后 25 分钟）。因院长有预定会议，他们以接力的方式接受了个别访谈。（2）五位大学英语教师参与的小组焦点访谈。这五位教师是院长应课题要

---

① BENBASAT L, GOLDSTEIN D K, MEAD M. The Case Research Strategy in Studies of Information Systems [J]. MIS Quarterly, 1987, 11 (3): 369-386.

② PRING R. The philosophy of education [M]. London: Bloomsbury Publishing, 2004.

求和标准（教龄10年以上）在院内会议时征募的。对院长和副院长的个别访谈以及由五名教师参与的焦点访谈内容是本研究的主要数据来源。

另外，该校关于大学英语的政策，尤其是评价方面的规定和课程设置相关资料，以及教师实行形成性评价的相关记录都是数据的收集范围。这样的设计是期望在深度了解该校的具体形成性评价课堂实践的同时，获得其政策的根源和依据。而使用焦点小组访谈是因为该模式可以在减少变量的同时，获得"高质量的数据"[①]。

五位教师的具体信息见表8-1。出于研究伦理考虑，两位院长被标记为NUD-1和NUD-2，五位教师则用大写字母"NUT"和数字进行编号。

表8-1 参与教师的信息

编号	性别	职称	教龄（年）	班级/学生（人）
NUT-1	女	讲师	10	4×40
NUT-2	男	讲师	14	12×40
NUT-3	女	讲师	10	3×80
NUT-4	女	讲师	16	6×40
NUT-5	男	副教授	12	6×40

从表中可以看出，女教师3名，男教师2名，教龄10~16年，除NUT-5为副教授，其余均为讲师。总的来说，参与焦点访谈的老师虽然都满足本研究教龄10年及以上的基本要求，但年龄都在40岁以下，和其他院校参与访谈的教师相比，整体比较年轻且富有活力，希望他们能够反映出这个年龄段教师的声音。

（三）数据收集

数据收集分两个步骤进行，研究人员首先与两位院长进行了个人访谈。其目的：（1）获得学院评价政策的整体理解；（2）了解该校大学英语课程的具体内外部情形，包括制度课程政策、教师配置、目标学生群体、教师评价素养等。之后，我们对五位教师进行了焦点式的小组访谈。教师访谈重点在于了解该校教师对现行学校大学英语评价政策的理解、对形成性评价的认知、在课堂的评

---

① CRESWELL J W. Educational Research: Planning, Conducting and Evaluating Quantitative and Qualitative Research [M]. 4th ed. New York: Pearson Education, 2015.

价实践，以及影响他们课堂评价实践的支持和/或阻碍因素。和第七章一样，本章部分也使用了经过修改的陈秋仙①列出的问题清单（见附录Ⅰ和Ⅱ）。

两个采访都用中文进行，并在受访者的同意下进行了录音。录音时长分别为45分钟和62分钟，随后按照严格的转录程序由两位受过专门培训的研究生进行了转录。校录和核验由进行访谈的研究人员进行，以确保其可信度。

（四）数据分析路径

处理好的数据用扎根理论②进行了分析。具体而言，数据分析分为四个步骤。（1）确保转录的效度之后，仔细阅读转录文本，力求熟悉数据。（2）对数据中重复出现的主题予以总结和提炼。例如，"反馈"一词在文本中的出现频率极高，于是产生了与"反馈"相关的主题。（3）识别主题基本特征，并建构主题间的类别关系。例如，"反馈"是教师在课堂上实践的一部分，因此，"反馈"被置于"教师实践"之下。（4）反复阅读数据，甄别并纠正其中可能出现的问题。例如，通过对各个主题的分析，将"教师实践"更名为"教师评价实践"。另外，整个过程中的数据处理都有至少两人参与，遇到不能达成共识的问题，课题组不定时开会讨论，及时解决出现的分歧。这一过程在很大程度上确保了访谈数据分析的效度和信度。

三、结果与分析

对院长个人访谈和教师焦点小组访谈数据的分析呈现出包括学校评价政策、教师形成性评价认知、教师评价实践及影响因素等主题。这些主题及其关系如结果所示。

（一）学校评价政策

据院长（NUD-1）讲，这所大学没有参与《大学英语课程教学要求》（试用版）的试行，而是从2007年该文件正式发布起，才着手将形成性评价融入大学英语评价系统的。同年，该校取消了本科学位与CET-4的关联。自此，参加全国统一组织的CET-4与否完全由学生自主决定。目前，该校的大学英语课程设置为英语综合课和视听课两个子课程。其评价体系包括两个部分，即过程评

---

① 陈秋仙. 形成性评价在中国之原理、政策及实施：基于英语学科的社会文化视角 [M]. 北京：科学出版社，2012.
② GLASER B G. Conceptualization: On Theory and Theorizing Using Grounded Theory [J]. International Journal of Qualitative Methods, 2002, 1 (2): 23-38.

价和期末考试。过程评价在院长眼中是"对一个学期学习过程的评价"。综合英语课程的过程评价分为考勤率、学生表现和作业三个部分；而视听课则根据学生在课堂上参与活动的表现状况和口语测试的成绩来评定其成绩。过程评价的权重占期末总成绩的30%。期末考试是以教材为基础的学绩考试，占期末总成绩的70%（见图8-1）。

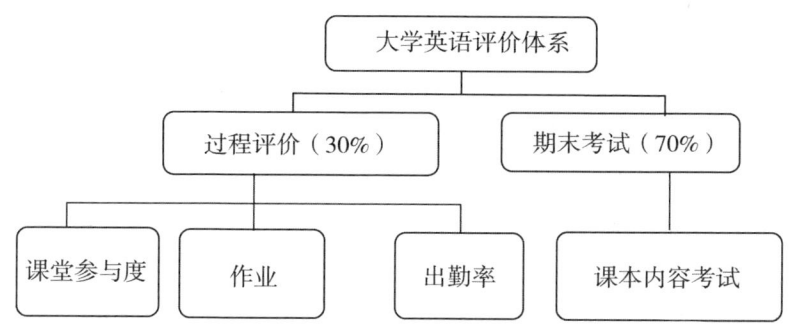

图8-1　大学英语内部测评框架

《大学英语教学指南》① 发布后，该校的大学英语评价政策也并未做出太多改动。从这个意义上讲，该校的大学英语评价政策堪称稳定。

（二）教师对形成性评价的认知

从焦点访谈的数据来看，五位教师对形成性评价的认知并不一致。以 NUT-1 和 NUT-5 为代表的第一种观点认为形成性评价是对"学习过程的各阶段"进行"多次性的、客观的"评分。

> NUT-1：在我看来，（形成性评价）不是一次性的评价，它是多次进行的。就像把学生的学习过程分成几个阶段，每一个阶段都给一个客观的分数来评价，然后再给一个总分数。

这一观点在很大程度上与 Chen 等②③学者所描述的过程评价实践相吻合。即将形成性评价理解为多重的小型终结性评价任务，其结果，即平时成绩，被

---

① 教育部高等学校大学外语教学指导委员会．大学英语教学指南［M］．北京：高等教育出版社，2020．
② CHEN Q. Formative Assessment and Its Localised Representation in the Chinese Higher Education Context［J］. Frontiers of Education in China, 2017（1）：75-97.
③ CHEN Q, KETTLE M, KLENOWSKI V, et al. Interpretation of Formative Assessment in the Teaching of English at Two Chinese Universities: A Sociocultural Perspective［J］. Assessment and Evaluation in Higher Education, 2013, 38（7）：831-846.

用作学绩报告。这种评价强调分数,并将分数视为评价的最终目的。

第二种观点以 NUT-3 和 NUT-4 为代表,同样强调形成性评价的"过程"特性。不过,评价过程在他们眼里是"动态的"而非静态。在这种观点看来,教师的职责是"监督"学生在教学过程中的变化,并为之"打分"。这种观点好像比前一种观点的"客观成绩"更开明一些,因为在这里,客观成绩可以被用作"信号"(NUT-4)或"经验性证据"(NUT-3),来推动学生下一阶段的学习。

> NUT-4:我认为形成性评价强调过程。教师要监督或监控学生在学习过程中的动态变化,然后给学生打分。这既可以作为对学生前一阶段学习的确认,也可以作为一个信号,让学生知道课后该怎么做,或者通过量化的成绩给学生一些反馈。

> NUT-3:我同意。教师应该根据学生在学习过程中的表现给他们打分。量化的结果可以作为数据进行分析,以反映学生目前的学习状况,并找出下一阶段学生需要什么帮助来更好学习。

持这种观点的两位教师倾向于保留过程性评价的本质,但他们对评分和评价结果的使用似乎与 Carless 和 Lam[①] 所谓的 FUST(formative use of summative tests)一致,即终结性评价的结果可用于形成性目的。毫无疑问,这一观点比第一种观点和过程评价更进一步。

NUT-2 对形成性评价认知与上述两种来自其他四位老师的观点都不相同:

> NUT-2:形成性评价是教师与学生之间的互动过程。在这个过程中,教师可以了解学生学到了什么或没学到什么,然后进行询问,并收到关于他们教学的反馈信息,再根据这些反馈调整自己的教学策略,大体这样……

这种观点将学生置于与教师平等的评价地位,且着重强调了反馈的作用,与形成性评价原则[②]和《大学英语课程教学要求》[③] 所规定的大体一致。只是

---

① CARLESS D, LAM R. Developing Assessment for Productive Learning in Confucian-influenced Settings: Potentials and Challenges [M]//WYATT-SMITH C, KLENOWSKI V, COLBERT P. Designing Assessment for Quality Learning. Dordrecht: Springer, 2014: 167-182.
② Assessment Reform Group. Assessment for Learning: 10 Principles [M]. Cambridge: University of Cambridge, 2002.
③ 教育部高等教育司. 大学英语课程教学要求 [M]. 上海:上海外语教育出版社, 2007.

NUT-2眼中的反馈只针对教师和教学改进，而没有将学生和学习包含在内。

（三）教师评价实践

对焦点访谈数据的分析显示教师评价实践下有评分、反馈、学生参与三个主题，具体发现如下所示。

1. 评分

从几位教师的访谈数据来看，他们的评价实践都纳入了基于学校评价政策的过程评价要素。也就是说，他们记录了学生在课堂参与、作业和出勤率方面的表现，并根据这些记录分别给出学生的平时成绩。不过，几位教师评分实践的目的和方式却不尽相同。例如，NUT-1教授的是大学英语视听课，在教学中极注重学生的英语口语表达，因此她的平时成绩主要基于学生在口语活动上的表现，如课堂展示、演讲等。不过，她会先行"举例说明如何做"，并明确要求学生将自己所学的知识、技能和日常英语表达结合到课堂展示中。而且，实行多次后，她对这样练习的效果很是满意。

> NUT-1：我基本上会先举一个例子来说明如何做展示。然后要求学生在每完成两个教学单元后做一个报告……和其他教视听课的老师一样，第一学期重心都放在英语口语上，要求学生做陈述。每完成两个教学单元，都会安排做演讲或口头陈述之类的活动。像这个学期，我们计划完成六个教学单元，所以学生就有三次机会做报告。我要求学生将所学的知识、技能和日常英语表达结合到他们的演讲中。之后，我发现这是一个很好的实践。我有时候还让学生结对做，目的就是鼓励他们用英语表达。

她给学生的平时成绩因此由三次展示的总分构成。换言之，平时评价在她这里被细化分割为学期过程中三次活动的评价结果。虽然其活动内容和活动形式以强化和锻炼学生的表达能力为主，结果在她看来也是满意的，但是反馈和找寻差距显然没有成为重点，因此，总的来说，她的评价本质上还是更倾向于终结性。

另一位视听课教师NUT-4在课堂组织的活动与NUT-1类似，目的也基本相同——给学生提供更多机会来锻炼和提高英语口语能力。与NUT-1不同的是，她的平时成绩有四个来源：出勤率、课堂参与、作业和小型考试。

> NUT-4：除了出勤率，学生的课堂参与也是过程评价的一部分。我也会组织许多活动来提高学生的英语口语能力，观察他们的参与程度，给他

们分配任务。同时让他们根据任务在课堂上做陈述，这是小分数的主要来源。还会在月底或者期中，给他们布置在课堂上做口头陈述的任务，然后给他们打分，学期末还会组织口试。

NUT-4 的课堂评价实践形式更灵活，内容更多样化，也与学校的评价政策基本一致。但是，NUT-4 在话里话外非常强调这些评价都服务于报告和终结性评价。可以说，这两位视听课教师的课堂评价行为虽然有促学的意图，却没有超越终结性评价。这与她们前面对形成性评价的认知相吻合。

其余三位都是大学英语综合课教师。NUT-5 是根据学生的课堂参与程度给学生打分，而且课堂上越活跃的学生他给的分数就越高，反之亦然：

> 在大班上开展评价活动很费时间，可课堂时间又有限，所以我一般只布置一些简单的，谁参与我就给谁分。当然，有些学生可能就拿不到分数。比如，不积极参与或者完不成任务之类。结果就是，课堂上表现活跃的，我给的分数就高，不活跃或者根本不参与的，就只有期末考试的分数了。

另外，NUT-5 对学生课堂参与程度的判断主要是基于主观观察，并没有具体和明确的标准。这种做法要求教师的观察力和记忆力都相当敏锐。否则，学生就有可能产生对教师评价信度和效度的质疑等其他后果。好在该校大学英语课的班级规模有 40 人的限制，给了 NUT-5 的评价方法一定的可行性和可能性。

NUT-2 同样强调学生的课堂参与程度，但是他将课堂参与划分为 A～E 五个等级，并在每堂课上将学生的课堂表现和出勤状况做记录，最后根据记录给出平时成绩。他在一定程度上弥补了 NUT-5 不用标准而是主观评价的不足。在这点上，他的做法显然比 NUT-5 的评价方法更科学有据，不容易受到质疑。此外，他对评价结果的使用也与其他老师不同。在谈到给分时，他说：

> 也不单单是给学生打个分数，事实上，主要是从评价结果看学生表现。比如说，学生表现好不好？如果成绩不理想，是什么造成的？如果觉得是自己的问题，我会重新考虑一下，是不是我提出的问题不合适？互动方式是否不妥？也会相应地调整授课方式。但如果是学生的学习策略不恰当，比如，做阅读理解的时候，经常忽略篇章的意思，我也会告诉他们（学生）。

从以上表述来看，NUT-2 的评价不仅用于考查学生在课堂上的表现，也是给出对教或/和学的反馈，助力于教与学下一步改善的依据。从这个意义上讲，

NUT-2 的评价实践已经非常接近正统的形成性评价。① 这也符合上节中他对形成性评价的认知。

NUT-3 给出平时成绩的做法与其他教师都不相同。据她讲，她完全是根据课堂出勤率给分的，也就是说，学生只要到课就给分，缺勤就扣分。她将这个操作归因于学生"英语水平不够""不愿意参与课堂活动"等因素。

> NUT-3：我带的是艺术类学生，他们（学生）大多不愿意参与课堂活动。其实之前我也要求他们在课堂上回答问题，但是他们的英语水平太低，根本回答不了。后来，我鼓励学生在小组活动中说英语，可他们也不参与。
>
> 现在吧，我也不逼他们回答问题了，不然他们更不愿意学英语了。只要他们来上课、听课，就可以了。

从 NUT-3 如上这堪称无奈的陈述中可以看出，虽然她几经努力鼓励学生参与课堂活动，但效果并不理想。"我也不逼他们"则显示她的教学信念和理念的破碎。可以说，她用出勤代替课堂表现的操作是在学生水平不高和参与意愿不足的现实状况下做出的妥协。当然，学校对艺术类学生的低要求标准也使得这种教学降级行为成为可能。

同一所院校，同一课程要求下，五位教师对于平时评价的操作、平时成绩的给出，以及评价目的的把握各不相同。不过，如果说 NUT-1、NUT-4、NUT-5 的评价实践更倾向于终结性，NUT-3 是碍于现实状况的无奈妥协的话，NUT-2 对学习过程、评价标准和反馈的强调等凸显形成性特质的评价行为则表明了她个人良好的评价素养。

2. 反馈

除 NUT-3 因为班级规模大至近 80 人（在该校属于特殊情况），以及所带的艺术类学生英语水平低于平均标准，没有提及课堂反馈，其余四名受访教师皆表示他们确实在课堂上有反馈行为。不过，这四位老师给出的反馈内容以及他们对反馈目的的认识给人以各持己见的感觉。例如，NUT-2 的方式偏向于直截了当，他说：

> 如果学生回答错误，我会当场指出来，主要是想鼓励他们表达自己的

---

① Assessment Reform Group. Assessment for Learning：10 Principles ［M］. Cambridge：University of Cambridge，2002.

观点和思想，不管中文或英文，只要说出来就好。

NUT-2 的反馈简单而直接，主要目的是鼓励学生表达自己。他甚至不在乎是否使用英语。换言之，他的重点已经跨越了语言局限，扩展至学生思想或思维的发展。联系上文中 NUT-2 谈及他给平时成绩的同时所附带的反思和反馈，可知大学英语课堂在他眼里不单单是教授和学习英语语言的场所，更是学生在同伴、教师或更有能力的"长者"或"专家"的协助下，在获得语言知识的同时，思维同步获得升华的场地。从这个意义上讲，他确实是个合格教师。

NUT-1 和 NUT-5 的反馈则以详尽见长。

> NUT-5：每谈及一个话题，比如，天气或健康之类的，我会首先看学生把主要观点说清楚了没。其次，我关注的是语言和句子形式，比如，语言是否得体。最后，我也会注意学生的用词和发音。如果学生有发音不对的地方，我也会纠正一下。

> NUT-1：比如，口头演讲，我一般让学生用小组的形式。当然也会从各方面给出反馈。内容方面来说，如果他们提供的内容很好，我会称赞他们，并对演讲学生说"内容丰富饱满"之类的话鼓励一下。不管他们是在做采访还是讲故事，我一般都会给一些积极的评价。当然他们呈现的一般也都不错。至于形式方面，我经常会给一些建议，让他们演讲得更自然、更有互动性。当然也会给一些类似"哇，这很有趣""听起来很棒"的评语。有小组演讲的时候自己站成一圈，然后我会告诉他们要尽量面对观众，避免给观众留个背影。基本上就是我想到什么，都说出来。

这两位教师的反馈方式都是即时的口头反馈，且都有明确的促学倾向。只不过，NUT-5 的反馈重点是从几方面入手找出并纠正问题，而 NUT-1 的反馈除了在形式和内容方面的建议，还额外包含了对学生的鼓励性话语和较为积极的评语。显然，NUT-1 深谙教育心理学，懂得来自教师的鼓励和愉悦的心理对学生学习积极性和能动性的影响，她在教学法上也勇于尝试小组活动。这些都为这位年轻的教师加分不少。

NUT-4（视听课教师）的反馈方式则与其他三位稍有不同，她说：

> 我发现学生的（英语）听力很差，所以每次让他们说英语的时候，都会有意识地举例说明语音现象。之后，我还要求他们课后做相关练习。其他的和别的老师差不多。

NUT-4 除了和其他老师一样，给予学生内容形式方面的口头反馈，还将语音作为反馈的重点，以补足学生的听说短板。这当然和她所教的课程是视听课有一定关系。不过，她更愿意"提出问题来激发学生更多的思考"，或者指导学生反思自己的问题，并仔细观察学生的后续反应，以便及时调整自己的教学方法和手段等，这些都表明这位老师的反馈也在有意无意间向形成性方向靠拢。

3. 学生参与

除 NUT-3 因所教的艺术类学生英语水平较低和没有参与意愿，四位访谈教师皆说有过课堂上让学生参与评价的尝试。当然，四位老师让学生参与评价的方式和效果也并不一致。

NUT-5 经常会根据演讲者的陈述向学生咨询意见和建议，也是为了能让学生参与到评价中来。然而，他对这类活动的效果并不满意，甚至感到沮丧。

> NUT-5：学生演讲完了，我一般会就他/她的演讲向其他同学提一些问题。比如，她/他说了什么，他/她的意见是什么，他/她提供了什么例子。可是，效果并不好。很多学生根本听不懂演讲的同学说了什么，有时候是因为演讲者发音不标准，有时候是麦克风声音不够大。

也就是说，NUT-5 虽然有过让学生参与评价的尝试，但他的尝试受到了一些条件，如学生英语水平（发音、听力）、教室设备等的制约和干扰。这里 NUT-5 体现的无力感与 NUT-3 颇有相似之处。

NUT-1 声称也使用过这种方法使同学参与到评价过程中。不过，她的感受与 NUT-5 不同，因为据她观察，学生还是可以给同伴演讲者一些反馈的。

> NUT-1：我有时也用这种方法。比如，问听的同学，演讲者讲得怎么样之类的。有段时间，每次上课前我都要求两个学生做晨间报告。然后，我就问其他学生一些问题，如你怎么理解？他们的演示如何？一些学生会给出反馈。但我不经常这么做。

NUT-1 表示她的学生与 NUT-5 的学生反应不同，很可能是学生水平差异的缘故，而且她感觉效果没那么差。但是，因为这类反馈太耗时间，所以她不能经常做。也就是说，时间可能是制约 NUT-1 班上同学参与评价的主要因素。

NUT-2 所描述的情况比前两位老师要好一些。据他讲，他在学期开始前一定会告知学生课程评价的要求，并鼓励学生进行自我评价。

NUT-2：在第一节课上，我就告诉学生要学会监督和评估自己，具体来说，我要求学生在报告中找出并反思出现的问题。我也会提出问题来激发他们思考。其实是我觉得即使我给出答案，他们可能不会太在意；但如果我给他们抛出问题来，他们反倒可能会考虑更多。他们最初的陈述肯定会存在一些问题，如对话、交际技巧和语言使用的适当性等。他们有时候其实可以自己看出来，所以我就给他们机会，让他们自己先想一想。

此外，NUT-2还让学生把"观众对展示的理解程度"作为评价同学展示的标准。他说：

虽然这个衡量标准比较模糊，但可以在很大程度上反映一些问题，比如，一个同学演讲时，其他同学用这个标准就可以知道这个演讲是好是坏；试想，如果听众根本理解不了你讲的内容，就不可能给出好的评价。

NUT-2不但将自我评价自如地应用于大学英语课堂活动，可能基于以往的教学经验和专业学习，他对自我评价的原理理解也非常到位。事实上，他的诸多评价行为，如第一次课上给学生分享评价要求，然后在平时课上安排合适的评价活动让学生参与其中，以及对评价标准的试探性使用等都一再表明了她良好的评价素养。

NUT-4也要求她的学生通过"发现并反思演讲中的问题"来自我评价。

NUT-4：我也经常要求学生评价自己。具体来说，我让学生找出他们在口头陈述中的问题并进行反思。我提出问题来激发学生思考。如果我直接给出答案，学生不会思考。但如果我提出问题，学生可能会思考更多。他们的陈述可能存在一些问题，如对话、交际技巧和语言使用的适当性。

NUT-4在鼓励学生进行自我评估的同时，启发他们的学习自主性和思维能力的培养。最重要的是，NUT-4的方法收到了良好的效果。

NUT-4：然后我发现他们思考更多了，各方面也进步了，后面再组织口语活动的时候，就发现学生的进步很明显，他们也知道应该注意什么了。

不过，相对于学生的自我反思和评价，NUT-4认为学生自我给分的信度和效度并不是很高。她说：

看到自评成绩表，我的第一感觉是（学生自评）不可靠。举个例子，我可能给评B的同学，他给自己评A。就有这么个学生，自信心很强，给自己打了满分。事实上，明明他的表现根本够不上那个标准。

(四) 影响教师评价实践的因素

从数据中还分析出多个影响教师评价认知和实践的因素，具体如下。

1. 考试及相关传统价值观

根深蒂固的考试传统和注重评价结果的价值观仍然影响着教师的评价实践。事实上，给出成绩几乎是每一位教师课堂评价的重头戏。这首先关涉她们将过程评价当作形成性评价的认知，NUT-4下面的表述就非常有说明性。

> 我组织了许多活动来提高学生的英语口语能力，会观察他们的参与程度给分；让他们根据任务在课堂上做陈述，这是小测验分值的主要来源；会给他们布置口头任务，让他们在课堂上陈述，然后给他们打分。除此之外，本学期末还会组织口试，也是要给分的。

单单如上片段中"分"的频率就可以一定程度表明教师的评价认知和操作结果或分数导向。这样以"形成性评价"之名所行的评价之实虽然和之前纯粹的终结性标准化测试不完全相同，但对评分的过分强调以及将评分用于学业报告的目的则彰显了以结果为导向的评价传统依然强大的影响力。

传统价值观的影响在教师的评价者身份上也得到充分体现。如前所述，整个学习和评价过程，教师都充当着评价者的身份，他们根据学生各方面的表现进行评价，并据此打分；完全不给（NUT-3）或只在很少的情况下（NUT-1、NUT-5）给学生一定的机会和空间参与其中，或者对学生评价持怀疑的态度（NUT-4）。可以说，教师的评价者身份和学生的被评价者身份，除了个别教师（NUT-2）的课堂，基本上依然没有被撼动。当然，这种源于我国教育传统的思维，对教师和学生及其在评价中的角色定位①如果不做相应的改变，将有可能是一个阻碍形成性评价在课堂上实现其成效的重要因素。

2. 学校政策的不明确

对访谈数据进行分析还发现学校政策的不明确给教师的课堂评价实践造成了一些困扰。NUT-1下面的这句话就很有代表性，她说：

> 学校的评价政策应该是非常重要的，可以给教师提供具体指导，但是，

---

① HU G. Potential Cultural Resistance to Pedagogical Imports: The Case of Communicative Language Teaching in China [J]. Language, Culture and Curriculum, 2002, 15 (2): 93-105.

给我们的评价政策是模糊的，只能基本保证教学正常进行。这就像挂了个钟，可没什么人在乎钟能否敲得响，或响声多大。我个人觉得，学校的政策模模糊糊，不太能给教师的评价实践提供指导。

具体情境内部的评价政策，如该校的大学英语评价政策，应该是该校大学英语教师进行评价的具体实施方案，无疑应该具体、清晰且明确。Hill[①]曾明确指出学校政策是一种强有力的工具，可以很大程度地决定教师的评价实践。从教师们的反馈来看，该校的大学英语评价政策显然没有做到这些。某种程度上可以说，这也正是上面五位教师评价行为差异大且复杂的根本原因之一。

3. 经济支持的不给力

学校的财政支持是数据中显现的又一影响教师评价实践的因素。NUT-5就对教师在评价方面的额外工作是否应该得到相应的报酬提出了疑问。

> NUT-5：学校是不是应该为教师的工作量提供补贴？比如说，这个学期，老师们在评价方面做了不少额外的工作，学校是不是应该给老师们提供一些额外的补助？

教师期待自己额外的工作得到经济上的回报，一定程度上表明了教师经济状况窘迫的可能。这点在院长的访谈中得到了验证，院长说：

> 我认为困难在于学校没有给予教师足够的重视。说白了，就是工资太低肯定会影响教师对评价等额外工作的积极性。

像院长这样的中层管理者也认为该校教师的工资不高，以至于影响到教学和评价改革的推动。他把这一问题归咎于学校重视的不足。这也一定程度上说明大学英语学科作为一门公共课，在该校所处的尴尬地位。当然，也有可能是受到地方经济状况的影响，当地教师的工资普遍不高。

4. 教材的限制

教材是数据中显现的影响教师课堂评价实践的第四个因素。副院长（NUD-2）和NUT-5都认为，教材的不合适妨碍到了教师的评价实践。

> NUT-5：（一本）教材包含8个单元，但由于内容的难度（有点大），教师一般都不会全部讲授，需要改进。

---

① HILL M. Focusing the Teacher's Gaze: Primary Teachers Reconstructing Assessment in Self Managing Schools [J]. Educational Research for Policy & Practice, 2002 (1): 113-125.

NUD-2：教材包括8个单元，它的结构安排不太合理，且每个单元的内容都很多。每学期我们只能赶着讲6个单元，教材确实会影响教学和评价。

教材是大学英语课程的主要教学材料和资源。在教师和副院长看来，该校现用大学英语教材的难度、容量和结构都不太合适，以致影响到教学的进度，进而影响到教师是否有时间在课堂上尝试革新性的评价活动。

5. 教师因素

五位教师一致承认自己的评价素养有限，且一致承认几乎没有参加过系统的、有关评价方面的专门培训，她们各自评价素养的来源也因而不尽相同。

  问：你们接受过课程评价方面的培训吗？
  NUT-2、NUT-5：没有。
  问：那你们的评价策略、方法和知识从何而来？
  NUT-1：个人教学经验。
  NUT-2：或者向他人学习。
  NUT-4：阅读相关书籍和论文。

该校在推行形成性评价相关的政策改革前后，并未给教师提供系统的专业培训。这自然影响到了几位老师的评价实践。有良好的能动性且通过各种方式（书籍和他人）自发开展职业学习的老师，像NUT-2和NUT-4，可以将学到的新评价方法和模式运用到课堂上。而未能开展职业学习的，仅依赖以往的教学和评价经验的教师（NUT-5和NUT-1）自然就无法实施类似的课堂评价活动。

五位教师于是一致地表达了对系统培训的强烈要求。正如NUT-4所说：

  如果真的想要推行形成性评价，首先应该给教师们提供培训，邀请专家指导我们。不是简单办一两场讲座，那种意义不大。我认为专家应该观察整个学期的课程，给予不间断的指导。如果能提供如何评价的范例，然后再指导我们，那就太好了。事实上，我们也想要变一变。

可以说，教师是否具有一定的评价素养是区分这几位教师课堂评价实践有无变化的关键性因素。提供必要的相关培训，提高教师的评价素养已经成为该校大学英语教师的迫切诉求。鉴于该校教师有"变"的主观意愿，可以期待如果这一要求得到满足，该校大学英语评价实践的状况将会产生的积极变化。

6. 学生因素

除教师的评价素养，学生的英语水平也在一定程度上影响着该校教师的评价实践。如 NUT-3 在几番尝试之后，不得不放弃，转而使用旧的评价方法，甚至为了能让学生来上课，做出各种妥协。其根本原因就是艺术类学生的英语水平较低。NUT-5 放弃对新方法的尝试也是同样的原因。而 NUT-1 之所以能获得相对满意的效果，则是因为她所在班学生的水平"还可以"。同理类推，NUT-2 和 NUT-4 的学生英语水平不错，否则的话也无法进行各种革新性评价实践。

7. 班容量及工作量

虽然该校将艺术和体育专业之外的大学英语班容量限制在 40 人以内，但这样的班容量对几位教师的课堂实践也有不可忽视的影响。对 NUT-5 而言，"在大班教学中使用评价方法比较困难，因为它花费的时间多，而教学的时间有限。我只能简单地评价……"也就是说，这样的班容量再加上有限的教学时间，对教师课堂评价的发挥不算友好。

而 NUT-1、NUT-2 和 NUT-3 三位老师共同的观点是，班级规模大会直接导致教师工作量的增大。

> NUT-1：我觉得我们的工作量很大。在一个 40 人的班级里，如果我要求所有的学生做演讲，他们一学期有三次机会。这对我来说意味着沉重的工作量。

> NUT-2：我教十二个班的学生。在学期结束的时候，我要批近七百份试卷。如果我再细评学生的听说能力，我需要花更多的时间，那太可怕了！

这一观点与 Yu[①] 和 Chen 等[②] 学者的案例研究结果一致，即班级规模大和有限的教学时间是教师评价实践的主要障碍。

8. 教学设施的不完善

教学设施的不完善也是教师们提及的妨碍他们课堂评价的另一个因素。NUT-2 直接指出，教室没有配备录音系统，导致他对大班学生评价非常耗时。

[①] YU A. A Study of University Teachers' Enactment of Curriculum Reform in China [J]. International Education Studies, 2015, 8 (11)：113-121.

[②] CHEN Q, May L, KLENOWSKI V, et al. The Enactment of Formative Assessment in English Language Classrooms in Two Chinese Universities：Teacher and Student Responses [J]. Assessment in Education Principles Policy & Practice, 2014, 21 (3)：271-285.

> NUT-2：我知道一些大学的语言教室都配有录音设备，可以把学生间的对话录音，老师就可以根据录音给学生打分。可我们学校没有这些，所以要给多个班的学生评分就很耗时间。设施不完备确实影响挺大的。

NUT-5 也同样强调了更新教学设施的重要性，他说：

> 我在的那两个教室，别说录音设备了，连麦克风都坏掉了。结果让学生在前面演讲或者做 presentation，下面的学生都听不清在说什么。有时候是因为演讲的学生声音不大，发音也差，但扬声器坏掉了也是个问题。

他认为，设备不完善也是他后来放弃在班上进行同伴评价的重要原因。据他讲，这个问题甚至影响了正常授课："现在教室上课，老师在讲台上讲话，后排的学生经常连老师说什么都听不清楚。"不夸张地说，该校有限且落后的教学条件已经严重影响了大学英语课堂的教学与评价。

四、讨论

以上的分析和发现为本章预设的三个研究问题提供了答案。首先，该校五位大学英语教师对形成性评价的认知状况，正如上述数据分析所呈现的那样，表现出三种不同的形态。第一种（NUT-1 和 NUT-5）将形成性评价等同于过程评价（或平时评价），即多次的小终结性评价及评价结果的汇总；第二种在前者的基础上，增加了终结性评价结果的形成性使用（NUT-3、NUT-4）；而 NUT-2 所持的第三种观点强调师生之间的平等关系以及反馈对进一步改善教与学的重要性，在本质上带有更多形成性评价的特性。

身处相同地方情境中的五位教师对形成性评价呈现出三种不同的认知，一方面，反映出形成性评价政策传递过程存在不畅的问题。这点在后来老师们报告的没有接受过相关培训，他们对评价的认知和实践大多是经验传承和自学获得的数据中得到了证实。而另一方面，同样可以从数据中看出，该校大学英语教师，在评价政策变化的推动下，已经开始思考标准化测试之外的评价形式，并对评价正在和即将发生的变化表现出良好的接受度。这无疑是可喜的变化。

此外，值得一提的是这三种观点分别与已有研究相吻合，如 Chen 等①、Carless 和 Lam②、ARG③，似乎在一定意义上证实了 Davison 和 Leung④ 关于形成性评价的形态在课堂上将呈现连续统一体的观点。这些教师对形成性评价的不同理解，虽然是源于他们各自的评价素养或评价经验，但还是反映了教师在试图调解传统的终结性评价文化与突发性的形成性评价话语之间的紧张和冲突时所形成的"第三空间"⑤，是协调自己的评价经历和知识与所处的现实情境的产物。

关于大学英语教师在课堂上实施形成性评价的状况，上述分析和发现也给出了答案。从几位教师的陈述看，该校大学英语教师首先遵从了学校的评价政策，即根据学生在平时学业（课堂表现、出勤率、作业等）上的表现赋分，形成学生学绩考核中的平时成绩。但从数据所提炼出的三个相关主题看，该校大学英语教师在课堂上的具体操作颇为芜杂。他们都会给学生分数，但是赋分的标准和内容各不相同。有的完全按照学校的评价政策，根据学生在考勤率、课堂参与、作业和小型考试等方面的表现分别给分，如 NUT-4；有的则只强调学生在某一方面的表现并赋分，如 NUT-1 和 NUT-5；NUT-3 则干脆只看学生的出勤状况。至于赋分的精确度，只有 NUT-2 用到了较为标准的形成性评价程序，对学生的评价也近乎科学，而其他教师都凭借自身的专业素养和经验予以判断，具有强烈的主观性特点。

几位教师的反馈状况也不一而足。除个别老师（NUT-3），大部分教师都会给出堪称详尽的反馈。不过，几位教师的反馈方式有别，重点也不尽相同。如 NUT-5 的反馈是认知层面的就事论事，即指出和纠正问题；NUT-1 在此基础上增加一些鼓励性的话语以关照学生的情感需求；NUT-4 的反馈专注于激发学生

---

① CHEN Q, KETTLE M, KLENOWSKI V, et al. Interpretation of Formative Assessment in the Teaching of English at Two Chinese Universities: A Sociocultural Perspective [J]. Assessment and Evaluation in Higher Education, 2012, 38 (7): 831-846.

② CARLESS D, LAM R. Developing Assessment for Productive Learning in Confucian-influenced Settings: Potentials and Challenges [M] //WYATT-SMITH C, KLENOWSKI V, COLBERT P. Designing Assessment for Quality Learning. Dordrecht: Springer, 2014: 167-182.

③ Assessment Reform Group. Assessment for Learning: 10 Principles [M]. Cambridge: University of Cambridge, 2002.

④ DAVISON C, LEUNG C. Current Issues in English Language Teacher-based Assessment [J]. TESOL Quarterly, 2009 (43): 393-415.

⑤ ENGESTRÖM Y. Expansive Learning at Work: Toward an Activity Theoretical Reconceptualization [J]. Journal of Education & Work, 2001, 14 (1): 133-156.

的自我反思；更有 NUT-2 注重前馈，即学生在之后应该怎么做，以及他们思维和思想的发展，为外语课堂的微观教学活动赋予了育人的宏观意义。这些反馈或为解决学生英语学习上的现有问题，或为学生的以后考虑，都服务于提高学生学习能力，因而，程度不等地发挥了形成性评价的促学功能。

五位受访教师让学生参与评价实践的程度也不等：NUT-3 基本没有；NUT-5 只有比较沮丧的尝试；NUT-1 有一些算是比较成功的尝试，但由于时间问题放弃；NUT-2 和 NUT-4 则有较为持久且有一定方法的实施。其参与方式也不尽相同：有自评（NUT-4）、他评（NUT-1、NUT-5），或两种皆用（NUT-2）。尤其值得一提的是 NUT-2 和 NUT-4 两位老师，他们有意识地给予学生参与评价的机会，并积极引导学生反思以培养思维和自主性学习能力。这可能与他们教授的视听课自身的特质相关。关于教师评价实践基本可以确定的是几位受访教师充分展示了该校教师评价实践的复杂性和多样性。这应该也是教师在情境中进行意义协商和挪用的结果。

关于支持与阻碍大学英语教师评价实践的因素，本章第三节的数据分析给出了答案。根深蒂固的考试传统及以结果为导向的评价价值观，不但影响了该校大学英语教师对于形成性评价的认知和课堂评价实践，而且影响着教师和学生评价身份的重新认定及其在新评价模式下评价身份的形成和转变。这些来自文化和思想层次的障碍早在 Zhan 和 Wan[①]、陈秋仙[②]等学者的论文中就已经提及，在 Carless 和 Lam[③]等学者的文献中得到验证。确实，这些根植于我国历史文化土壤和我国文化思维深处的终结性评价传统和观念，影响着院本评价政策的形成，也影响着教师的评价认知和课堂评价实践，很大可能也是评价改革进展艰难的深层次原因。

该校大学英语教师的课堂评价实践还受到来自院校层次诸多因素的制约，如学校评价政策不清晰，不能为教师评价实践提供具体而明确的指导；财政支持不足影响到教师革新评价实践承担额外工作量的积极性；教材内容、量和结

---

① ZHAN Y, WAN Z. Perspectives on the Cultural Appropriateness of Assessment for Learning in the Chinese Context [J]. Educate, 2010, 10 (2): 9-16.
② 陈秋仙. 论形成性评价在中国的文化适可与挪用 [J]. 山西大学学报（哲学社会科学版），2016, 39 (3): 80-90.
③ CARLESS D, LAM R. Developing Assessment for Productive Learning in Confucian-influenced Settings: Potentials and Challenges [M] //WYATT-SMITH C, KLENOWSKI V, COLBERT P. Designing Assessment for Quality Learning. Dordrecht: Springer, 2014: 167-182.

构的不合适也降低了教师在课堂上增加或改变评价实践的可能性。这些影响虽然在文献中都有类似发现，如 Hill[①] 所揭示的学校政策和程序对教师评估实践的决定性作用；Gu[②] 关于教材是教师教学和评价的"脊梁"，不合适的教材会妨碍教师的教学和评价实践等等。

教师评价素养、学生英语水平、班容量和教学设施是影响教师评价实践的微观层面因素。教师评价素养决定评价实践。[③] 当教师评价素养不足，在实践评价时很大程度上就会根据经验进行。培训是影响教师评价实践的一个先决性条件。[④][⑤] 当培训不足时，教师的评价认知和评价方法得不到更新，自然就无法迁移至课堂评价实践。而学生英语水平太低，就无法参与包括评价的各种英语课堂活动，也使得教师（NUT-3、NUT-5）的革新性评价实践无法进行下去。班容量是一回事，但该校为控制班容量所导致教师工作量的增加同样会制约教师课堂评价的革新。教学设施不完备和陈旧不但耽误或拉长了评价大班学生的时间，而且导致了学生自我评价实践的失败和课堂师生互动的失败。这一发现也验证了 Yu[⑥] 所持的有限的教学资源会阻碍课堂教学和评价的观点。

五、结论

由上述发现和讨论可得出如下结论。

一是形成性评价通过《大学英语课程教学要求》进入我国大学英语教育领域的十多年间，确实给这所师范类二本院校的大学英语课堂，尤其是课堂评价方面带来了一定的变化。教师们不再一味地依赖期末的标准化考试来考核学生

---

① HILL M. Focusing the Teacher's Gaze：Primary Teachers Reconstructing Assessment in Self Managing Schools [J]. Educational Research for Policy & Practice，2002（1）：113-125.

② GU Y. The Unbearable Lightness of the Curriculum：What Drives the Assessment Practices of a Teacher of English as a Foreign Language in a Chinese Secondary School？[J]. Assessment in Education：Principles，Policy & Practice，2014，21（3）：286-305.

③ XU Y，BROWN G T L. Teacher Assessment Literacy in Practice：A Reconceptualization [J]. Teaching and Teacher Education，2016，58：149-162.

④ CHEN Q，MAY L，KLENOWSKI V，et al. The Enactment of Formative Assessment in English Language Classrooms in two Chinese Universities：Teacher and Student Responses [J]. Assessment in Education Principles Policy & Practice，2014，21（3）：271-285.

⑤ YU A. A Study of University Teachers' Enactment of Curriculum Reform in China [J]. International Education Studies，2015，8（11）：113-121.

⑥ Y U A . A Study of University Teachers Enactment of Curriculum Reform in China [J]. Interna-tional Education Studies，2015，8（11）：113-121.

的学绩，而是开始反思原有的评价体系及其带来的诸多问题。有些教师还在政策的鼓励和自主学习的基础上开始尝试新的评价方法，这些变化无疑给该校的大学英语课堂增添了新的活力和生机。

二是形成性评价从政策到课堂，尤其是走进所调查大学一类的地方性院校的大学英语课堂，其路径并不顺畅。其中，前期培训的缺失可能是这条技术路线上失误的重要一环。再加上原本评价政策的模糊和各自评价素养的制约，教师们对形成性评价的理解以及在课堂评价上各行其是就成为必然。如果这一关键环节补不上，所谓的评价改革只能停留在纸上、口中。

三是在调查学校以及类似的地方院校中实现形成性评价的"促学效应"需要移除能够移除的障碍，并为其提供充分的支持。确实，诸如我国根深蒂固的考试传统和相关价值观的障碍不是短时间内可以消除的。想一步实现评价由终结性向形成性的转型也是不现实的。[①] 让形成性评价与原有的终结性评价体系融合，寻找能够最大化最优化实现两者协同效应的融合点，将是必要且可行的方向。但是，中观和微观方面的问题则可以通过提供补偿性措施解决。比如，必要的、持续的，与评价相关的职业性培训在网络时代的今天应该是可以组织的；学校的评价政策也可以更具体清晰一些。有必要让教师们明白到底该怎么做以及为什么要这样做，而不是自己私下揣摩或不知所措。再如，提供必要的财政经费支持，确保教师不再因付出得不到回报而沮丧，确保教学设备能满足课堂教学的需要。教材和教师工作量超额的问题也需要得到解决，才可以将对课堂和教学质量的负面影响降到最低。

总的来说，在中国的背景下真正发挥形成性评价"促学"作用的问题在所调查院校仍未得到解决，仍是需要未来继续努力的目标。当然，这些结论有其局限性。毕竟，本结论仅是基于两位院长和五位大学英语教师的自我报告数据得出的。如果能有更大范围的数据，如对该校的所有大学英语教师使用问卷调查，将课堂观察也作为一种收集数据的方法，它将可能提供关于该校大学英语教师评价实践更客观、更直观的数据。另外，本研究是在我国中西部某欠发达省份的一所二本师范类院校进行的，其研究结果可能无法推广到其他情境下教师的形成性评价实践。如果这种研究在中国发达地区的某重点大学进行，将有

---

① CARLESS D. From Testing to Productive Student Learning: Implementing Formative Assessment in Confucian-heritage Settings [M]. New York: Routledge, 2011.

可能得到截然不同的结果。

六、小结

本章以社会文化视角,通过两位院长的个别访谈和一组教师的焦点访谈,对形成性评价在我国某师范类院校大学英语课堂的实施状况进行了深挖。与第七章211院校的状况相比,这所师范院校对大学英语教育及其改革显得开明一些。这首先表现在该校在2007年开始实施《大学英语课程教学要求》的同时就取消了CET-4与学位的关联。其次,校级和院级领导并没有太多的干预,导致该校的评价政策在客观上给予了该校的教师们更大的发挥空间。

该校教师和第七章的211院校受访教师一样在评价方面没有得到合适的培训,也一样在各自的大学英语课堂和评价实践中表现出相当明显的活力和能动性。但是与上一章的211院校相比,这所二本师范院校与经济相关的困境显得较为突出。这可能和我国不同层次的院校资源配置不同,以及该省经济水平落后,无法为当地院校提供充足的资金给养有关。

两所院校的发现为本项目考察形成性评价在当地大学英语教育领域的实施状况提供了较为深刻的纵向视野,但其中凸显的问题也让第九章整合形成性评价相关的改革在当地遭遇障碍和挑战成为必须。

第九章　形成性评价在大学英语教育领域的实施与问题——区域视角①

本章是针对形成性评价在我国中西部某欠发达省域内八所高等院校大学英语学科实施过程中所遇到的问题和挑战而进行的一项深度调查。数据是八所院校中负责大学英语教学的院系领导（个别）和授课教师（焦点小组）的访谈内容。结果发现宏观、中观及微观三层次的诸多问题使得形成性评价在该区域的实施举步维艰，但其中又不乏改变的痕迹和期望。

一、引言

如前所述，形成性评价在21世纪初随着《大学英语课程教学要求》② 进入我国大学英语教育领域的评价体系。其评价部分郑重提出兼容形成性评价和终结性评价，并将形成性评价定义：

> 对教学过程进行的过程性和发展性评估，即根据教学目标，采用多种评估手段和形式，跟踪教学过程，反馈教学信息，促进学生全面发展。

2020年年底发布的《大学英语教学指南》则在明确构建大学英语课程"校本评价与其他多样化评价相结合"的综合评价框架基础上，将实现从"对课程

---

① 本文的英文版引文信息为：CHEN Q, ZHANG J, LI L. Problematising Formative Assessment in an Undeveloped Region of China: Voices from Practitioners [J]. Educational Assessment Evaluation and Accountability, 2021, 33 (4): 649-673. 修改成文时，根据全书的整体设计做了必要的调整和改动。

② 教育部高等教育司. 大学英语课程教学要求 [M]. 上海：上海外语教育出版社，2007: 5.

结果的终结性评价"向"促进课程发展的形成性评价"转变作为主要目标。①在新的大纲已经开始之际，了解形成性评价在地方院校的实施，特别是实施过程中出现的种种问题，并对其进行系统探讨的意义越发凸显。

本章是对形成性评价在我国中西部某欠发达省域内八所高等院校大学英语教育领域实施过程中出现的问题和遇到的挑战进行的较为全面、系统的深度调查和梳理。其目的有二。（1）找出需要填补的缺口。从一线实践者了解评价实施过程中存在的问题，在对问题梳理的同时确定其存在的根源，找出解决办法。只有找到漏洞和空缺，并将之填补完整，新一轮改革才能有良好的平台。（2）总结经验教训，前事不忘后事之师。在前一轮改革结束，新一轮改革推出之际，总结经验，总结教训，才能更好地助力新一轮评价改革企及新的高度。这对八所院校所在区域而言尤其重要，因为形成性评价对教育质量的促学功能，以及新时期国家对教育平衡发展的关注，使得解决自身存在的问题，借新一轮评价改革之机提升当地大学英语教育质量成为可能。

二、形成性评价在我国英语教育领域遭遇的问题及原因探析

学界针对形成性评价在外语教育领域的不少研究皆揭示出存在的问题。其中第一类问题与我国教育文化特色相关。如大多数学生在课堂上还是更习惯于也更喜欢依赖教师的传授，缺乏参与评价的意识和能力②；在老师组织的评价活动中表现出对同伴评价的怀疑和对老师反馈的依赖③；更关注评价结果，并有明显忽视学习过程的倾向。④ 教师则经常用正式或/和非正式的终结性测试作为激

---

① 教育部高等学校大学外语教学指导委员会．大学英语教学指南［M］．北京：高等教育出版社，2020．
② 周娉娣，秦秀白．形成性评估在大学英语网络教学中的应用［J］．外语电化教学，2005（5）：10-14．
③ CHEN Q, MAY L, KLENOWSKI V, et al. The Enactment of Formative Assessment in English Language Classrooms in Two Chinese Universities: Teacher and Student Responses [J]. Assessment in Education Principles Policy & Practice, 2014, 21 (3): 271-285.
④ CHEN Q, MAY C L. Chinese EFL Students' Response to an Assessment Policy Change [M] //GUO X U, YAN J. Assessing Chinese Learners of English: Language Constructs, Consequences and Conundrums. London: Palgrave MacMillian, 2016: 199-218.

励指导课堂教学的手段。① 课堂评价实践仍然主要受到教科书、教学经验的影响和高风险考试的驱动,而形成性评价的课程标准仅仅起到"装饰品"的作用。② 教师、学生和家长仍然高度重视终结性测试及其结果的客观性,并将其视为实现教育公平的公正手段。③ 当然,也有极少数关于教师采用策略对终结性评价结果进行形成性使用的报告。④ 但总体而言,在我国英语教育领域,教学以及评估实践仍然受到高风险考试的严格控制,尤其是中学阶段。⑤

这一类问题大多可以在根植于中国历史的社会文化语境中找到缘由。如前面第三章所述的教师权威的课堂文化以及不平等的师生关系就是学生方面出现问题的根本原因。在我国传统文化学习中,教师是知识的权威者,学生是知识的接受者,在评价中处于完全的被动地位。⑥ 而形成性评价提倡以学生为中心,需要学生不但深度参与学习过程,掌控主动权,更要学会以评价者的身份去评价自己、同伴甚至老师的工作。这种身份的转换对学生来说无疑不是一蹴而就的,他们需要正确引导,也需要时间。

教师在课堂上的评价行为和表现出来的应试倾向同样可以在我国结果至上的考试传统,以及嵌入中国语境以竞争、死记硬背和一切为考试服务为特征的

---

① KENNEDY K J, CHAN J K S, FOK P K, et al. Forms of Assessment and Their Potential for Enhancing Learning: Conceptual and Cultural Issues [J]. Educational Research for Policy and Practice, 2008 (3): 197-207.

② GU Y. The Unbearable Lightness of the Curriculum: What Drives the Assessment Practices of a Teacher of English as a Foreign Language in a Chinese Secondary School? [J]. Assessment in Education: Principles, Policy & Practice, 2014, 21 (3): 286-305.

③ CHENG L, CURTIS A. The Realities of English Language Assessment and the Chinese learner in China and Beyond [M] //CHENG L, CURTIS A. English Language Assessment and the Chinese Learner. New York: Routledge, 2010: 3-12.

④ XIAO Y. Formative Assessment in a Test-dominated Context: How Test Practice Can Become More Productive [J]. Language Assessment Quarterly, 2017, 14 (4): 1-17.

⑤ CHEN J, BROWN G T L. High-stakes Examination Preparation that Controls Teaching: Chinese Prospective Teachers' Conceptions of Excellent Teaching and Assessment [J]. Journal of Education for Teaching, 2013, 39 (5): 541-556.

⑥ HU G. Potential Cultural Resistance to Pedagogical Imports: The Case of Communicative Language Teaching in China [J]. Language, Culture and Curriculum, 2002, 15 (2): 93-105.

应试文化中找到根据。① 这一"应试导向的评价文化"② 和附加在考试结果上的功利价值,也与以学习和学习者发展为导向的形成性评价原则相悖,进而导致形成性评价和结论性评价在我国教育语境中关系紧张。③④ Huang 和 Luo⑤ 的综述也证实:考试导向是形成性评价在中国大学英语课堂实施不力的最重要原因之一。

学界揭示的第二类问题与政策的执行有关。如改革前培训的欠缺甚至缺席⑥⑦,以及因此导致的教师评价知识或素养的不足。⑧ 这在大规模的调查⑨⑩、个别研究⑪⑫和文献综述⑬等中皆有体现。

评价素养的不足导致教师在进行评价时,大多根据以往的经验进行,因此往往带有终结性评价的特点,或不知道做什么、怎么做,或想做而不敢做,以及言行不符的情况。这一问题还导致学校层次的政策制定者对形成性评价的概

---

① ZHAN Y, WAN Z. Perspectives on the Cultural Appropriateness of Assessment for Learning in the Chinese Context [J]. Educate, 2010, 10 (2): 9-16.
② CHENG L, CURTIS A. The Realities of English Language Assessment and the Chinese learner in China and Beyond [M] //CHENG L, CURTIS A. English Language Assessment and the Chinese Learner. New York: Routledge, 2010: 3-12.
③ 陈秋仙. 论形成性评价在中国的文化适可与挪用 [J]. 山西大学学报(哲学社会科学版), 2016, 39 (3): 80-90.
④ POOLE A. 'Complex Teaching Realities' and 'Deep Rooted Cultural Traditions': Barriers to the Implementation and Internalization of Formative Assessment in China [J]. Cogent Education, 2016, 3 (1): 1-14.
⑤ HUANG J, LUO S Q. Formative Assessment in L2 Classroom in China: The Current Situation, Predicament and the Future [J]. Indonesia Journal of Applied Linguistics, 2014, 3 (2): 18-34.
⑥ 李清华. 形成性评估理论框架的构建 [J]. 教育测量与评价(理论版), 2014 (4): 4-9.
⑦ 许悦婷. 外语教师课堂评估素质研究述评 [J]. 外语测试与教学, 2013 (4): 42-50.
⑧ 杨祖华. 形成性评价在大学英语实践中反映的问题 [J]. 华东交通大学学报, 2007 (6): 145-147.
⑨ GUO Q, XU Y. Formative Assessment Use in University EFL Writing Instruction: A Survey Report from China [J]. Asia Pacific Journal of Education, 2020, 41 (2): 221-237.
⑩ XU Y, BROWN G T L. University English Teacher Assessment Literacy: A Survey-test Report from China [J]. Papers in Language Testing and Assessment, 2017, 6 (1): 133-158.
⑪ CHEN Q. Formative Assessment and Its Localised Representation in the Chinese Higher Education Context [J]. Frontiers of Education in China, 2017 (1): 75-97.
⑫ 李清华. 形成性评估的现状与未来 [J]. 外语测试与教学, 2012 (3): 1-7, 26.
⑬ 许悦婷. 外语教师课堂评估素质研究述评 [J]. 外语测试与教学, 2013 (4): 42-50.

念认识不清，在制定政策时发生或模糊，或误解的情况。① 再如，权力在执行过程中起到的作用。许悦婷和刘永灿②的叙事研究就发现工作场所的权力关系，即领导和下属之间的等级关系，影响了教师的评价实践。最终导致在组长的调解下，老师把分数降低到了平均水平。Yang 和 Clarke③ 还发现，大学和学院内部的控制—服从文化、大学课程要求中以教师为中心的教学方法，和对大学英语四级考试通过率的强调，限制了教师的课堂实践，几乎没有给教师创新教学和评价方法的机会。前面第七章也发现权力的关系导致该校维持了以往以测试为主导的评价文化。

这类问题可以从我国教育体系的组织结构以及政策自上而下的执行路径中找到缘由。我国教育体系以集权、分层和遴选为特征。④ 集权首先表现于组织架构的设置上。教育部为政府政策制定和协调机构，统管下属的地方政府教育部门，学校则受当地教育主管部门管辖，是处于最底层的教育执行和实施单位。集权还表现为教育活动大多通过全国性的教育政策、统一的大纲和课程设置、国家指定或统一编写的教科书进行，并用全国或局部统一的大规模外部考试予以监督和质量控制。⑤ 过去十多年间，地方主管部门按照中央指导方针和当地具体情况进行实地分管方面，做出了不少努力。⑥ 但整体而言，这种中央集权的阶梯形教育组织结构并没有发生太大的变化。这样的体制决定了我国教育政策自上而下的执行路径。

这种路径可能导致积极和消极双重效应。积极的一面是，它可以加速改革

---

① 杨祖华. 形成性评价在大学英语实践中反映的问题 [J]. 华东交通大学学报，2007 (6)：145-147.
② 许悦婷，刘永灿. 大学英语教师形成性评估知识的叙事探究 [J]. 外语教学理论与实践，2008 (3)：61-67.
③ YANG H, CLARKE M. Spaces of Agency Within Contextual Constraints: A Case Study of Teachers' Responses to EFL Reform in a Chinese University [J]. Asia Pacific Journal of Education, 2018, 38 (2): 187-201.
④ WANG G. Educational Assessment in China [J]. Assessment in Education: Principles, Policy & Practice, 1996, 3 (1): 75-89.
⑤ 许悦婷，刘永灿. 大学英语教师形成性评估知识的叙事探究 [J]. 外语教学理论与实践，2008 (3).
⑥ OECD. Education in China: A Snapshot [EB/OL]. https://www.oecd.org/china/Educationin-China-a-snapshot.pdf. OECD library. 2016-09-15.

的实施①，建立预设的评价情境，指导教师进行评价实践②；消极的一面则是，这种自上而下的方法本身"排除了教师的参与，忽视了文化情境的约束"③，并且常常损害到实施效果。④ 另外，这样的阶梯形组织结构也使得权力干预成为可能。

第三类问题则和具体地区或院校的条件相关。如 Chen 等⑤学者对形成性评价在中国一所重点大学和一所非重点大学实施情况的考察发现这两所大学特定的制度和条件，包括地理位置、社会经济多样性以及教师和学生的质量都让评价实践变得复杂。班级规模大⑥、工作量大⑦的问题也比较突出。

这一类问题可以在我国教育体制的等级分类中找到理据。我国教育各层次早期都以重点、非重点分类，后又细化为多层。如我国大学后来细分为一本、二本、三本等。这种分类和我国早期教育资源和教育机会有限相关，随着国家经济实力的增强和对教育公平的重视，这种分层近年来有模糊的趋势。但也有人坚持认为，分层并未消失。有外国学者认为这种分层结构被视为我国教育发

---

① GU Y. The Unbearable Lightness of the Curriculum: What Drives the Assessment Practices of a Teacher of English as a Foreign Language in a Chinese Secondary School? [J]. Assessment in Education: Principles, Policy & Practice, 2014, 21 (3): 286-305.

② LIU J, XU Y T. Assessment for Learning in English Language Classrooms in China: Contexts, Problems and Solutions [M] // REINDERS H, MIDEROS D, ROBERTS N, et al. Innovation in Language Learning and Teaching: New English Learning and Teaching Environments. London: Palgrave Macmillan, 2017: 17-37.

③ LI M. Power Relations in the Enactment of English Language Education Policy for Chinese Schools [J]. Discourse: Studies in the Cultural Politics of Education, 2017, 38 (5): 1-14.

④ LI M. Power Relations in the Enactment of English Language Education Policy for Chinese Schools [J]. Discourse: Studies in the Cultural Politics of Education, 2017, 38 (5): 1-14.

⑤ CHEN Q, KETTLE M, KLENOWSKI V, et al. Interpretation of Formative Assessment in the Teaching of English at Two Chinese Universities: A Sociocultural Perspective [J]. Assessment and Evaluation in Higher Education, 2012, 38 (7): 831-846.

⑥ XU Y, HARFITT G. Is Assessment for Learning Feasible in Large Classes? Challenges and Coping Strategies from Three Case Studies [J]. Asia-Pacific Journal of Teacher Education, 2018 (47): 1-15.

⑦ CHEN Q. Formative Assessment and Its Localised Representation in the Chinese Higher Education Context [J]. Frontiers of Education in China, 2017 (1): 75-97.

展不平衡的关键①，也是某些地方院校出现教师酬劳低、教学设施不完善的原因所在。

如上诸多问题反映出了形成性评价在我国英语教育领域所处的困境，如果这些问题得不到解决，也就意味着《大学英语教学指南》中所设定的从"对课程结果的终结性评价"向"促进课程发展的形成性评价"转型目标的实现会有困难。Liu 和 Xu② 在对相关文献和我国教育情境进行全面审查后指出，中国背景下的形成性评价不仅在宏观（文化和体制）层面上存在问题，而且在中观（机构和学校）和微观（课堂）层面上也存在问题。考虑到国内不同大学的差异，他们主张从本地视角理解在中国背景下实施形成性评价政策可能涉及的复杂性。我们认同 Liu 和 Xu③ 的观点，认为采用地方视角，对形成性评价实施过程中出现的问题进行系统的考察，了解本地本校的具体问题，并针对性地提出相应的应对方案，对新一轮课程和评价改革的成效而言，无疑是必要且重要的。

本研究基于我国中西部某欠发达省份，对形成性评价在该地的八所院校的大学英语教育领域出现的问题进行实证性考察正是契合了这一需求。不过，本章的重点将主要集中在中观和微观层面，原因有三：首先，我国和其他有儒家文化背景的国家对形成性评价的宏观影响已在国际文献中进行了广泛讨论，并在第三章详细梳理。但是，形成性评价在中观和微观层面上面临的挑战仍未得到充分探讨，特别是在中国情境下。其次，与宏观研究相比，对特定背景评价环境下进行的聚焦调查更有可能带来对形成性评价改革的细化理解。最后，由于以前的研究主要发生在中国经济和教育发达地区，并且只涉及一个或两个案例，因此来自不发达地区的多个案例研究将可以为了解中国情境下形成性评价实施状况增加新的见解和发现。

本章尤其重视教师和中层管理人员（院系领导）的观点，因为他们是真正的实践者，也是评价政策的关键执行人，亲身见证和经历了评价政策的变化，

---

① GRUIJTERS R J. Trends in Educational Stratification During China's Great Transformation [J]. Oxford Review of Education，2022，48（3）：320-340.
② LIU J, XU Y T. Assessment for Learning in English Language Classrooms in China: Contexts, Problems and Solutions [M] // REINDERS H, MIDEROS D, ROBERTS N, et al. Innovation in Language Learning and Teaching: New English Learning and Teaching Environments. London: Palgrave Macmillan, 2017: 17-37.
③ GRUIJTERS R J. Trends in Educational Stratification During China's Great Transformation [J]. Oxford Review of Education，2022，48（3）：320-340.

并深知事情的来龙去脉。因此他们的声音将是宝贵的参考资料。

本章要回答的研究问题：在这一欠发达地区的大学英语学科，形成性评价面临的问题和挑战是什么？

三、研究方法

（一）具体情境

本研究基于我国中西部某一内陆省份，该省为我国典型的欠发达地区。与其经济上的窘迫状况一样，当地的教育（尤其是高等教育）有迫切的发展需求。这可以从这个省份没有一所大学被纳入"985 工程"，并且只有一所大学被列入"211 工程"可以看出。当地的高等教育也因此处于一个相对弱势的位置。一方面，他们从国家和地方政府得到资金、资源和政策等方面的支持有限。① 教师和教学在专业发展和学术研究方面的资源可能不充足。另一方面，这些地方性普通大学只能招收在全国普通高等学校招生考试中得分低于被 985 或 211 大学录取的学生，许多学生的英语水平可能不尽如人意。此外，需要注意的是，作为中国文明的发源地，这一内陆省份以传统和保守称道。② 也就是说，那里的人们普遍不愿意改变。③ 这些情况对形成性评价而言似乎并不乐观，但是形成性评价及其促学潜力，也许会是此地区振兴和提升教育质量的一种出路，也因而使得本研究更具现实意义。

（二）多案例研究法

本研究采用了多案例研究法，旨在对形成性评价的实施环境进行深入调查，不仅要了解现象，更要深挖这些现象发生的原因，同时也为了使研究更有说服力。④

本研究涉及了此省份的八所主要大学，即农业大学、财经大学、师范大学、理工大学、医科大学、综合大学、工程大学和科技大学。本研究基于该省八大高等院校的大学英语学科。这些学校分布在该省省会或周边地区，都是具有一

---

① COSTA E M, ZHA Q. Chinese Higher Education: The Role of the Economy and Projects 211/985 for System Expansion. [J]. Ensaio: Avaliação e Políticas Públicas em Educação, 2020, 28 (109): 885-908.
② 张志蓬. 山西人性格的文化解读 [J]. 前进, 2006 (7): 38-40.
③ 王茂林. 山西人的性格与社会心理 [M]. 太原: 山西人民出版社, 2010.
④ CRESWELL J W. Educational Research: Planning, Conducting and Evaluating Quantitative and Qualitative Research [M]. 4th ed. New York: Pearson Education, 2015.

定历史传统、规模较大且被公众认可的地方高校。具体信息已在第五章的第二节做过介绍（见表 5-2）。这样的设计和案例选择应该能够反映形成性评价在该地区的整体境况。

数据主要采用个人访谈和小组访谈的形式，在 8 所大学分别采访了负责各校大学英语教学的院级领导以及 1 组（4~6 人）大学英语代课教师。学校和 40 位受访教师的代码及教师具体信息见表 9-1。

表 9-1 八所高校访谈教师基本情况

学校	教师人数	年龄	性别	职称	教龄（年）	学生数及承担班级数（人）
农业大学（AU）	AUT-1	34	女	讲师	11	120×3
	AUT-2	34	男	讲师	10	120×4
	AUT-3	36	女	讲师	12	120×4
	AUT-4	36	女	讲师	14	120×4
	AUT-5	40	女	讲师	12	120×3
综合大学（CU）	CUT-1	33	男	讲师	6	50×4
	CUT-2	32	男	讲师	9	60×2
	CUT-3	35	女	讲师	11	50×3
	CUT-4	30	女	讲师	5	50×2
	CUT-5	47	女	教授	23	55×2
工程大学（EU）	EUT-1	29	女	助教	3	80×3
	EUT-2	36	女	讲师	6	80×3
	EUT-3	28	女	助教	2	80×3
	EUT-4	43	女	副教授	8	80×2
	EUT-5	35	女	讲师	11	80×3
	EUT-6	36	女	讲师	10	80×2
财经大学（FU）	FUT-1	58	女	教授	30	55×3
	FUT-2	38	女	讲师	14	60×3
	FUT-3	40	女	讲师	18	55×3
	FUT-4	40	女	讲师	17	60×3
	FUT-5	56	男	教授	22	55×3

续表

学校	教师人数	年龄	性别	职称	教龄（年）	学生数及承担班级数（人）
医科大学（MU）	MUT-1	41	女	讲师	12	50×3
	MUT-2	36	女	讲师	12	60×2
	MUT-3	33	女	讲师	9	60×2
	MUT-4	36	女	讲师	10	60×2
师范大学（NU）	NUT-1	32	女	讲师	10	40×4
	NUT-2	37	女	讲师	14	40×12
	NUT-3	35	女	讲师	10	40×3
	NUT-4	37	男	讲师	16	40×6
	NUT-5	30	男	助教	12	40×6
科技大学（SU）	SUT-1	33	女	讲师	10	80×3
	SUT-2	34	女	讲师	12	85×3
	SUT-3	35	女	讲师	12	80×3
	SUT-4	38	女	讲师	16	80×3
理工大学（TU）	TUT-1	53	女	副教授	29	120×2
	TUT-2	35	女	讲师	12	150×3
	TUT-3	42	女	讲师	20	120×2
	TUT-4	34	女	讲师	10	150×3
	TUT-5	44	女	讲师	14	150×3
	TUT-6	40	女	讲师	18	150×3

这些教师由各校的大学英语学科负责人帮忙按照"10年以上教龄"的要求征募。这一要求是为了确保参与访谈的教师了解或熟知该校近年来大学英语课程各方面的变化，且尽量在性别、职称等方面予以平衡考量，以期能较为充分地反映该校大学英语学科在评价改革方面的状况和问题。

参与焦点访谈的40位教师如表9-1所示，大部分是女性教师，占参与总人数的85%，只有6位男教师。这应该是英语教育领域女性比例普遍占优势的真实反映。职称方面，讲师32个，占比高达80%，其中农业大学、医科大学和科技大学的参与者全部是讲师；综合大学和财经大学分别有1位、2位教授；理工大学和工程大学各有一名副教授，高级职称占参与总人数的12.5%；另外还包括3位助教（师范大学1位，工程大学2位）。这可能与英语学科高级职称比例偏低有关。从教龄来看，有8位参与者少于10年，其中综合大学3位、工程大学4位、医科大学1位。基本可以断定这8位年轻教师应该体会过《大学英语课程教学要求》以及形成性评价所带来的变化，但是不能形成前后对比。严格来说，并不符合要求。不过，他们却有可能反映年轻教师在评价素养方面的一些状况，所以他们的采访数据也保留了下来。

采访问题基于陈秋仙①的采访问题清单，并根据实际需要进行了适当的改动。如增加了对各校课程设置、师资配比、生源规模等基础信息的摸底了解等。该问题清单在使用前进行了先行检验，并咨询了专家且得到了充分肯定（见附录Ⅰ、Ⅱ）。

收集回来的数据在整理后编码。对各校大学英语负责人的采访录音，在该校编码后加上了代表院长（Dean）的字母D，而对各校教师的采访录音，则是在学校编码后加代表教师（Teacher）的字母T并以数字编码（表9-1）。访谈的录音资料，请两位受过专门训练的研究生转写成文字，并经专人核对检查以确保转写的可信度和精确度。

处理好的数据采用了可从文本数据源中探索意义、主题和模式的"内容分析法"②。具体而言，数据在经过多次阅读和注释后，根据内容进行开放编码，然后根据编码聚合归类，提炼与"形成性评价问题和障碍"相关的主题。在归纳推理、不断复核和研究人员之间的讨论磋商基础上提炼出了包括"领导力""培训""教师评价素养""班级规模""学生的抵制"等关键主题。这些主题最后进一步聚合为中观和微观因素。这个过程并不是线性的，而是一个反复迭代的过程，其中涉及数据的分类定位、比较以及进一步精细和优化类别。③ 对每个步骤之间的双重检查和频繁讨论及反思有助于确保此过程的可信度。捕捉访谈文本中呈现或潜在的含义、主题和模式，从而为本章要回答的研究问题提供信息。

---

① 陈秋仙.形成性评价在中国之原理、政策及实施：基于英语学科的社会文化视角［M］.北京：科学出版社，2012.
② ZHANG Y, WILDEMUTH B M. Qualitative Analysis of Content［M］//WILDEMUTH B M. Applications of Social Research Methods to Questions in Information and Library Science, 2009：1-12. Libraries Unlimited.
③ DATT S, CHETTY P. 8-step Procedure to Conduct Qualitative Content Analysis in a Research［EB/OL］. Knowledge Tank；Project Guru. 2016-10-16.

四、研究结果及分析

（一）中观层次的诸多问题

对访谈数据进行分析发现文献综述中观层次的问题，具体表现为管理层对该政策的支持信任危机、政策传递不到位和政策的不完善，以及培训不力等诸多执行层次的问题。

1. 支持与信任危机

上级及学校层次的支持和信任是最为凸显的问题。如在教师极其紧缺的农业大学（AU），AUD希望在上级和学校的支持下将教师和教学所需的"硬件"设备配备到位以缓解教师的工作压力，以便可以推进该校大学英语教学模式的革新。NUD则认为因为"学校对老师的重视程度还不够，代课费太低"，所以影响了教师工作的"积极性"和"主动性"。TUD也发出同样的感慨："学校领导重视就好办了。"

综合大学的CUD和教师们则在一致认为学校教学管理部门（教务处）的执行有问题之外，指出了管理与教学之间存在的沟通问题。教务处对个别教师所给出的平时成绩的效度存疑，所以拒绝把平时评价的比例提高到10%以上。教师们一则觉得10%的比例太小，二则情感受到伤害，导致对待课堂评价的态度也怠慢起来。如CUT-3说：

> 有一次我们和院长提议说10%太少了，结果领导根本不信任老师们，就怕老师们滥用权力，这点我是强烈反对的。心想，既然你们不相信我，我真懒得去权衡是9分还是10分了。

如果说硬件、待遇等问题是财力支持可以解决的，教师的积极性受到影响以及由不信任引发的情绪则严重得多。须知教育革新在教师积极性和对教师信任度低的情境下执行是非常困难的[1]，评价相关的改革更是如此。Carless[2]曾郑重声明缺少信任将严重制约形成性评价的实施效应并极有可能导致评价改革无功而返，而且基于情感层次的信任和积极性，一旦被破坏，重新建立的机会微

---

① LOUIS K S. Trust and Improvement in Schools [J]. Journal of Educational Change, 2007 (8): 1-4.
② CARLESS D. Trust, Distrust and Their Impact on Assessment Reform [J]. Assessment and Evaluation in Higher Education, 2009 (1): 79-89.

乎其微。换言之，信任问题对教育改革的破坏力是巨大且持续的。

2. 执行层次的诸多问题

数据中还显现出执行层次的诸多问题。其一是校级管理层和政策制定者对形成性评价政策不够了解。关于这点，在本书第六章中有详细呈现：八位负责人中有三位（EUD、MUD 和 SUD）明确表示，由于专业方向不同，他们对形成性评价不太了解；另有四位负责人基本上认同"形成性评价＝平时评价"的观点，但并不清楚平时评价与形成性评价原理在内涵上的诸多区别，以及不清楚平时评价仅仅是形成性评价在我国文化背景和现有教育情境下初级形态的事实。

领导层在形成性评价方面的有限理解直接导致了执行层次的另一大问题：对政策及其原理传递不到位。如 SUD 所说："校方对于形成性评价政策的原理及益处都不明白，更不用说向教师们阐释清楚了。"EUD 则更明确地表述了一个校级管理层在改革链条中传递工作到位与否以及执行力强弱的重要性：

> 这个难处，一个就是我们的认识和理解，这个评价对普通英语教学和提高教学质量，到底好在什么地方（我们都不清楚）。如果是上边要强制性来做，我们可以做，让我们主动去做，我们不会去做。

再次，校本评价政策没能制定出具体的切实可行的实施步骤。NUD 坦言，由于学校的评价规定"模糊、没有明确要求，所以老师们只是保证上课"。SUD 则认为国家层次的评价政策都缺少统一的评价标准，在公正性和效度上也没有说明保障措施，因此她对形成性评价政策的可行性提出疑问：

> 评价尺度掌握不好，结果就不会客观公正，这种评价体系没有全国性的统一要求，如果不用一个标准很难达成共识，管理层认识不到形成性评价的好处，所以，学校也不会给这方面的培训和支持。

可以说，形成性评价政策技术层次的问题没有得到很好的解决，且实施单位也没有表现出良好的执行力。鉴于《大学英语课程教学要求》和《大学英语教学指南》的规定，各校都有权按照自己的实际情况制定适合的评价政策，院校层次作为政策落实和实施的具体部门对于形成性评价政策的处理和应对显得极为重要。教育政策研究专家 Fullan[①] 就极力强调学校层次在教育改革中的重要

---

① FULLAN M. The New Meaning of Educational Change [M]. 4th ed. New York: Teacher's College Press, 2015.

性,他认为基层实施单位如不能理解政策的原理和益处,且不能为该校制定适合的评价政策和切实可行的具体措施,甚或执行力不足,政策就无法传递给教师,更遑论课堂。如此,任何新政策都有可能沦为形式主义的牺牲品。

3. 培训不给力

来自八校大学英语学科负责人和教师的访谈数据显示,该地区的相关培训似乎也很欠缺。事实上,除 FUD,其余七个院校的相关负责人(AUD、TUD、MUD、EUD、SUD、NUD、CUD),虽然措辞有些许差别,都给出了否定或几近否定的答案。在随后的具体解释中则发现 FUD 所谈及的培训与其余几位领导否定的培训并没有太大区别。例如,FUD 所说的讲课竞赛和交流,EUD、SUD 和 NUD 也有提及;FUD 所说的由出版社组织的培训在 TUD、MUD、CUD 的言谈中都有涉及。综合八位大学英语学科负责人的观点来看,具体的专门针对形成性评价或者评价方面的培训是没有的。这一点在各校教师的小组访谈中得到大多数老师的确认。不过,的确有个别老师(EUT-6 和 NUT-4)提到在出版社主办的某次公益培训中包含一些与评价相关的内容。遗憾的是,他们对具体的培训内容记忆模糊。

> EUT-6:时间有点长了,(内容)记不太清楚了。不过他确实提到了怎么样评价,反思,然后要考虑到学生……但是具体的忘了。

负责人和教师们对于出版机构组织的培训本身价值和意义的评价,或委婉,或直白,大多为负面。如 TUD 说的"走马观花,没有实际意义";MUD 说的"就是所谓的假期开会参加培训,也没有学到多少实际东西";等等。因此,基本可以断定,这些出版社组织的培训应该没起到实质性成效。

综合大学是该省参与《大学英语课程教学要求》早期试点的院校之一,CUT-2 提及教育部请专家提供在线培训。但是,该培训需要教师缴纳 100 元的费用,且有名额限制,最终只有少数几位教师得以参加。另外,由于评价只是其中的"一小部分内容",所以他们只大概了解了一下,知道了个"概念"。

充分的培训是所有从上而下教育改革投入实施的前提和必要条件。[①] 涉及范式迁移的形成性评价改革,其培训须是长期的,不单单要让教师了解和掌握具体的实施措施,明白其原理和益处,更需要使教师观念发生变化,即所谓的

---

① FULLAN M. The New Meaning of Educational Change [M]. 4th ed. New York:Teacher's College Press,2004.

"专业学习"。① 在文化价值和观念有冲突的情况下,培训的重要性更明显。②③ 而如上所述,当地教师们得到的关于评价方面的培训是极为有限的,远远不够他们对形成性评价完整的理解,或者对评价的观念产生变化。

(二) 微观层次的问题

访谈数据的分析也显现了文献综述中微观层次的诸多问题,如教师素养亟待提高、师资紧张等,以及与学生相关的诸多问题。

1. 教师评价素养亟待提高

该地区教师素养首先可以从采访者解释形成性评价的概念中窥见一斑。于是,访谈中 40 位教师对形成性评价的认知大多给出了否定或几近否定的答复。

> AUT-1:我不太懂这个专业的术语……
> TUT-2:一般都没有涉及,所以见到这个词有点陌生。

有个别老师表示听说过或知道这个概念,却知之不深。

> TUT-4:因为我在国外读的研究生,所以我知道形成性评价就是 formative assessment,但是没有去系统地学。
> CUT-5:听是听说过,就是不知道具体该怎么讲。

只有个别教师表示专业或研究的缘故,对形成性评价有过一些或深或浅的接触。

> FUT-5:像我俩(指 FUT-3)研究二语习得,会涉及这种评价。
> TUT-3:我(研究生的时候)学过一点,学过课程评价,还有教材评价。
> NUT-2:我前两年因为写论文,读过一些这方面的资料,知道一点。

综上所述,专业、经历或研究的需要与否是个别教师肯定答复和大多数教师否定或几近否定答复的三大归因。重要的是,除个别教师外,该地区受访教

---

① ARG. Changing Assessment Practice: Process, Principles and Standards [EB/OL]. www.assessment-reform-group.org, 2009-04-30.
② CARLESS D. From Testing to Productive Student Learning: Implementing Formative Assessment in Confucian-heritage Settings [M]. New York: Routledge, 2011.
③ CHEN Q, KETTLE M, KLENOWSKI V, et al. Interpretation of Formative Assessment in the Teaching of English at Two Chinese Universities: A Sociocultural Perspective [J]. Assessment and Evaluation in Higher Education, 2012, 38 (7): 831-846.

师在形成性评价方面的素养属于评价素养中最低的"无"或"名义"层次。①评价素养对于教师课堂评价实践以及评价改革成败的至关重要性是评价领域的共识。没有形成性评价相关的素养,教师既不明白为什么做,也不知道该怎么做,课堂评价自然就不会有相应的改变。②③

2. 师资紧缺

师资紧缺的问题,8所学校几乎都有提及。不过,如表9-1所示,紧缺程度有一定的差别。相对CU和MU的人均100多名学生和每周8~12课时而言,FU和NU的人均200~300名学生和每周16课时以上显得更繁重。FUD就直接表示"师资的紧缺是现在最大的困扰";NUD也明确声明:"我们这里缺老师,外聘的老师不会太负责,有的课只能让研究生来上。"在AU,由于地处较偏远的县城等,师资没有得到及时的补充,所以师资紧缺的状况尤为严重。几近1∶400的师生比例和每周至少20课时的工作量使得该校教师超负荷前行,进而导致该校成为8所院校中唯一维持原有的期末一次性终结性考试模式,连平时评价都不能实施的高校。正如AUD所说:"课安排下去就不错了!"也就是说,师资紧缺的问题已经使得AU现今的教学安排无法跟得上英语教育改革的大潮,并做出相应的转型,甚至严重束缚了该校英语教育的发展。关于这个问题,如AUT-1,沮丧且无力的感受非常明了:

> 我觉得学生来的时候,学生的眼神让你觉得他特别难受,很多时候就让你感觉不能满足他们,第一个学期失望,第二个学期失望,时间长了,就麻木了。实在是人太多,顾不过来.

其他7所院校受师资紧缺的影响也相当明显。如TU和NU的教师不约而同提出,师资紧缺必然导致的班级容量大已影响到了他们在课堂的评价以及教学活动的组织。

TUT-6:我觉得最根本的问题就是学生人数太多,我有很多想法根本

---

① BYBEE R W. Achieving Scientific Literacy: From Purposes to Practices [J]. Educational Change, 1997 (1): 123-127.
② COOMBE C, AL-HAMLY M, TROUDI S. Foreign and Second Language Teacher Assessment Literacy: Issues, Challenges and Recommendations [J]. Language Teaching and Learning in ESL Education, 2010 (38): 14-18.
③ TAYLOR L. Developing Assessment Literacy [J]. Annual Review of Applied Linguistics, 2009 (29): 21-36.

无法实施。

AUT-1：还是班容量太大了，什么也干不了，学生人数太多了。

不同教育情境下的研究都证实：班容量的大小与学生学习英语的态度①以及效果②③密切相关。这是因为英语学科的特点决定了有效的英语教学需要在提供优质且充分的输入的同时，给学生一定量的输出和交流表达的机会，并提供及时而有建设性的反馈。大容量的班级授课能做到输入，却无法保证后面的输出和反馈环节，教学的效果必然受到影响。

意识到这一问题的 NU 确实将班容量限制到了 40 人，然而受访的几位教师的教授班级数却因此上升到 4~12 个，周工作量增至 16~24 小时。教师工作量的增大使得教师抽不出时间和精力用于自身职业发展以及知识更新，教师队伍有可能因知识结构老化无法适应不断变化的教学形势，如教学改革。年纪较长的老师尤其如此。FUD 就在访谈中提到年龄大的教师面对"新技术"和新知识的生疏与吃力；相反，NUD 和 SUD 则都是年轻教师，由于学历普遍较高，知识和技能新，在评价和其他方面都更得心应手。

3. 学生相关的问题

教师访谈中反映出在课堂评价中较为普遍的学生参与度不高的问题。FUT-2 的话很有代表性："回答问题的很少，有时候你问了问题以后下面压根没反应。" 究其原因如下。（1）个人性格问题，如"比较胆小，上课不敢说"（EUT-2）；"很是害羞，你要是让他自己主动去表达想法，非常困难"（FUT-5）。（2）学生水平问题，如 SUT-5 表示，"有的学生确实就是这样子的，没有反应"。（3）主体参与意识不强或习惯使然，如 TUT-3 所说，"我们的学生，没有这种意识，不太依赖评价，比较麻木"。这些状况在某种程度上说明学生无论是态度和意愿方面，还是知识和技巧的储备方面尚不具备评价的素养和条件。

---

① AUBREY S C. Influences on Japanese Students' Willingness to Communicate across Three Different Sized EFL Classes［Unpublished master's thesis］［D］. Auckland：The University of Auckland，2010.

② SANGANGULA L A. The Effects of Large Class Size on Effective EFL Teaching and Learning［D］. Lubango：Instituto Superior DE Ciencias DE Educacao，2016.

③ XU Y，HARFITT G. Is Assessment for Learning Feasible in Large Classes? Challenges and Coping Strategies from Three Case Studies［J］. Asia-Pacific Journal of Teacher Education，2019，47（5）：472-486.

五、讨论

教育是一个生态系统,它的改变是由多个"嵌套"的子系统相互作用来实现的。① 教育改革需要遵循精心制定的程序才有可能顺利而有效实施和可持续发展。② 现在形成共识的是,形成性评价相关的教育改革需要利益相关各方发生从原则到程序的根本转变,并在整个过程中得到适当的支持。与其他创新性变革相比,其改变要复杂得多,因为整个实施过程和系统中任何环节的缺失都可能导致改革的无功而返或失败。本章数据分析部分在发现和确认诸多问题的同时,显示这个不发达省份的大学英语教育领域在实施形成性评价政策时没有得到好的给养,反倒在多方面都受到制约。

中观或学校层次的限制有领导的不支持、财务资助紧张、政策传递不当和不充分以及无效的培训。这些问题表明整个执行过程存在缺失环节或薄弱环节。

首先,院校层次的领导对评价改革的成败至关重要,因为他们的行为和态度可以很大程度上决定是否能为改革创造合适的条件、结构③和更重要的氛围④⑤。如果领导不支持,就会伤害到教师发起和实施创新性评价的主动性和能动性。而对教师的不信任则可能会导致更严重的后果,因为在低信任环境中,尤其是在评估改革方面,教育变革几乎是不可能的。⑥ 更糟糕的是,信任感和积极性一旦被破坏,就很难再次建立。⑦ 鉴于"在没有有效领导力的情况下,几乎不会发生教育变革"⑧,可以断言:这些与支持有关的问题,加上负面的氛

---

① OECD. Future of Education and Skills 2030: Curriculum Analysis [EB/OL]. https://www.oecd.org/education/2030-project/curriculum-analysis.pdf, 2019-10-02.
② ARG. Changing Assessment Practice: Process, Principles and Standards [EB/OL]. www.assessment-reform-group.org, 2009-04-30.
③ SPILLIANE J P. Distributed Leadership [M]. Sam Francisco: Jossey-Bass.
④ HALLINGER P. Leadership for the 21st Century Schools: From Instructional Leadership to Leadership for Learning [M]. The Hong Kong Institute of Education, 2009.
⑤ SCOTT S, SCOTT D E, WEBBER C F. Assessment in Education: Implications for Leadership [M]. New York: Springer, 2016.
⑥ LOUIS K S. Trust and Improvement in Schools [J]. Journal of Educational Change, 2007 (8): 1-4.
⑦ CARLESS D. Trust, Distrust and Their Impact on Assessment Reform [J]. Assessment and Evaluation in Higher Education, 2009 (1): 79-89.
⑧ FULLAN M, KIRTMAN L. Coherent School Leadership: Forging Clarity from Complexity [M]. Alexandria: ASCD, 2019.

围，极有可能会过滤掉所在院校有效实施形成性评价的大部分可能性。

应该承认的是，这些中层问题不一定是技术上的原因造成的。事实上，八所大学所处的不利地位可以部分地解释这些中层问题。例如，设施差和培训计划的缺失可能是因为这些非重点大学从中央和地方政府得到的财政支持有限。① 另外，当地人的保守②也可能是领导对形成性评价改革保留回应的原因之一。这些现实因素和前面的文化因素一起共同阻碍了这个地区学校和管理层次上形成性评价的有效实施。

其次，政策传递是政策执行过程的关键环节，尤其是当政策采用自上而下的方式时。③ 如果这一环节没有确保到位，政策变革的主要内容，包括变革的原因、内容和方法等，将无法顺利传递给下面的政策制定者和实施者。④ 本章中有学校的形成性评价政策传递未能做到位，以致一些院长和教师皆处于迷惑不解或不知所措的状态。

最后，充分培训是所有自上而下教育改革有效实施的前提和必要条件。⑤ 形成性评价相关的改革更是需要深入而持续的培训，以确保教师在学习中能发生观念的转变，甚至理论范式的转变。⑥ 显然，本章发现的无效培训是不可能造成教师们评价认知和评价实践发生转变的。可以说，在政策传递、培训和能动性⑦三个重要环节都出现问题的情况下，形成性评价在这个地区实现促学价值的机会非常渺茫。

微观层次，形成性评价的有效实施由受过专业评价培训的教师和积极参与

---

① COSTA D, ZHA Q. Chinese Higher Education: The Role of the Economy and Projects 211/985 for System Expansion [J]. Ensaio Avaliação e Políticas Públicas em Educação, 2020, 28 (4): 1-24.
② 张志蓬. 山西人性格的文化解读 [J]. 前进, 2006 (7): 38-40.
③ ARG. Changing Assessment Practice: Process, Principles and Standards [EB/OL]. www.assessment-reform-group.org, 2009-04-30.
④ FULLAN M. The New Meaning of Educational Change [M]. 5th ed. New York: Teacher's College Press, 2015.
⑤ FULLAN M. The New Meaning of Educational Change [M]. 5th ed. New York: Teacher's College Press, 2015.
⑥ XU Y, BROWN G T L. University English Teacher Assessment Literacy: A Survey-test Report from China [J]. Papers in Language Testing and Assessment, 2017, 6 (1): 133-158.
⑦ ARG. Changing Assessment Practice: Process, Principles and Standards [EB/OL]. www.assessment-reform-group.org, 2009-04-30.

并能对自己学习负责的学生组成的课堂环境。①② 然而，本章数据分析部分显示教师们大多超负荷工作，除了极少数外，大部分教师对形成性评价都不了解；而学生则被动、惯常性依赖且功利。教师的评价素养对"教育评价的成功甚至整体教育质量至关重要"③。没有足够的评价素养，教师不知道该做什么或该如何做，课堂评价实践自然不可能发生改变。④ 学生对评价结果表现出来的功利主义似乎与古代科举时期的做法相呼应⑤，本研究的数据却揭示他们对考试结果的重视更与结果的实际用途紧密相关。例如，尽管取消学位与大学英语四、六级之间的挂钩已经降低了一些风险，但在学术或社会环境中，就业机会、奖学金和奖励等是他们不能忽视的现实。⑥ 本研究还揭示了学生的消极和不情愿参与课堂活动，可能不一定是中国学习者的固化文化特征⑦⑧，而有其他原因，如习惯性地依赖教师⑨、个人性格、有限的评价素养⑩以及英语水平低等。

这些微观层面的问题似乎还是与该地区的欠发达和这些大学的非重点地位相关。有限的财政和资源可能意味着当地大学英语教师专业发展机会受限，迈出中国接触到国外不同的学习模式和评价文化的机会更少。访谈中只有一位教师提到了海外学习经验。虽然这并不是说40位教师中，只有一位拥有海外学术

---

① Assessment Reform Group. Assessment for Learning: 10 Principles [M]. Cambridge: University of Cambridge, 2002.
② BLACK P, HARRISON C, LEE C, et al. Assessment for Learning: Putting It into Practice [M]. London: Open University Press, 2003.
③ ARG. Changing Assessment Practice: Process, Principles and Standards [EB/OL]. www.assessment-reform-group.org, 2009-04-30.
④ TAYLOR L. Developing Assessment Literacy [J]. Annual Review of Applied Linguistics, 2009 (29): 21-36.
⑤ HAN M, YANG X. Educational Assessment in China: Lessons from History and Future Prospects [J]. Assessment in Education: Principles, Policy & Practice, 2001, 8 (1): 5-10.
⑥ CHEN Q, HAO C, XIAO Y. When Testing Stakes are no Longer High: Impact on the Chinese College English Learners and Their Learning [J]. Language Testing in Asia, 2020, 10 (1), 6-21.
⑦ 陈秋仙. 论形成性评价在中国的文化适可与挪用 [J]. 山西大学学报（哲学社会科学版），2016, 39 (3): 80-90.
⑧ CARLESS D, LAM R. Developing Assessment for Productive Learning in Confucian-influenced Settings: Potentials and Challenges [M] //WYATT-SMITH C, KLENOWSKI V, COLBERT P. Designing Assessment for Quality Learning. Dordrecht: Springer, 2014: 167-182.
⑨ 苏文秀. 实施形成性评价过程中的问题及对策 [J]. 中国成人教育, 2012 (3): 99-101.
⑩ WANG W. Students' Perceptions of Rubric-referenced Peer Feedback on EFL Writing: A Longitudinal Inquiry [J]. Assessing Writing, 2014, 19: 80-96.

经验，因为访谈并未涉及教师的海外工作或学习经历。但可以确定的是，他们出国的机会绝对比国内重点大学的同行少。学生英语水平低可能也是这些大学非重点地位的后效，因为他们的招生分数线远远低于重点大学。另外，教师和学生的学习和评价经历以及意识形态也可能在其中起着作用。总体而言，这样的微观环境也无法提供形成性评价有效实施所需的条件①，留给《大学英语课程教学要求》和《大学英语教学指南》所倡导的形成性评价实现其价值的希望堪称渺茫。

当宏观、中观和微观因素综合作用，很难想象课堂评价将是何种状况，而身在其中的教师将如何平衡。② 借此，本章在回答预设研究问题的同时，也可得出结论：这个区域的整体环境并不利于形成性评价潜力的实现。至少现在来看，该区域似乎还没有实施形成性评价的必要基础。这一结论显然有悖于《大学英语课程教学要求》和《大学英语教学指南》中对形成性评价所设的目标愿景，不过可以为以自上而下的路径执行以及最终功效不佳的新政提供一些参考。③

当然，需要注意的是，并非每个大学都存在以上所有问题。此外，其中可见一些积极方面，如有教师努力尝试新的教学方法并在课堂上让权于学生参与课堂活动（NUT-2、SUT-3、SUT-4、MUT-4），也有院长（NUD、MUD、TUD）清楚地知道自己目前所处的状况以及前进方向。

更重要的是，在最近几年中，我国大学英语学科发生了一些喜人的改变。首先，中国英语语言能力标准④已经制定并正式发布，这意味着评价标准，即实施形成性评价的必要条件之一，已经可以使用。其次，最近发布的《大学英语教学指南》对评价的规定强调"平衡"以达到"课程发展的目的"，是在务实基础上的稳步推进。该文件还特别强调了外语教育对高等教育和国家发展的重要性，并要求确保人力、物力、财力和对教师培训等方面的支持。希望这些措施能够为当地吸引更多的教育投入和主管部门的关注。再次，教育部过去几年

---

① ARG. Changing Assessment Practice: Process, Principles and Standards [EB/OL]. www.assessment-reform-group.org, 2009-04-30.
② WANG L, LEE I, PARK M. Chinese University EFL Teachers' Beliefs and Practices of Classroom Writing Assessment [J]. Studies in Educational Evaluation, 2020, 66: 66-78.
③ SKEDSMO G, HUBER S G. Top-down and Bottom-up Approaches to Improve Educational Quality: Their Intended and Unintended Consequences [J]. Educational Assessment, Evaluation and Accountability, 2019, 31 (1), 1-4.
④ 该标准于2018年4月12日，由教育部国家语言文字工作委员会正式发布。

中资助了数个关于英语教师评价素养的大型项目。中国的顶尖大学，如北京师范大学和华南师范大学，都在尝试提供面对面或在线的评价素养培训。事实上，不少优质大学、出版社或机构组织的在线会议和研讨会，都免费向教师开放，其中一些会议涉及或包含评价。最后，形成性评价在大学英语领域十多年的实施已经动摇了以往终结性测试大一统的地位，并在某种程度上将评价的方向从结果扭转为过程。毫不夸张地说，该学科领域的评价环境正在发生变化。因此，这一区域形成性评价的前景并非全然黯淡。

六、启示

上述研究结果和结论对教育部2007年以来，在大学英语学科领域推出的形成性评价改革如何在本研究所在地区以及其他欠发达区域顺利付诸实施并实现预期成效提供了丰富的启示。

第一，向这些普通大学拨出更多的国家和/或地方经费，以便学校的教学设施得到妥善配置，教师得到合理的薪酬和职业素养更新的机会。第二，形成性评价政策应当在国家和学院两个层面上进一步完善，以使教师能够掌握具体实用的操作程序并理解其理论依据和宗旨。第三，形成性评价政策必须得到顺畅的传达，让每一个层面的决策者都能够理解形成性评价所带来的益处，这样他们才会努力实现这些益处。第四，对学院院长、教师和学生给予专业的、持续的培训，填补政策和实践之间的"缺失环节"。第五，采取措施，如招聘更多的教师、豁免英语水平高的学生和充分利用在线资源等，缩小班级规模，减少教师工作量，让教师有时间和精力更新他们的专业知识库和评价素养。第六，还需要领导的支持，建立条件完善、结构健全、信任和赋权的学院文化，以便教师和院长有空间和机会去创新他们的思想和教法。第七，采取自下而上的政策路径，让主要参与者能够主动回应，政策制定者能够从千丝万缕中找到清晰的思路，并反馈到政策循环链中。所有这些对于本地或类似本地的区域能够迎头赶上，实现全国英语教育平衡和公平发展都至关重要。

当然，这一结论有其局限性。因为首先受访者数量有限，4~6人仅是该校教师群体的一小部分，只能是对该校状况的局部反映。其次，这些数据是以教师自我报告的形式表达出来的。如果有课堂观察的数据加以三角验证，会更有说服力。再次，本文主要针对形成性评价实施过程中遇到的问题，特别是对中观和微观维度的供应状况进行了考察，至于形成性评价政策到底有没有对学生和他们的英语学习造成影响，以及造成了什么样的影响，将是下一个主题要探讨的内容。

我国高校英语教育领域近年来发生了一些可喜的变化。首先，如由刘建达教授主持的中国英语能力等级量表于 2018 年 2 月正式颁布，这意味着本文中老师们数次提及的评价标准缺失的问题已得到解决。其次，大学英语的新大纲《大学英语教学指南》① 也已于 2020 年年底问世。《大学英语教学指南》中首先对形成性评价的作用做了肯定，提倡"实现从传统的'对课程结果的终结性评价'向'促进课程发展的形成性评价'的转变"。《大学英语教学指南》着重强调各级教学管理部门提供人力、物力和财力等资源方面的保障，以及对教师评价知识和技能的培训。教育部也有对教师评价素养方面研究（科研立项）的支持和培训等。最后，平时评价的实施也让我国高校英语教育领域的应考倾向得到了一定程度的改变。可以说，如今该领域的评价体系发生了不小的变化，而且随着新评价政策和评价条件的变化即将发生更大的变化。但是，显而易见，在评价体系发生变化的大情境下，欠发达地区需要来自全方位各层次的关注和支持，我国才有可能实现英语教育领域在全国范围内的均衡以及公平发展。

七、小结

本章是对形成性评价在八所院校实施过程中所遭遇到的问题和挑战的汇总和提炼，也是对该地区形成性评价资源和人力供给的一个考察。借此，一方面我们希望为新一轮的教育评价改革汲取经验教训，另一方面呼吁国家对欠发达地区的非重点院校投入更多关注。

---

① 教育部高等学校大学外语教学指导委员会. 大学英语教学指南 [M]. 北京：高等教育出版社，2020.

第 IV 篇 04

影响&成效

第十章　评价政策变化对大学英语学习者的影响
——当考试不再高风险①

本章通过在我国中西部某省一所综合大学收集到的 544 份学生问卷,调查了大学英语学科评价政策的变化,尤其是取消大学英语四、六级考试与学位的关联对目标群体,即在校非英语专业的本科生及他们的英语学习所带来的影响和冲击。本章的发现对回答大学英语教育领域进行评价政策改革的成效问题或有些许参考意义。

一、引言

自 20 世纪 80 年代标准化考试因公平、高效率、低成本等成为世界范围内使用最广泛的评价形式,到现在已风行四十多年。不过,与其发展势头相伴随的是尖锐而深刻的批评。② 这些批评虽然认为标准化考试的问题与技术水平受限有关,如标准化考试只能"测量能测量的"而不是测量"应该测量"的,③ 但

---

① 本章的英文版为 CHEN Q, HAO C, XIAO Y. When Testing Stakes are no Longer High: Impact on the Chinese College English Learners and Their Learning [J]. Language Testing in Asia, 2020, 10 (1), 6-26. 本章基于全书结构和内容的综合考虑,做了一些调整,并删去了一些重复性的内容等。
② WEI W. A Critical Review of Washback Studies: Hypothesis and Evidence [M] // AL-MAHROOQI R, COOMBE C, AL-MAAMARI F, et al. Revisiting EFL Assessment. Second Language Learning and Teaching. New York: Springer, 2017.
③ SHOHAMY E. Language Tests as Language Policy Tools [J]. Assessment in Education: Principles, Policy & Practice Assessment in Education: Principle, Policy & Practice, 2007 (1): 117-130.

更倾向于将之归咎于标准化考试大规模应用并附带高风险而衍生的"强大影响力"。① 具体而言，所谓的"科学""公平"和"高效"性能，使标准化考试经常被政策制定者当作"工具"用来衡量水平、维持秩序，以及改变教学实践。②③ 对受试者而言，高风险往往导致对考试结果的过度关注，进而有意或无意地带来了各种严重后果。④⑤ 这些被统称为"反拨效应"，其中最典型的表现为"课程范围窄化""为考试而教""为考试而学"等，对教育质量提升和健康发展的制约明显。⑥ 找寻可替代评价方式，解决或弱化这些问题，进而全面提高教育质量，是当今教育评价机制改革的主要原因和动力。⑦⑧

20世纪末期以来，不少国家试图通过形成性评价的理念和机制来解决上述问题。也有一些国家尝试通过降低或消除考试的高风险性，引导教师、学生及其他利益相关者将注意力从考试本身转移到学习及其过程的方法来解决该问题。其中，威尔士于2004年取消全国小学及初中教育考试⑨和英格兰于2009年停止初中阶段的升学考试⑩就是后一派中较为突出的实例。还有的国家两手抓，在引

---

① SHOHAMY E. The Power of Language Tests，The Power of the English Language and the Role of ELT ［M］//CUMMINS J，DAVISON C. International Handbook of English Language Teaching. Boston：Springer，2007.
② CHENG L. Geopolitics of Assessment ［M］//LIONTAS J I. The TESOL Encyclopedia of English Language Teaching. Hoboken：John Wiley & Sons，2018：1-12.
③ HAMILTON L. Assessment as a Policy Tool ［J］. Review of Research in Education，2003（7）：25-68.
④ REA-DICKINS P，SCOTT C. Washback from Language Tests on Teaching，Learning and Policy：Evidence from Diverse Settings ［J］. Assessment in Education：Principles Policy & Practice，2007，14（1）：1-7.
⑤ STOBART G. The Impact of Assessment：Intended and Unintended Consequences ［J］. Assessment in Education：Principles，Policy & Practice，2003，10（2）：139-140.
⑥ MADAUS G F. The Influence of Testing on the Curriculum ［M］// TANNER L N. Critical Issues in Curriculum：English Seventh Yearbook of the National Society for the Study of Education. Chicago：The University of Chicago Press，1988：83-121.
⑦ BROADFOOT P. Introduction to Assessment ［M］. London：Continuum，2007.
⑧ SCOTT S，SCOTT D E，WEBBER C F. Assessment in Education：Implications for Leadership ［M］. New York：Springer，2016.
⑨ COLLINS S，REISS M，STOBART G. What Happens When High-stakes Testing Stops? ［J］ Assessment in Education：Principles，Policy & Practice，2010，17（3）：273-286.
⑩ DAUGHERTY R. Reviewing National Curriculum Assessment in Wales：How can Evidence Inform the Development of Policy? ［J］ Cambridge Journal of Education，2008，38（1）：73-87..

入形成性评价政策的同时，减少或降低评价的风险，我国就是这种情况。

以高等教育层次的大学英语学科为例，教育部高等教育司在正式发布和推行《大学英语课程教学要求》之前，曾专门召开新闻发布会①，倡议不要在教育和其他领域误用和滥用大学英语四、六级这一大规模外部标准化考试的结果，并主张高等教育部门和院校停止将通过大学英语四、六级考试作为本科生获得学士学位的强制性条件。可以说，至少从国家政策层面上，做到了引入形成性评价和弱化测试高风险的双管齐下。

几乎同一时间，大学英语四、六级考试也在诸多方面进行了升级性整改。例如，大力减少选择题，调整考试内容的比例（听力内容由原来的20%调整为35%），评分机制由原来的百分制变为710分的总分，以及向所有参加考试者提供成绩单而不是只给通过者提供证书等。②③

这些措施都明确说明了对大学英语教学正面反拨的意图和宗旨。然而，重结果拿高分一直是我国教育体系和教育传统的一部分。了解主要利益相关者，即大学英语学习者，如何应对这些评价方面的改变，以及降低风险是否会像政策制定者们期待的那样对他们的英语学习产生积极影响显然是非常重要的研究任务，这正是本章试图回答的研究问题。

不过，鉴于考试影响的主要制约因素不仅包括考试结果的使用，而且还包括考试科目的学科地位，下文将对本研究所基于的科目——大学英语和该学科所处的多维背景做一些简要介绍。

二、背景

（一）关于大学英语课程

大学英语（也称公共英语）是20世纪80年代中期以来，专门为中国高等学校非英语专业本科生开设的外语（EFL）必修课程。事实上，大学英语，相较于其他课程，在我国高等教育领域的地位一直有些特殊。这首先从它是高等

---

① 教育部副部长吴启迪同志在大学英语四、六级考试改革新闻发布会上的讲话［J］.外语界，2005（2）：2-4.
② 全国大学英语四、六级考试委员会.大学英语四级考试大纲［M］.上海：上海外语教育出版社，2005.
③ 金艳，杨惠中.走中国特色的语言测试道路：大学英语四、六级考试三十年的启示［J］.外语界，2018（2）：29-39.

教育领域中为数不多的拥有全国统一教学和考试大纲的学科上可以看出来。过去40年间,大学英语教学大纲经历了五版的发展①(详见第四章)。而且一直到第四版,也就是《大学英语课程教学要求》② 颁布之前,大学英语课程一般都持续两个学年,四个学期,并占到16个学分点。这是中国95%以上的本科毕业生取得学士学位所需学分的10%。虽然第四版和近期出台的第五版大学英语教学大纲《大学英语教学指南》③ 提出了减少该课程所占学分,并根据实际情况安排个性化课程的建议,但不可否认的是,大学英语对大多数本科生来说仍是一门非常重要的课程。原因有二:一是该课程的学分仍然占比很重(目前大多数情况是10到12分,重点大学有更低的趋势);二是大学英语四、六级考试作为中国本科生英语水平的外部评价标准,在公众的意识形态中接受良好,被广泛应用于学校和社会环境中,是学生毕业、获得学位、继续教育、就业以及获得大城市居住许可等的必要条件。④ 该考试也因而被认为是我国大学生在学术、事业甚至生活上取得成功的"关键"所在。⑤ 对考试结果的过度使用或滥用给大学英语课堂带来严重的负面影响和社会层面的负面效应⑥,也增加了大学英语四、六级考试的负面"影响力"。而考试设计者和管理者对这些负面影响"无能为力"。⑦

不少大学为响应教育部的倡议,将大学英语四、六级的考试结果和使用做了一些政策性调整。如给大学英语四级考试和学士学位解绑,让学生自愿选择

---

① XU J, FAN Y. The Evolution of College English Curriculum in China (1985 – 2015): Changes, Trends and Conflicts [J]. Language Policy, 2017, 16 (3): 267-289.
② 教育部高等教育司. 大学英语课程教学要求 [M]. 上海: 上海外语教育出版社, 2007.
③ 教育部高等学校大学外语教学指导委员会. 大学英语教学指南 [M]. 北京: 高等教育出版社, 2020.
④ JIN Y. The Limits of Language Tests and Language Testing: Challenges and Opportunities Facing the College English Test [M] //CONIAM D. English Language Education and Assessment: Recent Developments in Hong Kong and the Chinese Mainland. Singapore: Springer, 2014: 155-169.
⑤ CHENG L. The Key to Success: English Language Testing in China [J]. Language Testing, 2008, 25 (1): 15-37.
⑥ 杨惠中. 有效测试、有效教学、有效使用 [J]. 外国语(上海外国语大学学报), 2015, 38 (1): 2-26.
⑦ JIN Y. Powerful Tests, Powerless Test Designers? Challenges Facing the College English Test [J]. Chinese Journal of Applied Linguistics, 2008 (5): 3-11.

是否参加该考试,而不是学校的强制性要求。①② 但是对考试本身或对考试所附加的风险进行政策性调整并不能确保期望的影响一定会发生。相反,政策效应的产生是"一个互动的、多方位的进程",涉及与宏观背景(特定社会)和微观背景(学校环境)相关因素之间的相互作用。③ 因此,本章分别将本研究所处的学科宏观背景和院校微观背景加以介绍。

(二) 学科宏观背景

大学英语所处的宏观背景可分为三个维度:儒家文化(CHC)背景、中国社会政治(socio-political)背景和英语教学学科(EFL)背景,如图 10-1 所示。考试的高风险在其中每一维语境中都有极为凸显的影响力。

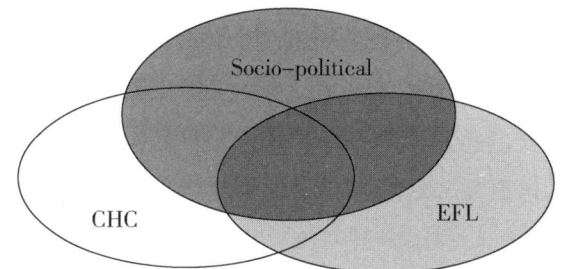

图 10-1 大学英语的三维宏观背景

科举制度在中国实行了 1300 多年,将考试在教育中的关键作用和考试结果的功利性价值推到了极致。④ 具体而言,科举考试的成功可以给考生本人及其家庭带来包括名声、财富和更高的社会地位等在内的多重益处,使力争高分、重视考试结果的思想在中国文化背景下根深蒂固。

中国现当代的社会政治环境也赋予高等教育层次的外语学习极高的风险值。众所周知,一方面,高等教育作为我国教育的重要组成部分,是国家力量、国

---

① HUANG J, LUO S Q. Formative Assessment in L2 Classroom in China: The Current Situation, Predicament and the Future [J]. Indonesia Journal of Applied Linguistics, 2014, 3 (2): 18-34.
② 王守仁,王海啸. 我国高校大学英语教学现状调查及大学英语教学改革与发展方向 [J]. 中国外语, 2011, 8 (5): 4-11, 17.
③ TSAGARI D, CHENG L. Washback, Impact, and Consequences Revisited [M] // SHOHAMY E, OR I, MAY S. Language Testing and Assessment. Encyclopedia of Language and Education. 3rd ed. New York: Springer, 2017: 359-372.
④ HAN M, YANG X. Educational Assessment in China: Lessons from History and Future Prospects [J]. Assessment in Education: Principles, Policy & Practice, 2001, 8 (1): 5-10.

家身份、国家形象的体现,是国家在全球知识经济背景下竞争力的关键指标。①② 因此,我国大学毕业生应当具备充足的学科基础知识、通用技能和良好的英语技能,并能满足未来职场的需求。③ 另一方面,全球化和竞争日益激烈的就业市场,加上自1999年以来的招生扩张,使得大学毕业生就业变得非常困难。④ 在大多数情况下,一份重点大学文凭和用良好的四、六级考试成绩为证的高英语水平对毕业生的就业起着非常重要的作用。

从学科上看,语言测试是唯一一个"对某一特定事物的测量演变成一个独立学科",并发展成为一个世界性的研究领域的学科。⑤ 在这一学科,参加大规模能力测试并努力取得高分是常见的做法。对中国在校本科生而言,参加大学英语四、六级考试并追求高分,以及带来并承受随之而来的负面反拨效应和不良后果都有其学科属性。需要注意的是,在过去的二十年中,该学科已经发生了"社会性转向",并努力融入替代性评价。⑥⑦ 本章所提及关于大学英语领域形成性评价的政策变化是这一潮流的重要组成。

研究背景之所以重要,是因为它不仅构成了环境因素,也构成了塑造参与者意识形态和行为模式的"实践共同体"⑧。本节所述的高风险观念根深蒂固的多重宏观背景,很可能会使国家试图降低风险的政策尝试变得更加复杂化。

(三) 院校微观背景

本章的数据是在位于中国中西部某欠发达省份的一所综合性大学中进行的,

---

① OUYANG O. Higher Education Reform in China Today [J]. Policy Futures in Education, 2004, 2 (1): 141-149.
② 李雪. 扛起新形势下外语教育的重大使命 [N]. 光明日报, 2021-05-08.
③ MOK K H. Promoting National Identity through Higher Education and Graduate Employment: Reality in the Responses and Implementation of Government Policy in China [J]. Journal of Higher Education Policy and Management, 2018, 40 (6): 583-597.
④ WANG J. The College English Test in China: Challenges and Suggestions [J]. Asian Journal of English Language Teaching, 2007 (17): 137-144.
⑤ DAVISON C. The Contradictory Culture of Teacher-based Assessment: ESL Teacher Assessment Practices in Australian and Hong Kong Secondary Schools [J]. Language Testing, 2004, 21 (3): 305-334.
⑥ BLOCK D. The Social Turn in Second Language Acquisition [M]. Washington, D.C.: Gerogetown University Press, 2003.
⑦ DAVISON C, LEUNG C. Current Issues in English Language Teacher-based Assessment [J]. TESOL Quarterly, 2009 (43): 393-415.
⑧ WENGER E. Communities of Practice: Learning, Meaning, and Identity [M]. Cambridge: Cambridge University Press, 1998.

即八所大学中的 CU。这所大学属于一本院校,但并未入选"211 工程"或"985 工程"。它有 100 多年的历史,是国内最早的大学之一。然而,受地理位置、地方发展水平和在中国教育界地位的限制,这所内陆大学总体上没有跟上我国教育发展的步伐。近年在其不懈努力下,该校终于于 2022 年进入国家双一流建设高校名单。本科生的招收额为 3000~4000 名,其中 95% 是非英语专业生,即大学英语的目标学生。在数据收集时,大学英语仍然是该校本科一、二年级学生的必修课,学分从之前的 16 降低至 12。但整体而言,大学英语对该校的目标学生来说仍然具有相当的分量。

该校于 2006 年调整了其关于大学英语的评价政策。首先,停止了将大学英语四、六级证书与学位和毕业挂钩的做法,而把是否参加该考试的选择权交给学生自己。也就是说,像许多其他大学那样,大学英语四、六级考试的利害关系在该校得以重新定义。[①] 同一年,这所大学对大学英语的内部评价方法进行了调整,即改变了以往完全依赖 CET-4 形式的学绩考查法,在课程评价框架中加入了"过程评价"的成分。这一调整旨在将学生的关注点由评价结果引向学习过程。另外,该校还引入口语测试作为大学英语课程综合考核的一部分。也就是说,该校学生要想获得大学英语课程的全部必修学分,需要在前两个学年的每个学期都按照学校的评价政策完成由过程评估(10%)、口试(10%)和 CET-4 形式的期末测试成绩(80%)组成的综合评价,并合格。换言之,该校大学英语课程的内部评价、外部评价以及两个评价模块所附带的风险值都发生了变化。探究并了解这种改变了的利害关系对这所大学公共英语本科生及其英语学习的影响就是本研究的既定宗旨。

三、文献综述:评价改变对学生及其学习的影响

评价历来被公认是"学生学习的决定性特征之一"[②],对学生及学生的学习

[①] HUANG J, LUO S Q. Formative Assessment in L2 Classroom in China: The Current Situation, Predicament and the Future [J]. Indonesia Journal of Applied Linguistics, 2014, 3 (2): 18-34.

[②] STRUYVEN K, DOCHY F, JANSSENS S, et al. The Overall Effects of End-of-course Assessment on Student Performance: A Comparison Between Multiple Choice Testing, Peer-assessment and Portfolio Assessment [J]. Studies in Educational Evaluation, 2006, 32 (3): 202-222.

有着相当大的影响。它不仅能够调节学生的学习目标①，塑造学生的学习方法②，还能够影响学生的学习结果，甚至影响他们的学习能力和未来发展的可能。③

更重要的是，这些影响并不是孤立存在的，而是相互关联的。例如，当学生为考试而学习时，他/她就会用自己认为能满足考试要求的方式来理解学习内容，并采取最方便的方法最大限度地提高成绩。④ 相反，如果学生是为学习本身而学习，他/她就会把目光放在完善自己上，并相应地采用高层次的认知和学习技能。⑤ 也就是说，不同的目的和导向（考试抑或学习）可能会使学生采取不同的学习方法，最终获得或肤浅或深度的学习效果。⑥ 当然，这种联系还可能受到其他因素的影响。如学生是否采用了适当的策略，以及如何分配个人时间等因素也可能产生干扰作用。在 Jiang 和 Sharpling⑦ 的研究中，几位中国学生采用各种方法成功应对英国大学的评价模式就是个人、情境、实用和文化等因素综合影响的结果。换言之，学生通常对"（有关考试的）线索"都异常警觉，同时也是"考试游戏"的高手玩家。⑧

鉴于此，评价政策的改变，如风险的降低，能否让学生的学习行为也产生

---

① MARTON F, SÄLJÖ R. Approaches to Learning［M］// MARTON F, HOUNSELL D, ENTWISTLE N. The Experience of Learning: Implications for Teaching and Studying in Higher Education. Edinburgh: Scottish Academic Press, 1997: 39-58.

② BOUD D, FALCHIKOV N. Assessment for the Longer Term［M］//BOUD D, FALCHIKOV N. Rethinking Assessment in Higher Education: Learning for the Longer term. New York: Routledge, 2007: 3-25.

③ BLACK P, WILIAM D. Assessment and Classroom Learning［J］. Assessment in Education: Principles, Policy & Practice, 1998, 5 (1): 7-74.

④ BIGGS J. Learning from the Confucian Heritage: So Size Doesn't Matter? ［J］International Journal of Educational Research, 1998 (29): 723-738.

⑤ ENTWISTLE N, ENTWISTLE A. Contrasting Forms of Understanding for Degree Examinations: The Student Experience and Its Implications［J］. Higher Education, 1991, 22 (3): 205-227.

⑥ TANG C, BIGGS J. How Hong Kong Students Cope with Assessment［M］// WATKINS D A, BIGGS J B. The Chinese Learner: Cultural, Psychological and Contextual Influences. Hong Kong: Hong Kong University Press, 1996: 159-182.

⑦ JIANG X, SHARPLING G. The Impact of Assessment Change on Language Learning Strategies: The Views of a Small Group of Chinese Graduate Students Studying in the UK［J］. Asian EFL Journal, 2011, 13 (4): 33-68.

⑧ MILLER C M I, PARLETT M. Up to the Mark: A study of the Examination Game［M］. London: Society for Research into Higher Education, 1974.

相应的变化这一论题就非常值得探究。本章探究该校大学生在大学英语评价政策和风险发生变化时的反应和应对，期望能为这一论题增添地方视角。

有研究发现，降低对四级考试结果的风险会造成情感上的影响。Wang[①]在对中国东北地区五所大学的调查中证实了这点。他发现由于这几所大学将四级英语考试与学位证书脱钩，将学生的四级考试通过率与英语教师的工资脱钩，学生和教师的压力得到了一定程度的缓解。不过，该校的管理者仍然密切关注着学生的分数和考试通过率。因此，得出结论：要让利益相关者和管理者在理论和思想上都接受这一变化，还需要一些时间。

另有调查发现，降低风险的举措对大学英语教学课堂的影响颇为复杂，在某些情况下，甚至会产生消极影响。例如，孙慧[②]通过三角数据源对我国中部两所大学的180名学生和40名教师进行问卷调查发现：教师和学生都只愿意在表面上进行改变。或者说，他们愿意改变教学内容和学习内容，但不愿意改变教学方式和学习方式。辜向东和肖巍[③]对284名学生的调查也有类似发现：学生的最终策略使用仍然更倾向于应试，而不是以学习为中心。

当然，也有相对积极的发现。例如，辜向东和她的同事[④]通过学习日记对110名学生的学习经历进行调查得出的结论：降低风险确实可以对学生的英语学习产生积极影响，但只是短期的。原因是学生在英语考试中想取得高分的动机（如寻求更好的就业和进一步学习的机会等）没变，其他因素（如课程、教学要求以及把教科书作为教学材料）也基本上没有改变。这一发现在Chen和May[⑤]的研究中得到了呼应。该研究也表明，尽管英语四级考试与学位证书脱钩，但其考试成绩仍用于奖学金或奖励等其他目的，因而所谓的降低风险对学生和他

[①] WANG Q. The National Curriculum Changes and Their Effects on English Language Teaching in the People's Republic of China [M] // CUMMINS J, DAVISON C. International Handbook of English Language Teaching. New York：Springer，2007：87-105.

[②] 孙慧. 期望与现实：新大学英语四级考试对大学英语教学的反拨作用调查研究 [D]. 长沙：中南大学，2008.

[③] 辜向东, 肖巍. CET对我国非英语专业大学生考试策略使用的反拨效应研究 [J]. 外语测试与教学，2013（1）：30-38.

[④] 辜向东, 张正川, 刘晓华. 改革后的CET对学生课外英语学习过程的反拨效应实证研究——基于学生的学习日志 [J]. 解放军外国语学院学报，2014，37（5）：32-39.

[⑤] CHEN Q, MAY C L. Chinese EFL Students' Response to an Assessment Policy Change [M] //GUO X U, YAN J. Assessing Chinese Learners of English：Language Constructs, Consequences and Conundrums. London：Palgrave MacMillian，2016：199-218.

们的外语学习意义不大。

综上所述，降低外在评价的风险似乎尚未达到预期的效果。如今有必要深入了解这些评价变化是否已经成功发酵。本书从学生的角度调查他们对这一变化的看法，是因为作为政策变化的重要目标群体，学生对改革的看法是改革成败最有力的声音和证据，而学生的体验是了解评价改革复杂性的关键渠道。①

四、研究方法

（一）研究问题

为回答大学英语评价政策的变化，尤其是评价风险的降低对学生大学英语学习的影响，本研究尝试回答如下四个问题：

（1）降低评价风险对学生参加大学英语四、六级考试与否有什么影响？

（2）降低评价风险是否有助于引导学生更多关注英语学习本身？程度如何？

（3）降低评价风险对学生的英语学习动机有什么影响？程度如何？

（4）降低评价风险对学生的英语学习方法有什么影响？程度如何？

我们希望通过对学生在参加或不参加考试的行为、应试或学习导向、英语学习动机和学习方法等方面的调查能回答预设问题，并映射另一个重要问题：降低大学英语评价风险的政策在多大程度上实现了其原始意图？

（二）研究工具

本研究所采用的调查问卷基于作者的相关研究。② 该问卷经过先行测试，确保调查对象对问卷的项目内容、格式及目的有一致的理解。此外，还咨询了相关专家以确保其活力和有效性。

本章选择性地使用了问卷中与英语四级考试有关的两个部分（见附录Ⅲ）。第一部分是六个关于学生基本信息的内容，包括性别、专业、年级、学生自身认为的英语水平，以及他们来自的地区等。第二部分有五个问题，涉及学生对政策变化的了解，他们参加考试的状况，以及政策变化对他们英语学习导向、

---

① HAMP-LYONS L. The Impact of Testing Practices on Teaching in Hinkel [M] //HINKEL E. The Handbook of Research in Second Language Teaching and Learning. Mahwah: Lawrence Erlbaum Associates Publisher, 2007: 487-504.

② 陈秋仙. 形成性评价在中国之原理、政策及实施：基于英语学科的社会文化视角 [M]. 北京：科学出版社，2012.

动机和学习方法的可能影响,这些问题为数据分析提供了指导性线路。

问卷采用李克特(Likert)五级量表,其中 1 代表"非常不同意",5 代表"完全同意"。另外,问卷上附有伦理声明,以便参与者了解有关研究和研究者的所有必要信息。此外,还明确指出该问卷的匿名、自愿及无风险性,即明确告知学生填写与否,或怎么填写问卷与其学科评价无关联。

(三)参与者

考虑到该校年招生数为 3000 人左右,课题组向来自该校 300 名大一新生和 300 名大二学生发放了问卷,共收回有效问卷为 544 份,回收率为 90.6%。这些受试者的人数统计信息见表 10-1。

表 10-1 受试基本情况

变量	类别	频率	百分比(%)
性别	男性	224	41.2
	女性	320	58.8
	总计	544	100
专业	文科	260	47.8
	理科	257	47.2
	其他	27	5.0
	总计	544	100
年级	大一	294	54.0
	大二	250	46.0
	总计	544	100

如表所示,受试在性别(女性 58.8%,男性 41.2%)、专业(文科 47.8%,理科 47.2%)和年级(大一 54.0%,大二 46.0%)方面都大致平衡。鉴于这所大学的综合性质,可以说这些数字为本研究提供了一个很好的样本。

另外,数据的初步统计显示,343 人(62.8%)的受试学生认为自己的英语水平为"中等",更有 182 人,即 33.3%的同学认为自己的英语水平属于"低"或"非常低"。只有 19 名学生(3.5%)对自己的英语水平有信心,选择"高"或者"非常高"来形容其英语水平。至于生源地,544 名受试者中来自经济欠发达地区的学生 288 人,占到总人数的 52.9%,来自中等发达地区的学生占比

34.7%，共189人，只有67人（12.3%）来自经济发达地区。而生源地域发达程度和学生的英语水平两个变量的交叉分析（见表10-2）显示了教育水平和经济发展程度之间的密切联系。

表10-2 区域发达程度与英语水平的相关性

		英语能力										总计	
		非常高		高		中		低		非常低			
		人数	%	人数	%	人数	%	人数	%	人数	%	人数	%
区域发达程度	发达	1	0.2%	4	0.7%	37	6.8%	19	3.5%	6	1.1%	67	12.3%
	中等	1	0.2%	10	1.8%	127	23.3%	45	8.3%	6	1.1%	189	34.7%
	欠发达	0	0	3	0.6%	179	33%	84	15.4%	22	4.0%	288	53.3%
总计		2	0.4%	17	3.1%	343	63.1%	148	27.2%	34	6.2%	544	100%

也就是说，生源地的经济发展程度越低，学生报告的英语水平也趋向低水平；反之，生源地的经济发展程度越高，则自我报告的英语水平也更高。这个趋势在一定程度上说明：学生在基础教育阶段所能够获得的英语学习资源给养状况确实对他们的英语学习成效有影响。接受调查的学生对自己英语低水平的认知可能和大多数学生来自当地，即中西部某不发达省份有关。此外，该大学是国内一所普通大学，与一流大学相比，该校学生的入学成绩并不高，他们的语言水平除特殊情况外，也与当地不够发达的外语教育状况相关。①

（四）数据分析

收集到的数据按照严格的编码和输入程序，② 导入SPSS 22.0软件系统。数据分析分几个步骤进行：首先，采用统计学方法对所有问卷项目的具体频率分布进行描述性数据统计，其目的是方便对数据结果有概括性了解。其次，建立逻辑回归模型（logistic regression model）。本研究虽然旨在从多个潜在因素中提取具有显著差异的因素，但这组数据中使用的自变量，如性别、学年、英语水

---

① XIANG L, STILLWELL J, BURNS L, et al. Measuring and Assessing Regional Education Inequalities in China under Changing Policy Regimes [J]. Applied Spatial Analysis and Policy, 2020, 13 (1): 91-112.

② MORGAN G A, LEECH N L, GLOECKNER G W, et al. SPSS for Introductory and Intermediate Statistics [M]. London: Routledge, 2011.

平等，大多是定类变量而非定序变量，① 因此只能用建立多指标逻辑回归模型进行分析。最后，对应分析（correspondence analysis）。这是为了更清楚地阐释两组分类变量之间的关系。这三重分析及其产生的分析结果成为本文回答设定研究问题的依据。

五、结果和讨论

在回答四个预设问题之前，我们先行调查了该校受试学生对政策变化的了解情况。

（一）大学英语四级考试现状的改变

前文院校微观背景已经提及，该大学自 2006 年起响应国家政策的号召，停止了将英语四级考试成绩与学士学位挂钩的行为。调查问卷的第一个问题"我知道参加大学英语四级考试是自愿的，学校并没有强制要求"就是为了了解学生对这一变化的了解状况。我们认为这个问题是后面调查降低风险对学生学习影响的前提，因为如果学生不了解这个政策变化，就不可能会对其产生任何影响。受试学生对这个问题的回答见表 10-3。

表 10-3 学生对大学英语四级考试风险改变的认知

	1+2		3		4+5		总计		平均值	标准差
	n	%	n	%	n	%	n	%		
问题 1	153	28.1	101	18.6	290	53.3	544	100	3.39	1.268

注：1 强烈反对，2 不同意，3 中立，4 同意，5 完全同意。

从表 10-3 可以看出，290 名（53.3%）被调查的学生清楚或相当清楚英语四级考试在该校的可选择状态。这在某种意义上表明，被调查的大学确实已经将这一政策付诸实践。但不清楚或不确定这一变化的学生也分别有 153 人（28.1%）和 101 人（18.6%）。这似乎会让人产生该校未向所有学生有效地传递了这一信息的忧虑。当然，该校将英语四级考试与学位脱钩的政策是在 10 年前就开始实施的。有可能教师们已经觉得没有必要再在课堂上强调这一变化，

---

① LEECH N L, BARRETT K C, MORGAN G A. SPSS for Introductory and Intermediate Statistics：IBM SPSS for Introductory Statistics Use and Interpretation [M]. London：Routledge，2015.

所以学生没有完全意识到。无论原因如何，近一半的同学（46.7%）对这一政策的不确定性认知是随后调查该变化对他们大学英语学习状况影响的潜在障碍。特此声明，以下针对四个问题的发现和分析皆基于这一认知。

（二）降低风险对学生参加考试的影响

为了回答第一个研究问题，即降低大学英语评价的风险对学生参加大学英语四、六级考试的影响，问卷请学生回答"无论学校要求与否，我都会参加四级考试"。学生对该问题的回答见表10-4。

表10-4 学生参加大学英语四级考试的情况

	1+2		3		4+5		总计		平均值	标准差
	n	%	n	%	n	%	n	%		
问题2	36	6.6	30	5.5	478	87.9	544	100	4.26	0.981

注：1 强烈反对，2 不同意，3 中立，4 同意，5 完全同意。

如表10-4所示，87.9%的学生（478人）表示（同意或非常同意），无论学校有没有要求他们都会参加考试。只有6.6%（36人）的学生回答说，如果学校不要求，他们就不参加。另外还有5.5%（30人）的参与者对是否参加考试犹豫不决。

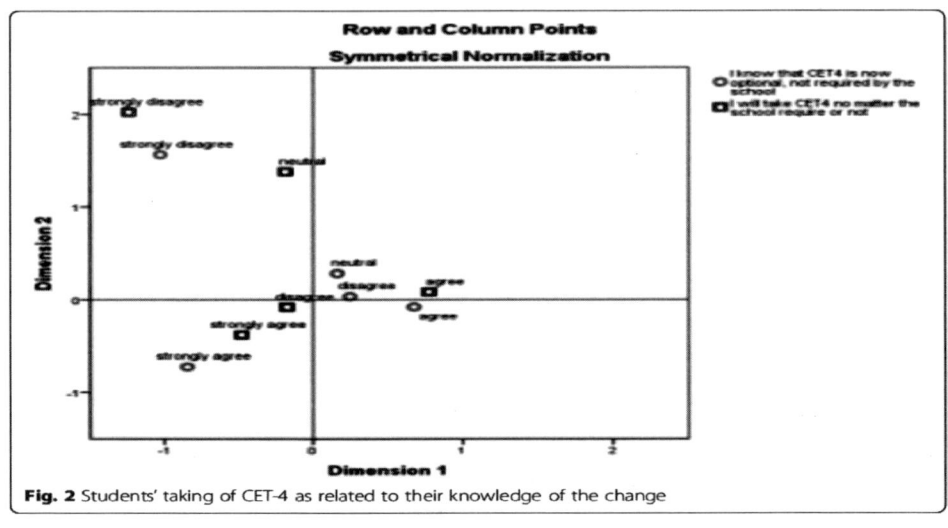

图10-2 学生参加CET-4的状况与学生对CET-4在该校的变化之间的关系

与之前CET-4是强制性参加的情况相比，6.6%和5.5%的比例无疑是降低外部评价风险给这所大学带来的变化。也就是说，有一小部分学生已经意识到如果他们不想参加考试就不必参加，而且没有达不到要求就拿不到学位证或无法顺利毕业的危险。为了确定学生是否参加考试与他们是否了解学校关于 CET-4 要求的变化之间是否有关联，我们对这两组数据进行了对应分析。结果见图 10-2。

如图显示，两者之间存在着反向相关的可能。也就是说，与那些不知道这一变化的人相比，知道大学英语四级考试不再是取得学位证必要条件的学生，更有可能无视这一变化，而选择仍然参加考试。这表明，学生参加或不参加考试的原因好像比我们之前的预期更复杂，也暗示了这些学生关注的并不一定仅仅是学校对学位的要求，而是可能超越了学校范围的、更重要的事情在起作用。

这个暗示在调查数据中得到了验证。我们对受试学生参加 CET-4 原因的调查显示，就业、证明自己的英语水平和证明自己的能力是学生参加 CET-4 考试的三个主要原因（见表 10-5）。

表 10-5　学生参加大学英语四级考试的原因

	学生应对	
		频率
原因	习惯	40
	证明自己	136
	对就业有帮助	279
	证明英语能力	229
	其他	37

注：这一问题是多选题，学生可选择所有自己认为恰当的选择项。

表 10-5 的数据显示，大学英语四级考试在该校情境中接受度良好，至少是受试学生认可的、衡量英语水平的有效指标，也是助力其自信的力量源泉。但同样可以从表中看出的是：就业，即社会政治环境中的高风险，是影响高校学生是否参加大学英语四级考试的最重要因素。换言之，学校政策如何变化，对大多数学生来说影响并不大。大学英语四级考试确实对学生获得学位证的威胁已经消失，但对他们走出校园后获得就业机会的影响依旧存在，而且显然后者的影响力更大。从这个意义上讲，学校降低大学英语四级考试的风险值仅影响

到了少数学生，大多数学生群体的应试行为基本保持不变就很容易理解了。

（三）降低风险对学生英语学习导向的影响

问卷用"风险降低后，我更关注英语学习本身了"来试图为第二个研究问题（降低大学英语四级考试的风险对学生英语学习导向有什么影响？）寻找答案。受试学生对该问题的回答显示，大约一半的参与者（49.6%）在大学英语四级考试成为可选科目后倾向于更加关注英语学习本身，19.6%的参与者认为他们的英语学习目标没有变化，而30.8%的参与者对这个问题持中立态度。这个数据可以在一定程度上证明，正如该政策所期望的那样，降低大学英语四级考试的风险确实以积极的方式影响了近一半学生的学习取向。

随后，研究人员建立了一个多元逻辑回归模型来探究可能影响学生对该问题回答的因素，结果见表10-6。

表10-6 影响学生学习导向的因素

		估计值	标准误差	卡方值	自由度	显著性	95%置信区间	
							下限	上限
阈值	Q3＝1	−1.532	0.503	9.299	1	0.002	−2.517	−0.548
	Q3＝2	0.137	0.480	0.081	1	0.775	−0.803	1.077
	Q3＝3	1.616	0.485	11.100	1	0.001	0.665	2.567
	Q4＝4	3.248	0.498	42.558	1	0.000	2.272	4.224
定位	性别＝0	0.249	0.167	2.205	1	0.138	−0.080	0.577
	性别＝1	0[a]	—	—	0	—	—	—
	专业＝1	0.128	0.370	0.119	1	0.730	−0.598	0.853
	专业＝2	0.256	0.367	0.485	1	0.486	−0.464	0.976
	专业＝3	0[a]	—	—	0	—	—	—
	年级＝1	0.308	0.162	3.647	1	0.056	−0.008	0.625
	年级＝2	0[a]	—	—	0	—	—	—
	英语能力＝1	22.539	0.000	0.	1	0.	22.539	22.539
	英语能力＝2	0.815	0.546	2.227	1	0.136	−0.255	1.885
	英语能力＝3	1.333	0.337	15.683	1	0.000	0.673	1.992
	英语能力＝4	0.890	0.348	6.536	1	0.011	0.208	1.572
	英语能力＝5	0[a]	—	—	0	—	—	—

注：Eng pro，英语能力；多元逻辑回归模型 [a] 此参数由于赘余被设置为0。

逻辑回归分析得出的相关参数（表10-6）显示，专业、学年、性别等因素与学生对该问题的回答没有明显的统计学意义（sig>0.05），但学生的英语水平在统计学上是有意义的（sig<0.05）。另外，沃尔德检验（Wald）的结果分别为 $x^2=15.683$，$x^2=6.536$。这几个数值意味着学生的英语水平确实影响到了他们的英语学习导向。随后，我们采用交叉分析法对学生英语水平如何影响其英语学习导向进行了进一步挖掘，结果见表10-7。

表10-7 学生的英语水平及其英语学习取向

		我的英语能力水平						总计	
		非常高及高		中等		低及非常低			
问题3	强烈反对及不同意	3	15.8%	53	15.5%	51	28%	107	19.7%
	中立	10	52.6%	106	30.9%	52	28.6%	168	30.9%
	同意及完全同意	6	31.5%	184	53.6%	79	43.4%	269	49.4%
	总计	19	100%	343	100%	182	100%	544	100%

如表中所示，269名（49.4%）受试学生同意或完全同意他们的英语学习导向受到了积极的引导。其中，成绩中等（53.6%）和成绩较差（43.4%）的学生比成绩好的同学（31.5%）受到的影响更大。此外，超过一半（52.6%）的高英语水平学生都倾向于保留他们对这个问题的意见；另有15.8%的高英语水平者否定他们受到大学英语四级考试风险变化的影响。这似乎与Chen和May[①]的质性研究结果产生了共鸣效应，即成绩中等和较差的学生受评价政策变化的影响最大，因为考试成败对他们来说很重要；而成绩好的学生通常在任何类型的评价中都能取得好成绩，根本没有类似的担心，因而能够做到无论评价政策如何变化，他们所关注的都是学习。

（四）降低风险对学生英语学习动机的影响

问卷用"四、六级考试成为选修课后，我学习英语的积极性降低了"来为第三个研究问题（降低大学英语四级考试的风险对学生的英语学习动机有什么

---

① CHEN Q, MAY C L. Chinese EFL Students' Response to an Assessment Policy Change [M]//GUO X U, YAN J. Assessing Chinese Learners of English: Language Constructs, Consequences and Conundrums. London: Palgrave MacMillian, 2016: 199-218.

影响?) 找寻答案。544 名受试者对这个问题的回答表明，大学英语四级考试的可选性似乎对学生的学习动机产生了一些负面影响（见表 10-8）。

表 10-8 对学生英语学习取向的影响

	1+2		3		4+5		总计		平均值	标准差
	n	%	n	%	n	%	n	%		
问题4	354	65.1	116	21.3	74	13.6	544	100	2.29	0.986

注：1 强烈反对，2 不同意，3 中立，4 同意，5 完全同意。

具体而言，有 74 名（13.6%）受试者明确表示，随着风险降低，他们学习英语的积极性确实降低了；有 116 名受试者，即 21.3%的人，对这一问题犹豫不决或选择保留意见。考虑到大学英语在中国高等教育中原本的强制性质和主导地位，这两个数据说明该政策对学生学习动机的影响还是相当明显的。幸运的是，65.1%的参与者选择了"不同意"或"强烈不同意"。这又似乎表明，通过大学英语四级考试和获得学位证书不再是学生的首要关注点后，大多数同学仍然保持有良好的学习英语动力。

为进一步验证学生学习动机的影响机制，我们再次将四个变量（专业、年级、性别、学生的英语水平）进行多元回归分析，并建立逻辑回归模型（见表 10-9）。

表 10-9 影响学生英语学习动力的因素

		估计值	标准误差	卡方值	自由度	显著性	95%置信区间	
							下限	上限
阈值	Q4=1	-1.667	0.493	11.449	1	0.001	-2.633	-0.701
	Q4=2	0.308	0.487	0.400	1	0.527	-0.646	1.262
	Q4=3	1.563	0.494	10.025	1	0.002	0.595	2.530
	Q4=4	3.839	0.584	43.206	1	0.000	2.694	4.983

续表

		估计值	标准误差	卡方值	自由度	显著性	95%置信区间	
							下限	上限
定位	性别=0	0.186	0.170	1.206	1	0.272	−0.146	0.519
	性别=1	0[a]	—	—	0	—	—	—
	专业=1	−0.161	0.376	0.183	1	0.669	−0.899	0.577
	专业=2	−0.273	0.374	0.534	1	0.465	−1.006	0.460
	专业=3	0[a]	—	—	0	—	—	—
	年级=1	−0.056	0.164	0.117	1	0.733	−0.377	0.265
	年级=2	0[a]	—	—	0	—	—	—
	英语能力=1	−0.050−	1.334	0.001	1	0.970	−2.664	2.563
	英语能力=2	−0.986	0.562	3.075	1	0.080	−2.008	0.116
	英语能力=3	−0.300	0.337	0.791	1	0.374	−0.961	0.361
	英语能力=4	0.283	0.351	0.653	1	0.419	−0.404	0.970
	英语能力=5	0[a]	—	—	0	—	—	—

注：[a]此参数由于赘余被设置为0。

如表所示，模型中预设的变量（专业、年级、性别和英语水平）在统计意义上都不具有显著特征（sig>0.05）。这表明，学校降低四级考试风险的举措对学生学习英语动机的影响在这些方面都不明显。这也表明学生学习动机的问题可能需要更多的、更全面的数据或者用访谈等质性数据深挖。

（五）降低风险对学生英语学习方法的影响

问卷用"参加大学英语四级考试是不是可选择并不影响我学习英语的方法"来为第四个研究问题（降低大学英语四级考试的风险对学生的英语学习方法有什么影响？）找寻答案。受试学生的反应见表10-10。

表 10-10　对学生英语学习方法的影响

	1+2		3		4+5		总计		平均值	标准差
	n	%	n	%	n	%	n	%		
问题5	135	24.8	161	29.6	248	45.6	544	100	3.29	1.101

注：1 强烈反对，2 不同意，3 中立，4 同意，5 完全同意。

如上表所示，有 135（24.8%）的受试学生声称他们受该评价政策变化的影响，调整了英语学习方法；29.6% 的学生选择了中立；但剩下近一半同学（45.6%）否认这一变化对他们英语学习方法的影响。这一部分同学的反应与之前孙慧[①]以及辜向东、肖巍[②]的研究发现大体一致。即 CET-4 的风险在学校政策中的变化对大部分学生的学习方式影响并不大。不过，近四分之一的受试学生对该问题的积极回应显示出一些新的甚至相反的情况。换言之，大学英语四级考试的风险变化对一部分学生的英语学习方法还是有些影响的。当然，具体是怎样的影响，或者说，学生的英语学习方法到底发生了什么样的变化，尚需用访谈、观察等适合深挖的质性方法来进一步考察。

我们再次建立逻辑回归模型来探究大学英语评价政策变化对学生学习方法的可能影响，得到表 10-11 的结果。

表 10-11　影响学生学习方法的因素

		估计值	标准误差	卡方值	自由度	显著性	95%置信区间	
							下限	上限
阈值	Q5=1	−2.344	0.501	21.869	1	0.000	−3.326	−1.361
	Q5=2	−0.644	0.479	1.809	1	0.179	−1.582	0.294
	Q5=3	0.667	0.479	1.941	1	0.164	−0.271	1.605
	Q5=4	2.313	0.489	22.382	1	0.000	1.355	3.271

---

① 孙慧. 期望与现实：新大学英语四级考试对大学英语教学的反拨作用调查研究［D］. 长沙：中南大学，2008.
② 辜向东，肖巍. CET 对我国非英语专业大学生考试策略使用的反拨效应研究［J］. 外语测试与教学，2013（1）：30-38.

续表

<table>
<tr><th colspan="2"></th><th>估计值</th><th>标准误差</th><th>卡方值</th><th>自由度</th><th>显著性</th><th colspan="2">95%置信区间</th></tr>
<tr><th colspan="2"></th><th></th><th></th><th></th><th></th><th></th><th>下限</th><th>上限</th></tr>
<tr><td rowspan="12">定位</td><td>性别 = 0</td><td>-0.020</td><td>0.166</td><td>0.014</td><td>1</td><td>0.905</td><td>-0.345</td><td>0.306</td></tr>
<tr><td>性别 = 1</td><td>0^a</td><td>—</td><td>—</td><td>0</td><td>—</td><td>—</td><td>—</td></tr>
<tr><td>专业 = 1</td><td>-0.086</td><td>0.369</td><td>0.054</td><td>1</td><td>0.816</td><td>-0.810</td><td>0.637</td></tr>
<tr><td>专业 = 2</td><td>0.140</td><td>0.366</td><td>0.147</td><td>1</td><td>0.702</td><td>-0.578</td><td>0.859</td></tr>
<tr><td>专业 = 3</td><td>0^a</td><td>—</td><td>—</td><td>0</td><td>—</td><td>—</td><td>—</td></tr>
<tr><td>年级 = 1</td><td>-0.107</td><td>0.160</td><td>0.441</td><td>1</td><td>0.507</td><td>-0.421</td><td>0.208</td></tr>
<tr><td>年级 = 2</td><td>0a</td><td>—</td><td>—</td><td>0</td><td>—</td><td>—</td><td>—</td></tr>
<tr><td>英语能力 = 1</td><td>1.792</td><td>1.338</td><td>1.795</td><td>1</td><td>0.180</td><td>-0.830</td><td>4.414</td></tr>
<tr><td>英语能力 = 2</td><td>0.757</td><td>0.545</td><td>1.930</td><td>1</td><td>0.165</td><td>-0.311</td><td>1.824</td></tr>
<tr><td>英语能力 = 3</td><td>0.656</td><td>0.332</td><td>2.913</td><td>1</td><td>0.048</td><td>0.006</td><td>1.306</td></tr>
<tr><td>英语能力 = 4</td><td>0.315</td><td>0.345</td><td>0.835</td><td>1</td><td>0.361</td><td>-0.360</td><td>0.990</td></tr>
<tr><td>英语能力 = 5</td><td>0^a</td><td>—</td><td>—</td><td>0</td><td>—</td><td>—</td><td>—</td></tr>
</table>

注：Eng pro，英语能力；多元逻辑回归模型^a此参数由于赘余被设置为0。

如上表相关参数所示，性别、学习年份和专业三个预设变量都不具备统计学意义。也就是说，这三个因素对学生改变英语学习方法的影响几乎可以忽略不计，也似乎没什么差别。但是，学生的英语水平在统计学意义上依旧是相关的（sig<0.05，$x^2=3.913$），且相关最大的是那些将自己的英语水平列为"中等"的学生。这显然是个有意思的发现。不过，至于为何这类学生对这一变化很敏感，则超出了本研究的拟定范畴，将可作为进一步研究的内容和方向。

六、结论

由如上的数据和分析可以得出结论：将大学英语四级考试与在校本科生的学位证脱钩来降低该考试的风险值，对该校大学生的英语学习产生了一些影响。这种影响在一定程度上是积极的，也正如决策制定者所期望的那样。如有相当多的学生（49.6%），特别是成绩较差和中等的学生，开始将英语学习的导向从应试转向更关注英语学习本身；也有近四分之一的学生随着风险的降低相应地调整了其学习英语的方法。当然，学校降低CET-4风险的举措也带来了一些意想不到的结果。如有部分学生（13.7%）学习英语的积极性随之降低了，其中一半学生（6.9%）更是完全放弃了参加考试的打算。正如院校管理者和教师所担心的那样，这可能会导致这些同学英语学习效果的下降和毕业时英语水平的不尽如人意。虽然这种情况主要发生在成绩中等和较差的学生身上，但由于该校英语水平普遍不高的学生占比较大，因此是个值得关切的问题。

不过总体而言，这所综合性大学学生的英语学习和参加大学英语四级考试的情况并没有发生实质性的变化。有近一半（45.4%）的学生依旧按之前的方式学习英语，大多数学生（64.9%）的英语学习动机仍和之前一样。最重要的是，无论发生了什么变化，大多数学生（87.6%）仍然会参加考试。因此，降低外评价风险以减弱反拨效应的政策意图在该校似乎只在有限的程度上得到了实现。

鉴于大学英语四级考试模式的学绩考试在该校大学英语内部评价框架中仍占主导地位（80%），学生们采用相对稳定的学习方法是可以理解的，毕竟，这门课对他们在大学四年中的学术获得还是很重要的。而且，尽管大学英语的课程评价方式发生了一些变化，但教师依旧需要遵守学校规定的统一教学大纲和课程安排，并像以前一样使用指定的教科书。这些变化发生时，教师也没有得到评价和教学法方面的专业培训。因此，学生的英语学习方法稳定，仅因为应对这些变化而略有改变并不奇怪。

至于学生为何对学习英语和参加大学英语四级考试的积极性依然很高，首先，要归功于大学英语课程在微观背景下的重要程度。如前所述，该课程占大学生需要获得学士学位所要求的12个必修学分。这是任何一位想获得学位的在校本科生都无法忽略的。其次，大学英语四级证书在社会环境中对就业和其他实际目的具有的重大意义同样是该校学生无法忽略该课程的重要原因。这一点在本研究和其他研究中皆得到了证明。[1][2] 最后，是国人关于考试的思维定势和

---

① CHEN Q, MAY C L. Chinese EFL Students' Response to an Assessment Policy Change [M] //GUO X U, YAN J. Assessing Chinese Learners of English: Language Constructs, Consequences and Conundrums. London: Palgrave MacMillian, 2016: 199-218.

② 辜向东，肖巍. CET对我国非英语专业大学生考试策略使用的反拨效应研究 [J]. 外语测试与教学，2013（1）: 30-38.

行为模式，如对考试及其结果的强调、儒家文化意识形态中教育功利性的思想，①② 以及当代社会政治空间对大学英语四、六级证书作为个人英语能力证明的高接受度等。

因此，可以说学校层次对大学英语四级考试风险的政策变化只降低了这一外部评价在学校范围内仅限于大学英语学科的风险值。至于学校范围之外，如该考试在社会领域的风险，却不是学校政策所能触及或改变的。换言之，这一政策举措只影响到了微观范畴和三重宏观背景中的学科维度。也就是说，这一举措实际上只是轻微触动了利益相关者及至整个社会都已经习惯并接受的复杂评价体系。它可能给这一体系带来一些波动，但远未达到实质性改变的程度。对于学生参与大学英语四级考试方面的积极性、英语学习的动机和方法等的影响自然也不会太明显。而且，近半数学生所认可的学习导向的转变表明学生在某种意义上愿意停止以往的应试导向行为，更专注于提高其英语水平。

以上发现和结论对我国大学英语评价政策的制定和课堂教学有着重要意义。首先，为了使评价成为明显改善学生英语学习行为和学习成果的有效工具，高层或国家层面的政策制定不仅需要考虑评价政策的好坏，还需要考虑它所处的社会政治和文化背景。正如本研究结果显示的那样，这些背景的影响和由此产生的后果可能会消除大部分政策带来的各种可能。此外，为了缓和高分机制的负面影响，至少在内部评估系统中，需要消除唯高分制，否则，只要这种利害关系存在，大多数学生都不可能忽视它。

其次，鉴于学生有把学习导向从考试转向英语学习的倾向，教师需要适当地改变其教学方法，鼓励学生更关注过程，积极参与到课堂内外的活动中。更重要的是，教师有义务向学生展示如何提高英语能力，而不是仅仅教学生如何应付考试。否则，学生极可能会退回到原有的学习方法。

最后，本研究的数据量有限，而且是在一所大学进行的。未来我们的研究将致力于收集覆盖面更广、来源更多样化的数据，进行更深入、更全面的调查，挖掘本研究发现却未能解决的问题。如文中提到的，为什么学生会有这样的反

---

① HAN M, YANG X. Educational Assessment in China: Lessons from History and Future Prospects [J]. Assessment in Education: Principles, Policy & Practice, 2001, 8 (1): 5-10.
② POOLE A. 'Complex Teaching Realities' and 'Deep Rooted Cultural Traditions': Barriers to the Implementation and Internalization of Formative Assessment in China [J]. Cogent Education, 2016, 3 (1): 1-14.

应，他们的学习取向、动机和方法是如何相互作用的等等。

七、小结

本章用 544 份问卷的数据调查了解了评价政策的变化，尤其是评价风险值的降低对中西部某省域一所综合大学内对学生大学英语考试和学习的影响。结果显示，该校评价政策的变化带给学生的影响并不是很明显，并没有带来学生评价观和评价实践的实质性改变。

但这样的结论毕竟是基于一所大学的一部分学生获得，不足以充分回答大学英语学科评价政策的变化带给学生的影响问题，也不能完全回答引入形成性评价政策的成效问题。于是我们在实地调查之外，借助国内外发表的相关文献，用元分析（第十一章）和主题综述（第十二章）的方法，对这两个问题进行了尝试性解答。

第十一章 形成性评价对我国英语学习者的影响 I：政策借用视角下的元分析[①]

本章采用了元分析的方法，在跨国界比较的基础上，对相关文献中关于形成性评价在我国英语教育领域的促学成效进行了量化的分析考察。经过缜密的运算和检验，我们发现形成性评价在我国英语教育的效应值为 0.46，处于 Black 和 Wiliam 声称的效应值（0.4~0.7）域内。

一、引言

Black 和 Wiliam[②]于 1998 年发表的经典综述，在系统分析教育领域重要英文期刊发表的 250 项相关研究后，得出结论：基于课堂的形成性评价可带来可观的学习成效（效应量=0.4-0.7），是提高教育标准"最有力的工具"之一。这一结论一方面将形成性评价推上风口浪尖，被认为是引起过去 20 年来全球范围内教育评价改革的重要推动力。[③][④] 另一方面，该结论也招致不少批评与质

[①] 本章的英文版文章具体信息为：CHEN Q, LI H. Formative Assessment in China and Its Effects on EFL Learners' Learning Achievement: A Meta-Analysis from Policy Transfer Perspective [J]. The Educational Review, 2021, 5 (9): 355-366.
[②] BLACK P, WILIAM D. Assessment and Classroom Learning [J]. Assessment in Education: Principles, Policy & Practice, 1998, 5 (1): 7-74.
[③] BERRY R, ADAMSON B. Assessment Reform in Education [M]. HK: Spring, 2011.
[④] BROWN G, GEBRIL A, MICHAELIDES M. Teachers' Conceptions of Assessment: A Global Phenomenon or a Global Localism [J]. Frontier in Education, 2019 (4): 16-27.

疑。例如，Hattie 和 Timperley① 以及另一位学者 Shute② 首先发起批评攻势。他们肯定形成性反馈对学习成效的潜在影响，但也郑重指出这个过程极其复杂，必须在满足某些必要条件和适当的机制下，其成效才可能在课堂实践中实现。Dunn 和 Mulvenon③ 则对 Black 和 Wiliam④ 综述中着重依赖的八项主要研究以及后续十年间发表的九项实证研究进行批判性分析，在此基础上郑重指出：证明形成性评价学习潜力的科学证据并不充分，要得出正面结论尚需更多的支持和证据。Bennett⑤ 也认为 Black 和 Wiliam 对形成性评价促学功效的论证远远不足，所用的科学论据，尤其是其中的定量研究，不是"无法追踪、存在缺陷、过时"，就是"尚未公开发表"。这些批判和质疑在引起学界关注的同时，也让学者们开始思考：如今诸多国家都引入的形成性评价政策到底是否能够将基于盎格鲁文化和英文文献中所声称的促学功效迁移过来？如果答案是肯定的话，迁移程度如何？如果否定的话，原因是什么？

随着形成性评价在世界范围的高调入场，关于形成性评价促学功能在不同教育情境下的迁移性俨然是教育界一个颇引人关注的研究课题。不少针对这一论题的研究随即出现。例如，对基于法语国家和地区（法国、比利时、加拿大和瑞士）105 项研究的综合分析⑥发现，只有四项研究对形成性评价的有效性提出了保守但不一致的结论。其中，第一项研究中第一学期的形成性评价效果是积极，但后来未能保持下去；第二项研究中的学生对评价的态度有很大改善，但评价对学习内容（拼写）和成绩的影响非常小；第三项在加拿大魁北克进行的准实验性研究显示法语和数学等科目受到正向影响（效应量为 0.56），但研

---

① HATTIE J, TIMPERLEY H. The Power of Feedback [J]. Review of Education Research, 2007, 77 (1): 81-112.
② SHUTE V. Focus on Formative Feedback [D]. Princeton: Educational Testing Service, 2007.
③ DUNN K E, MULVENON S W. A Critical Review of Research on Formative Assessments: The Limited Scientific Evidence of the Impact of Formative Assessments in Education [J]. Practical Assessment, Research, and Evaluation, 2009, 14 (7): 1-11.
④ BLACK P, WILIAM D. Assessment and Classroom Learning [J]. Assessment in Education: Principles, Policy & Practice, 1998, 5 (1): 7-74.
⑤ BENNETT R E. Formative Assessment: A Critical Review [J]. Assessment in Education: Principles, Policy & Practice, 2011, 18 (1): 5-25.
⑥ ALLAL L, LOPEZ L. Formative Assessment of Learning: A Review of Publications in French [M] // Formative Assessment: Improving Learning in Secondary Classrooms. Paris: OECD Publication, 2005: 241-264.

究方法的信息不足以证明其有效性；最后一项研究则未能排除诊断技术的影响。简言之，法语源文献中可证明形成性评价对学习产生正向影响的经验证据并不充分。

在美国，学者 Kingston 和 Nash[①] 对 13 篇关于形成性评价对 K-12 学生影响的文献进行元分析发现：其平均效应值仅为 0.20，英语、数学与科学学科的统计效应值分别为 0.32、0.17 和 0.09。之后，Klute 等学者[②]从 19 个符合条件的研究中得出了 30 个关于小学生的效应量，算出形成性评价在美国情境下的效应量均值 d=0.26，而且该效应量的大小受学科影响。如数学学科的效应量为 0.36，而阅读则是 0.22。Lee 等学者[③]的综述收录了 33 篇美国最新文献，得出形成性评价对美国 K-12 学生学习的平均效应值（d=0.29）略高。从学科而言，数学学科的个体效应为 0.34，识字是 0.33，而艺术是 0.29。这三个源自美国教育情境的效应数值都比 Black 和 Wiliam[④] 所得出的 0.40 到 0.70 低得多。不过，也有例外，美国学者 Graham 等人[⑤]在分析了 27 项关于积极反馈对美国 1～8 年级学生写作表现影响的研究后，计算出的总体效应量为 0.61。这个数字基本与 Black 和 Wiliam 从英语源文献中得出的结论相当，且处于较高的位置。当然，Graham 等学者所基于的写作学科与其他研究不同也是事实。综合美国情境的数个研究，可以基本得出结论：形成性评价的学习潜力很可能与学科或课程科目相关。

另有 Flórez 和 Sammons[⑥] 对 33 篇发表于 1998 年至 2010 年间的英语和西班牙语源文献进行定性分析发现：虽然参与者对形成性评价可能给学生学习和成

[①] KINGSTON N, NASH B. Formative Assessment: A Meta-analysis and a Call for Research [J]. Educational Measurement: Issues and Practice, 2011, 30 (4): 28-37.

[②] KLUTE M, APTHORP H, HARLACHER J, et al. Formative Assessment and Elementary School Student Academic Achievement: A Review of the Evidence [M]. Regional Educational Laboratory Central, 2017.

[③] LEE H C, HUY Q, ZHANG Y, et al. The Effectiveness and Features of Formative Assessment in US K-12 Education: A Systematic Review [J]. Applied Measurement in Education, 2020, 33: 124-140.

[④] BLACK P, WILIAM D. Assessment and Classroom Learning [J]. Assessment in Education: Principles, Policy & Practice, 1998, 5 (1): 7-74.

[⑤] GRAHAM S, HEBERT M, HARRIS K R. Formative Assessment and Writing: A Meta-analysis [J]. The Elementary School Journal, 2015, 115 (4): 523-547.

[⑥] FLÓREZ T, SAMMONS P. A Literature Review of Assessment for Learning: Effects and Impact [D]. Oxford: University of Oxford, 2013.

绩带来的正向影响有充分认识，但可靠的统计证据只限于少数实验研究，而且很可能和学科相关。他们于是强烈建议未来研究扎根于特定学科领域，而不是试图囊括所有学科。

鉴于此，本研究拟采用元分析的方法，通过中英文两种语源的文献资料，来考察形成性评价对我国英语学科领域学生学习成效的影响。另外，鉴于中国社会文化、历史制度等与形成性评价原则起源地有差异，本章的元分析希望能够有助于深化学界对形成性评价跨国界和跨文化政策借用过程中复杂性的理解。

二、背景

如前所述，教育部自21世纪初起就逐步将形成性评价用大纲等纲领性文件的形式引入教育的各层次和各学科。以非母语的英语教学（EFL）学科为例，针对基础教育（1~9年级）阶段的《国家基础教育英语课程标准（2001年版）》《义务教育英语课程标准（2011年版）》《义务教育英语课程标准（2022年版）》，针对中等教育（10~12年级）的《国家高中英语课程标准（2003年版）》《普通高中英语课程标准（2017年版）》《普通高中英语课程标准（2020年版）》和针对高等教育阶段的《大学英语课程教学要求》和《大学英语教育指南》等全国通用大纲都无一例外地倡导和强调形成性评价的融入，以达到提高学习成效和教育质量的目的。

形成性评价虽然通过上述政策性文件在我国英语教育领域取得了合法地位，却不得不面对根深蒂固的以考试为主导的应试文化和以测试为主体的评价体系。[1] 而事实上，从基础教育到高等教育，甚至更高层次的教育领域，英语学科都占据着重要的地位。在中考、全国高考、全国研究生入学考试等这类决定着学生能否成功进入下一阶教育门槛的高风险考试中，英语所占据比例高达15%~20%。更重要的是，我国教育情境下功利性严重，剧场效应盛行，考试的关键作用以及其附带的沉重后果使考试大纲最终成为事实上的教学大纲，[2] 即考什么，学什么；不考的内容则往往被忽视。换言之，在我国的英语课堂中起主

---

[1] 金艳，孙杭. 中国语言测试理论与实践发展40年：回顾与展望[J]. 中国外语，2020（4）：4-11.
[2] CHENG L, CURTIS A. The Realities of English Language Assessment and the Chinese Learner in China and Beyond [M] //CHENG L, CURTIS A. English Language Assessment and the Chinese Learner. New York：Routledge, 2010：3-12.

导作用的依旧是考试文化。①

在这样的教育情境中推行形成性评价,最终造成了"两种评价模式相互竞争的"现象出现。② 现有的终结性评价以问责和选拔为主要目的,而新兴的形成性评价以提高学习成效为目的。两种看上去完全不同的评价模式并行,以及由此产生的紧张关系不仅会使教师和学生等利益相关者处于两难境地,③ 也可能额外增加实现形成性评价政策期望效果的难度。④

三、形成性评价在我国英语教育领域的实施和效果

形成性评价在我国英语教育领域的艰难历程可在几个较大规模的文献综述中窥得一斑。Huang 和 Luo⑤ 对 2001 年至 2012 年包括期刊论文、教育类报纸以及未发表的博士论文在内的相关文献进行了综述,发现形成性评价在中国面临着来自文化背景的阻挠、基础条件的限制、教学法过时以及评价素养欠缺等困境。更重要的是,无论政策和学术热情如何高涨,形成性评价在中国仍处于"萌芽阶段",而且存在"研究不足,理解不深,实施不当"等问题。⑥ 但该综述对形成性评价在中国教育情境中的实施效果并没有关注。

---

① CHEN J, BROWN G T L. High-stakes Examination Preparation that Controls Teaching: Chinese Prospective Teachers' Conceptions of Excellent Teaching and Assessment [J]. Journal of Education for Teaching, 2013, 39 (5): 541-556.
② LIU J, XU Y T. Assessment for Learning in English Language Classrooms in China: Contexts, Problems and Solutions [M] // REINDERS H, MIDEROS D, ROBERTS N, et al. Innovation in Language Learning and Teaching: New English Learning and Teaching Environments. London: Palgrave Macmillan, 2017: 17-37.
③ REA-DICKINS P. Understanding Teachers as Agents of Assessment [J]. Language Testing, 2004, 21 (3): 249-258.
④ CARLESS D, LAM R. Developing Assessment for Productive Learning in Confucian-influenced Settings: Potentials and Challenges [M] //WYATT-SMITH C, KLENOWSKI V, COLBERT P. Designing Assessment for Quality Learning. Dordrecht: Springer, 2014: 167-179.
⑤ HUANG J, LUO S Q. Formative Assessment in L2 Classroom in China: The Current Situation, Predicament and the Future [J]. Indonesia Journal of Applied Linguistics, 2014, 3 (2): 18-34.
⑥ HUANG J, LUO S Q. Formative Assessment in L2 Classroom in China: The Current Situation, Predicament and the Future [J]. Indonesia Journal of Applied Linguistics, 2014, 3 (2): 18-34.

袁树厚和束定芳[①]的综述涵盖了 2002 年至 2016 年英语教育领域在 18 个主要期刊上发表的 158 篇文章。他们的综述提及但并未深入探究形成性评价在中国实施的有效性，而是特别提醒：其中 21 个实证研究中得出了积极结论，但其结论的信度尚有待进一步考证。另一文献综述[②]在审查了发表于中国核心期刊的 97 篇相关论文后，对形成性评价的促学效能得出了相反的结论。他们认为形成性评价在我国英语教育领域的实施效果很乐观，也很有前景，而且其效果在大多数实证研究中都得到了证明。当然，这一结论是在认可所有研究的信度和效度的前提下得出的。更近的一个综述[③]在回顾 2007—2018 年期间发表在 5 个 SSCI 期刊和 9 个 CSSCI 期刊上的论文后，指出形成性评价的促学功效在英语口语课和写作课上是积极的，但在其他科目上的学习效果并不十分突出。Min 等[④]学者对最近 10 年关于中国英语学科领域的相关文献进行批判，认为形成性评价的价值在该领域尚未得到充分认识；如何通过评价使学习效果最大化，在中国语境中尚有待继续探索。这些评论似乎达成了共识：（1）不管政策制定者和学术界对形成性评价的促学功能多么期待，在我国教育情境下践行形成性评价是困难而复杂的；（2）迄今为止，形成性评价在我国英语教育领域的效能有待探索的空间还很大，需要走的路还很长。本章对形成性评价及其促学功能的元分析致力于为这一空间的探索和要走的路提供一些参考数据。具体而言，本章的元分析主要回答两个问题：

（1）形成性评价对中国学生的英语学习成效有什么影响？

（2）形成性评价对中国学生英语学习的效能受到哪些因素的干扰？

四、研究方法

（一）元分析方法

本章主要内容是对形成性评价在我国英语教育领域的促学成效进行元分析。

[①] 袁树厚，束定芳. 我国外语教学中的形成性评价研究：回顾与思考（2002—2016）[J]. 外语教学理论与实践，2017（4）：51-56，21.

[②] 黄剑，罗少茜，林敦来. 国内外教育形成性评价研究述评：回顾与建议[J]. 外语测试与教学，2019（3）：1-9，43.

[③] 金艳，孙杭. 中国语言测试理论与实践发展 40 年：回顾与展望[J]. 中国外语，2020（4）：4-11.

[④] MIN S, HE L, ZHANG J. Review of Recent Empirical Research（2011-2018）on Language Assessment in China [J]. Language Teaching, 2020, 53（3）：1-25.

元分析是一种统计工具，通常用于：(1)综合分析一系列回答同一个研究问题的实证研究的量化结果，获得一个平均效应量，作为"群体效应的代表"；(2)找出、确定这些研究的调节变量，并以此来解释效应的变化轨迹和调节变量彼此间的关系。① 该研究方法非常适合本章对形成性评价在中国英语非母语教学语境中的有效性进行总体评价，并对可能的影响因素进行初步调查。我们选择元分析的另一个原因是，它是前面提及的诸多同类文献用来论证或反证形成性评价功效的方法。本研究选择元分析方法可以将我国的情况与其他国家进行比较。

(二) 文献检索和采用标准

本研究严格遵循了元分析的常规程序，即搜索文献—选择或排除研究—编码—分析—撰写五步法。②

第一步文献搜索采用了数据库搜索这一元分析常用的搜索策略。③ 具体而言，是在中国知网（CNKI）上，用关键词"形成性评价""形成性评估""学习促进评价"和"英语"进行交叉检索。形成性评价是在2000年以后才引入中国，在这之前的相关实证性研究很少，因此时间跨度设定为"2000年至现在"。需要说明的是，我们在中国知网上的搜索仅限于中文社会科学引文索引（CSSCI），即中国学术界公认的核心期刊列表，以确保本研究所引用的文献质量符合标准。其次，我们将"formative assessment/assessment for learning""English"和"China"作为关键词在ERIC和EBSCO两个大型英语资源数据库中进行交叉检索。

中英文数据库检索最初确定了2248篇文献。之后，我们对文献标题和摘要进行了快速浏览，将数据集中到201篇疑似相关文献。然后，两位研究人员分工仔细阅读了这些研究的方法和结果部分，对文献进行了进一步的筛选。进一步筛选参照的四个标准分别是：(1) 是关于形成性评价或促学评价在我国英语学科的研究，并涉及对学生学习成绩的影响；(2) 是定量的实证性研究；(3) 研究设计有控制组或比较组的比较；(4) 有可以计算效应量的统计数据。最终确定

---

① LI S, WANG H. Traditional Literature Review and Research Synthesis [M] // PHAKITI A, DE COSTA P, PLONSKY L, et al. The Palgrave Handbook of Applied Linguistics Research Methodologies. Palgrave Macmillan, 2018: 123-144.

② LI S, WANG H. Traditional Literature Review and Research Synthesis [M] // PHAKITI A, DE COSTA P, PLONSKY L, et al. The Palgrave Handbook of Applied Linguistics Research Methodologies. New York: Palgrave Macmillan, 2018: 123-144.

③ 同①

了 27 篇符合条件的文献,将其纳入本次元分析。这一文献检索、筛选和确定的流程也被称为普里斯马流程①(见图 11-1)。

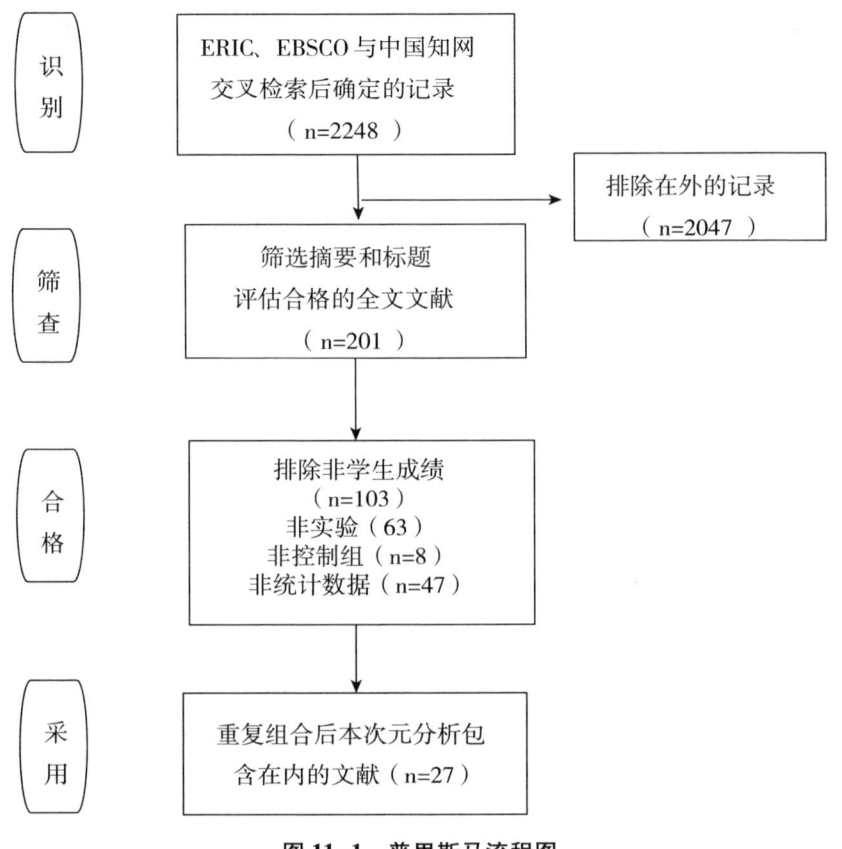

图 11-1 普里斯马流程图

(三) 编码方案

第二步编码是在仔细阅读确定的 27 篇文献全文的基础上进行。对基础数据的编码过程,首先显示出六种形成性评价策略类别(见表 11-1)。

---

① MOHER D, LIBERATI A, TETZLAFF J, et al. Preferred Reporting Items for Systematic Reviews and Meta-analyses: The PRISMA Statement [J]. Annals of Internal Medicine, 2009, 151 (4): 264-269.

表 11-1 形成性评价策略

方法和手段	频率
学生参与评价	11
使用反馈	11
档案袋	8
基于计算机的形成性系统	7
课程嵌入的评价	2
其他（会议、日志、日记或观察评价活动）	10

可以看出，这 27 项研究采用的形成性评价策略并不相同。不过，无论是让学生参与评价，利用反馈机制、档案袋，借用人工智能形成性系统，还是课程嵌入式评价，都确实进行了形成性干预。另外需要说明的是，其中有个别研究采用了多种处理方式，因此这 27 项研究的结果可能不是某单一手段的结果，而是多种形成性评价策略综合作用所致。

之后我们对 27 篇文献的学科领域、教育水平、样本量和实验时间等显性变量进行了编码（见表 11-2）。在编码过程中，有四项研究出现了不同的非重叠人口统计数据，如多个科目[1][2][3]，不同班级[4]或不同年级[5]。当组间潜在调节变量有差异时，分组的重要性高于计算整个研究的效应均值。[6] 因此，这些研究涉及的 10 个亚组在统计上被独立处理，最终本次元分析得到 33 个效应量。

---

[1] 王京华，李丽娟，吴晓燕，等. 形成性评价对英语学习策略影响的实验研究 [J]. 河北大学学报（哲学社会科学版），2006（4）：121-125.
[2] 王京华，马建桂. 大学英语阅读教学中的形成性评价实验研究 [J]. 宁夏社会科学，2006（5），152-154.
[3] 陈舜孟. 形成性评价对英语学习者情感的影响实验研究 [J]. 教育探索，2007（11）：120-121.
[4] 唐雄英，章少泉. 新型评价在大学英语教学中的实施和问题 [J]. 外语与外语教学，2007，39（1）：14-19.
[5] 王华. 写作档案袋评价过程中不同评价主体的探索研究 [J]. 外语界，2011（2）：90-96.
[6] BORENSTEIN M，HEDGES L V，HIGGINS J P T，et al. Introduction to Meta–Analysis [M]. Hoboken：Wiley，2009.

表 11-2 纳入元分析的研究文献及其基本信息

作者和年份		学科领域	样本数量	教育水平	持续时间
盛湘君（2005）		综合英语	58	高中	
王京华等（2006）	科目一	英语听力	301	大学	3学期
	科目二	英语阅读			
	科目三	英语写作			2年
王京华、马建桂（2006）		英语阅读	301	大学	1学期
陈舜孟（2007）	科目一	综合英语	104	大学	1学期
	科目二	英语口语			
唐雄英、章少泉（2007）	一组	英语写作	559	大学	12周
	二组	英语写作			
莫俊华（2007）		英语写作	49	大学	7周
张人（2008）		综合英语	117	高中	1学期
曹芳等（2008）		综合英语	1000	大学	15周
肖武云、曹群英（2009）		英语听力	60	大学	1学年
张梅（2010）		综合英语	120	大学	1学年
满长君（2011）		综合英语	77	高中	1学期
王华（2011）	一组	英语写作	900	大学	8周
	二组	英语写作			
	三组	英语写作			
周颖（2011）		综合英语	43	大学	1学年
蒋学清（2011）		英语写作	92	大学	1学期
冯蕾、高淑芬（2012）		英语写作	63	大学	1学年
喻萍（2013）		英语听力	195	大学	1学年
Zheng & Li（2014）		英语口语	56	大学	16周
李燕（2014）		综合英语	48	大学	2学年
唐锦兰（2014）		英语写作	303	高中	2学期
黄红兵（2015）		英语写作	149	大学	15个月
张春雨、魏晓谨（2015）		英语口语	76	高中	1学年
封娜（2015）		英语词汇	66	高中	未提及
毕鹏晖（2017a）		英语词汇	70	大学	6周
毕鹏晖（2017b）		英语听力	66	大学	12周

续表

作者和年份		学科领域	样本数量	教育水平	持续时间
张荔（2017）		英语写作	59	大学	1学期
Chen & Li（2017）		英语写作	57	大学	1学年
Zhang & McEneaney（2020）		英语写作	198	大学	15周

表11-2显示了这33个研究/亚研究在四个方面的基础信息。从教育层次上讲，有6个小组以高中生为研究对象，其余的27个小组，即高达81.8%的研究，都是基于高等教育，而涉及小学阶段的形成性评价研究没有。就课程或科目而言，14个是基于英语写作课堂，8个是关于综合英语教学，余下的4个涉及英语听力，3个英语口语，2个英语阅读和英语词汇课程，涵盖了英语学科的大部分科目。实验持续时间从6周到2年不等。其中持续一学期（9个）或一学年（7个）的最为常见，占到总数的39.4%。样本规模也有小有大，介乎43到1000名学生之间。这些变量无疑为这项研究增添了更多的活力。这些数据被输入综合元分析软件（CMA 3.0）作为协变量来协助回答本研究预设的关于形成性评价对我国学生英语学科学习成效和影响的两个问题。

（四）分析

数据分析分四个步骤进行。第一步，计算效应量。元分析中最常使用的计算方法是按照Cohen效应量公式（ES）[1] 计算33个小组的效应量。本研究运行综合元分析软件CMA计算无偏差d值，即标准化的均值差异。第二步，检验异质性。采取这一方法是为了检查各研究文本之间的变化比率到底是异质性还是偶然性造成的。[2] 本研究采用了Q值和I值的平方指数（I^2）确定效应量之间的异质性，和不同效应值之间的关系。[3] 第三步，分析发表偏倚。本研究通过视觉检查漏斗图来评价发表偏倚，漏斗图的X轴是效应量，Y轴是效应量的标准误差。[4] 第四步，元回归分析和调节变量分析。鉴于各研究文本之间存在明显的异

---

[1] COHEN J. Statistical Power Analysis for the Behavioral Sciences [M]. 2nd ed. New York：Erlbaum，1988.

[2] BORENSTEIN M，HEDGES L V，HIGGINS J P T，et al. Introduction to Meta-Analysis [M]. Hoboken：Wiley，2009.

[3] BORENSTEIN M，HEDGES L V，HIGGINS J P T，et al. Introduction to Meta-Analysis [M]. Hoboken：Wiley，2009.

[4] BORENSTEIN M，HEDGES L V，HIGGINS J P T，et al. Introduction to Meta-Analysis [M]. Hoboken：Wiley，2009.

质性，本研究使用元回归分析来确定可能的调节变量和调节程度，以解释潜在的研究异质性。①

五、研究结果

（一）效应量的计算

首先，用综合元分析软件 CMA 计算出 33 项研究文本中每一项的效应大小，也就是平均值之间的差异，以量化自变量（形成性评价策略的使用）和因变量（学生成绩）之间的关系。这次计算生成了 33 个效应值和研究文本的森林图（图 11-2）。

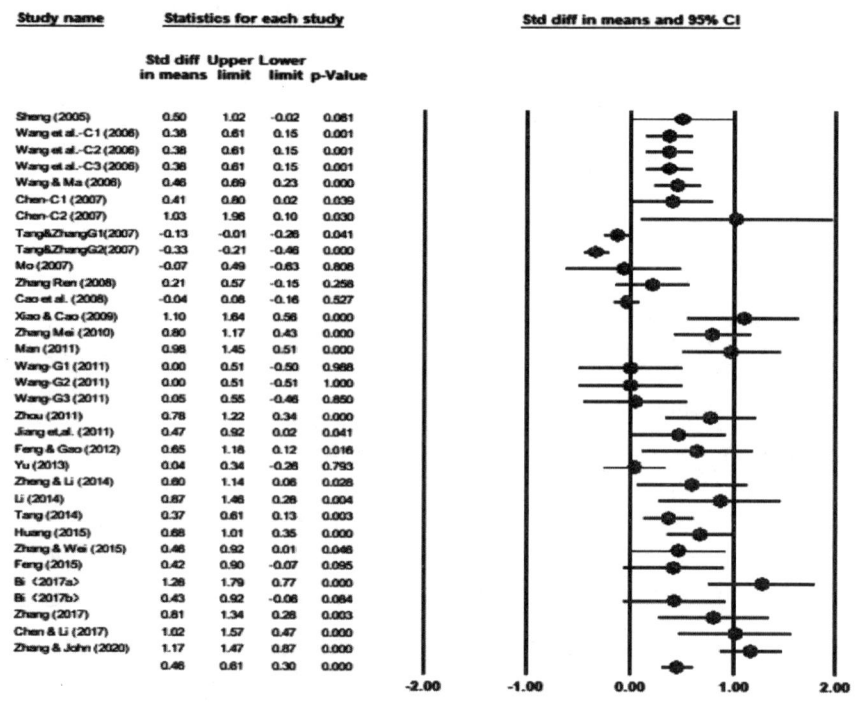

图 11-2 效应量森林图

如图所示，33 个小组数据的加权平均效应 d=0.46，95% 置信区间为 0.30~0.61。森林图中不同研究的效应量不同，可描述为以其置信区间为界的点价计值。除 4 个外，其余 29 个效应量都是正值。33 个效应值中有 29 个正值表明，

---

① BORENSTEIN M, HEDGES L V, HIGGINS J P T, et al. Introduction to Meta-Analysis [M]. Hoboken: Wiley, 2009.

形成性评价干预措施很大程度上对我国学生的英语学习成绩产生了积极影响。

(二) 异质性检验

紧接着对计算出的 33 个效应量进行异质性检验。其目的是验证不同研究之间的效应量差异是由于异质性而非偶然性造成的。[1] CMA 分析软件的运行结果如表 11-3 所示。

表 11-3 异质性检验

Heterogeneity		
Q	P	I^2
259.90	0.000	87.69

可以看到，Q 值统计量为 259.90。这一数据表明效应量之间的变异远远大于偶然的预期（$P<0.001$）。I^2 值为 87.69，高于 75% 的基准值，同样表明 87.69% 的效应大小变异不能用研究参与者的抽样分布来解释。这也意味着本章包括的 27 个研究（或 33 个亚研究）之间存在着明显的异质性。鉴于这 33 项研究之间明显的异质性，其效应量可以被视为来自不同但相关的实验群体的样本。这一结果支持使用随机效应法进行元分析。[2]

(三) 发表偏倚分析

按照元分析的常规程序，我们用不对称漏斗图对这些研究的发表偏倚进行了评估测试，结果如图 11-3 所示。对漏斗图（图 11-3）的直观观察可以看出 33 个研究数据（显示为空心圆）在平均值周围分布并不太对称（$d=0.16$），这说明存在发表偏差的可能。为确定该发表偏倚是否有统计学意义，我们对数据又进行了埃格检验，[3] 检验结果见表 11-4。

---

[1] BORENSTEIN M, HEDGES L V, HIGGINS J P T, et al. Introduction to Meta-Analysis [M]. Hoboken：Wiley, 2009.
[2] BORENSTEIN M, HEDGES L V, HIGGINS J P T, et al. Introduction to Meta-Analysis [M]. Hoboken：Wiley, 2009.
[3] BORENSTEIN M, HEDGES L V, HIGGINS J P T, et al. Introduction to Meta-Analysis [M]. Hoboken：Wiley, 2009.

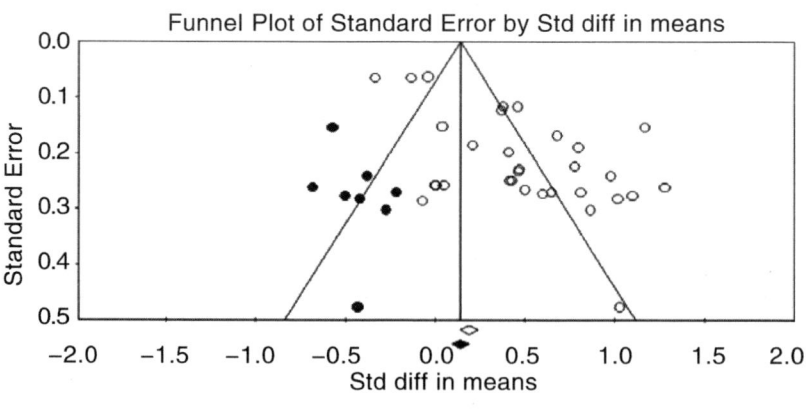

图 11-3 学生成绩漏斗图

表 11-4 埃格检验

95%置信区间			标准误差	P
下限	平均值	上限		
2.46	3.90	5.33	0.70	0.000

如表 11-4 所示，该检验显示 P 值为 0.000，从而证实这些研究数据在统计学意义上存在一定的发表偏倚。于是，我们又尝试用修剪填充（Trim-and-Fill）和罗森塔尔失安全系数法（Rosenthal's fail-safe N）来评估所存在的发表偏倚是否会影响元分析结果的有效性。修剪填充调整显示，需要再纳入 8 项研究（图 11-3 中的实心圆）才可以使得漏斗图的两边对称①。这意味着发表偏倚需要再有 8 项研究才能拉平。另一方面，罗森塔尔失安全系数的结果则表明，需要再有 1251 项研究文本才能得到一个不显著的 P 值（表 11-5）。

表 11-5 罗森塔尔失安全系数

罗森塔尔失安全系数		
观察研究	丢失研究	P
33	1251	0.000

1251 这一数字远远超过了罗森塔尔的标准 5k+10=175（其中 k 指的是效应

---

① DUVAL S, TWEEDIE R. A Nonparametric 'Trim and Fill' Method of Accounting for Publication Bias in Meta-Analysis [J]. Journal of the American Statistical Association, 2000, 95 (449): 89-98.

量数目，本例中 k=33)，说明发表偏倚对本研究中的元分析结果影响不大，于是发表偏倚也得到了验证。

在异质性检验和发表偏倚都得到验证的情况下，现在可以确定形成性评价在中国英语教育领域是有效的，且平均效应量为 d=0.46。

（四）调节因素和元回归分析

之后，我们对编码过程中显示出的四个协变量（学科领域、教育水平、样本量和持续时间）进行了元回归分析，以期为表现出的多余变异性做出解释，即测试这些变量能否解释（未校正的）相关关系中一些研究文本间的变异。[①] 随机效应模型下的元回归分析，如下表所示。

表 11-6 各个模型系数

各个模型系数				
模型	总体变量	模型不可阐释	模型可阐释	R^2 系数
持续时间	0.1257	0.1257	0.0000	0.00
教育水平	0.1257	0.1254	0.0003	0.00
学科领域	0.1257	0.1121	0.0136	0.11
样本量	0.1257	0.0343	0.0914	0.73

根据 Cohen[②] 的相关系数 R^2 标准，实验持续时间的长短和实验所基于的教育层次这两变量与中国英语领域形成性评价的效应基本上不相关（0.00）；实验所处的学科领域仅弱相关（0.11）；但是，实验的样本量则是强相关（0.73）。也就是说，教育水平和时间长短并没有在效应量变化中占很大比重。或者说，无论实验时间长短，受试者来自哪个教育层次，形成性评价对中国学生的英语学习都是有效的。

两个相关变量（学科和样本量）被作为主要调节因素，进一步探讨学习特征和学生学习成绩之间的关系。表 11-7 和表 11-8 分别显示了回归分析的结果。

[①] BORENSTEIN M, HEDGES L V, HIGGINS J P T, et al. Introduction to Meta-Analysis [M]. Hoboken: Wiley, 2009.

[②] COHEN J. Statistical Power Analysis for the Behavioral Sciences [M]. 2nd ed. New York: Erlbaum, 1988.

表 11-7　学科领域调节分析

学科领域	效应量和95%置信区间					
	n	下限	平均值	上限	标准误差	变量
英语写作	14	0.10	0.23	0.36	0.13	0.02
综合英语	8	−0.33	0.44	1.21	0.70	0.30
英语听力	4	−0.02	0.46	0.93	0.24	0.60
英语口语	3	0.03	0.65	1.27	0.32	0.10
英语词汇	2	0.13	0.84	1.55	0.36	0.13
英语阅读	2	−0.48	0.44	1.36	0.46	0.21
总计	33	0.28	0.49	0.69	0.10	0.01

表 11-8　样本量调节分析

样本量	效应大小和95%置信区间					
	n	下限	平均值	上限	标准误差	变量
<100	15	0.52	0.69	0.85	0.08	0.00
100~500	12	0.34	0.48	0.62	0.07	0.01
500~1000	6	−0.31	−0.12	0.07	0.10	0.01
总计	33	−0.08	0.35	0.78	0.22	0.05

如表 11-7 所示，形成性评价的干预措施似乎对所涉学科领域都有效，只是程度不同。具体来说，一方面，形成性评价对中国学生的英语词汇学习（0.84）和口语成绩（0.65）效果最好，对综合英语（0.44）和阅读（0.44）以及听力（0.46）的效果适中，而对英语写作科目（0.23）的效果不大。

另一方面，如表 11-8 所示，形成性评价的干预措施在较小的样本上似乎效果较佳，样本量小于 100 的效果最好（0.69），其次是样本量为 100~500（0.48），然后是样本量为 500~1000（−0.12）。需要注意的是，−0.12 意味着样本量在 500~1000 时，形成性评价会对学生的学习产生负面影响。

六、讨论

上述分析和结果对两个研究问题做出了回答。

第一个研究问题"形成性评价对中国学生的英语学习成绩有什么影响?"旨在探究形成性评价对我国英语教育领域的促学功效。本文通过 27 项研究样本中的 33 个效应量,计算出形成性评价在该学科领域的效应量均值为 0.46。该数值介于 Black 和 Wiliam① 在其开创性评论中所述的 0.4~0.7 靠近低端的地方。异质性测试和发表偏倚分析验证了这一结果,并倾向于给第一个研究问题以具有积极意义的答案,即形成性评价确实对我国学生的英语学习产生了正面的积极影响。

考虑到测试在英语学科中的主导地位,② 以及我国以考试为特色的评价传统,③ 这一结果相当鼓舞人心,并在某种意义上表明,近二十年形成性评价政策至少在英语学科领域产生了不错的结果。鉴于形成性评价在我国仍处于"萌芽阶段"④,且我国政府正大力推行新一轮的教育评价变革,形成性评价效能的前景还是相当值得期待的。但是,这并不能成为盲目乐观的依据,因为不止一位学者提出过形成性评价相关研究的信度和效度问题。⑤⑥⑦ 此外,形成性评价依

---

① BLACK P, WILIAM D. Assessment and Classroom Learning [J]. Assessment in Education: Principles, Policy & Practice, 1998, 5 (1): 7-74.
② 金艳,孙杭. 中国语言测试理论与实践发展 40 年:回顾与展望 [J]. 中国外语, 2020 (4): 4-11.
③ KENNEDY K J. Exploring the Influence of Culture on Assessment: The Case of Teachers' Conceptions of Assessment in Confucian-heritage Cultures [M] //BROWN G T L, HARRIS L R. Handbook of Human and Social Conditions in Assessment. New York: Routledge, 2016: 404-419.
④ HUANG J, LUO S Q. Formative Assessment in L2 Classroom in China: The Current Situation, Predicament and the Future [J]. Indonesia Journal of Applied Linguistics, 2014, 3 (2): 18-34.
⑤ HUANG J, LUO S Q. Formative Assessment in L2 Classroom in China: The Current Situation, Predicament and the Future [J]. Indonesia Journal of Applied Linguistics, 2014, 3 (2): 18-34.
⑥ 袁树厚,束定芳. 我国外语教学中的形成性评价研究:回顾与思考 (2002—2016) [J]. 外语教学理论与实践, 2017 (4): 51-56, 21.
⑦ 黄剑,罗少茜,林敦来. 国内外教育形成性评价研究述评:回顾与建议 [J]. 外语测试与教学, 2019 (3): 1-9, 43.

旧需要面对根植于社会文化背景的多重挑战和源于现实情境的诸多问题,[1][2][3][4]且这些问题都无法在短时间内得到解决。这意味着在中国语境下,要充分实现形成性评价的促学功能,还有很多事要做,还有很长路要走。

另一个好消息是,我国政府早就注意到了教育评价的诸多问题,且正着力减少或消除影响教育质量的各种障碍。中共中央、国务院[5]近来印发的一项重量级文件——《深化新时代教育评价改革总体方案》开启了我国教育评价体系的全方位改革,并以使我国教育评价机制、评价导向,以及评价文化等方面都产生突破性变化为宗旨。相信形成性评价在这样的政策环境下必然有更大的发挥空间。

第二个研究问题"形成性评价对中国学生英语学习的功效是如何被调节的?"旨在挖掘可能影响形成性评价在所选领域(英语学科)促学功效的重要干扰因素。上述模型分析表明,形成性评价的促学功效不受实验时间的长短和教育水平两个变量的影响,但与课程科目(0.11)略有关联,与样本量(0.73)有明显关联。

进一步的分析也显示,形成性评价对所有英语课程科目都有效,只是程度不等。如英语词汇学习(0.84)和口语(0.65)似乎比综合英语(0.44)、阅读(0.44)、听力(0.46)和英语写作(0.23)对形成性干预更敏感,也更有效。这一发现与袁树厚和束定芳[6]的观察一致,即形成性评价对中国学生的英语

---

[1] CARLESS D, LAM R. Developing Assessment for Productive Learning in Confucian-influenced Settings: Potentials and Challenges [M] //WYATT-SMITH C, KLENOWSKI V, COLBERT P. Designing Assessment for Quality Learning. Dordrecht: Springer, 2014: 167-179.
[2] 陈秋仙. 论形成性评价在中国的文化适可与挪用 [J]. 山西大学学报(哲学社会科学版), 2016, 39 (3): 80-90.
[3] LIU J, XU Y T. Assessment for Learning in English Language Classrooms in China: Contexts, Problems and Solutions [M] // REINDERS H, MIDEROS D, ROBERTS N, et al. Innovation in Language Learning and Teaching: New English Learning and Teaching Environments. London: Palgrave Macmillan, 2017: 17-37.
[4] POOLE A. 'Complex Teaching Realities' and 'Deep Rooted Cultural Traditions': Barriers to the Implementation and Internalization of Formative Assessment in China [J]. Cogent Education, 2016, 3 (1): 1-14.
[5] 深化新时代教育评价改革总体方案 [EB/OL]. 中华人民共和国中央人民政府网站, 2020-10-13.
[6] 袁树厚, 束定芳. 我国外语教学中的形成性评价研究:回顾与思考(2002—2016)[J]. 外语教学理论与实践, 2017 (4): 51-56, 21.

学习效果有不错的积极影响；但与金艳和孙杭①的发现仅部分一致，即形成性评价对中国英语学生的口语和写作学习作用明显，但对大学英语（相当于本研究中的综合英语）的学习效果不太明显。采用标准来源的不同可能是造成此种差异的原因，但实验质量及教师对形成性评价的不同实施策略也可能使不同科目产生不同影响。②

  Kingston 和 Nash③认为，效果不同可能与学科内容有关。也就是说，不同科目可能对形成性评价效果的敏感度不同。本研究认同这一观点，认为形成性评价似乎在容易的领域效果更好，如用于词汇学习比用于写作——四种英语语言技能中公认最难的技能④效果更好。但是，这一观察结果与 Graham 等⑤学者对美国小学生 0.61 的高效应值相矛盾。我们认为这可能是有两个缘由：其一，我们的研究数据未包括小学阶段的研究；其二，写作学习在初级阶段的能力提升比高级阶段更明显、更易察觉。这两个原因或许可以部分解释上述矛盾。同样值得注意的是，英语是美国学生的母语，中国学生则将英语作为外语来学习。不同的英语学习环境，如内圈、外圈和扩展圈，可能会导致英语学习方法和结果的天差地别。⑥ 我们认为不同的语言学习环境也可能导致中美两国学生英语写作效果不同。当然，这种差异与形成性评价效果之间的相关性尚需进一步的集中调查来验证。

  本章进一步探索分析还发现，形成性评价的效力会随样本量的增加而减少。较小的样本量更有可能取得较好的形成性评价促学成效；大样本量（500～1000）则有可能会对学生的英语学习产生负向（−0.12）的影响。这一发现在

---

① 金艳，孙杭. 中国语言测试理论与实践发展 40 年：回顾与展望［J］. 中国外语，2020（4）：4-11.
② YIN Y. The Influence of Formative Assessments on Student Motivation, Achievement, and Conceptual Change［D］. Cambridge：Harvard University，2005.
③ KINGSTON N, NASH B. Formative Assessment：A Meta-analysis and a Call for Research［J］. Educational Measurement：Issues and Practice，2011，30（4）：28-37.
④ DARWISH Al S, SADEQI A A. Reasons for College Students to Plagiarize in EFL Writing：Students' Motivation to Pass［J］. International Education Studies，2016，9（9）：99-110.
⑤ GRAHAM S, HEBERT M, HARRIS K R. Formative Assessment and Writing：A Meta-analysis［J］. The Elementary School Journal，2015，115（4）：523-547.
⑥ KACHRU B B. World Englishes：Agony and Ecstasy［J］. Journal of Aesthetic Education，1996，30（2）：135-155.

证实了大班制对实践形成性评价的挑战①的同时，也在某种意义上揭示了有效形成性评价的前提条件：班级规模不能过大。否则，所有努力都可能成为徒劳，甚至造成相反的效果。

七、结论

上述结果和讨论表明，尽管有各种挑战和限制，形成性评价的促学功能已经在某种程度上迁移到了我国的英语教育领域。换言之，形成性评价的学习潜力是可以跨越背景和文化的。这一发现可以成为在中国和其他语境中更广泛深入地应用形成性评价的理据。

本文的发现也对我国英语课堂教学与评价政策如何将形成性评价的促学可能变为现实有着重要的启发性意义。首先，既然大班中形成性评价效果不佳，小班教学可能是优化反馈和课堂互动，进而提高学习效果的必要条件。其次，鉴于不同课程内容或科目的敏感性不同，形成性评价可能需要根据不同学科、不同科目教学适应性调整。最后，评价政策和其学习导向可能会导致完全不同的反应和学习结果。积极的结果与国家的积极政策以及课堂的积极实践密切相关。

该发现也指出了部分领域仍需进一步研究。例如，英语之外的其他学科也值得深入探索，以便更全面地展示形成性评价在中国语境下的功效。再如，我国的形成性评价研究可以更多着眼于较低教育层次的学生，如小学和初中，这样才能对形成性评价在我国和其他地区的功效提供更深入和更全面的见解。此外，还可以探索更多的调节因素，以揭示形成性评价效能的可能影响因素，如性别、处理类型、教师因素等。不同的英语学习背景，即把英语作为外语、第二语言或母语来学习，对形成性评价可能产生的影响也是一个可以探索的领域。

八、小结

本章通过对 27 个关于形成性评价在我国英语教育领域实验性研究结果的元分析得出 0.46 的效应量，进而得出形成性评价的促学效应得以一定程度上成功

---

① XU Y, HARFITT G. Is Assessment for Learning Feasible in Large Classes? Challenges and Coping Strategies from Three Case Studies [J]. Asia-Pacific Journal of Teacher Education, 2018, 47: 1-15.

迁移至该领域的结论。但是，这一结论仅限于符合元分析条件的少数研究。形成性评价的促学功能到底迁移到了哪些方面？是怎么影响我国学生和他们的英语学习等问题，则需要通过对更大范围、更大数量、包括质性数据的研究给出答案。第十二章继续通过现有文献尝试对这些问题进行解答。

第十二章 形成性评价对我国英语学习者的影响Ⅱ：政策借用视角下的主题分析[①]

和上一章一样，本章同样致力于剖析形成性评价促学功能在我国英语教育领域的迁移状况。不过，不同于上一章仅限于适合元分析的实验性研究，本章通过对世纪转角以来国内外期刊发表的重要相关文献进行主题分析，尝试深度描绘形成性评价的促学功能对我国学生及其英语学习的具体影响。

一、引言

关于形成性评价促学效应跨国界跨文化的迁移性问题显然不是一个简单的效应量就能交代，因为形成性评价声称的"gains"并不限于学业，还包括学习动机、学习态度、自我调节的学习策略和终身学习能力等。[②][③] 本章是对十一章在主题、内容和研究方法上的补充和完善。数据源为第十一章用关键词高级检索到并初次筛选出的201个文献（见图11-1）。除去用4个标准为十一章元分析确定的27篇文献，我们将其中所有关于形成性评价在我国英语教育领域实施的实证性文献也筛选出来，做了主题分析。其目的是深挖形成性评价促学效果的具体体现，在弥补第十一章局限于实验性研究不足的同时，给形成性评价促学功能在我国英语教育领域迁移的问题一个更完备的答案。

毕竟，迄今，形成性评价已经进入我国英语教育领域逾二十年。虽然鉴于

[①] 本章内容基于已发表的英文版论文：CHEN Q, ZHANG R, LI H. For Learning Transfer of Formative Assessment in the EFL Area of China: A Thematic Analysis [J]. IJMCER, 2024, 6 (1): 216-225.

[②] BLACK P, WILIAM D. Assessment and Classroom Learning [J]. Assessment in Education: Principles, Policy & Practice, 1998, 5 (1): 7-74.

[③] FLÓREZ T, SAMMONS P. A Literature Review of Assessment for Learning: Effects and Impact [D]. Oxford: University of Oxford, 2013.

我国的经济发展和教育发展的不平衡,该政策的实施情况不能一概而论,中小学和高中阶段的落实情况尤其复杂,①② 但一个关于效果的尝试性答案对实验利益相关者而言都有一定的意义,也是学界迫切解密的黑匣子之一。

二、数据来源及研究方法

本章的数据源是从 201 篇文献中筛选出的实证性文献,共 86 篇。其中中文文献 77 篇,英文文献 9 篇。这 86 篇文献也按照课程、教育层次、研究方法和实验期限四个变量进行了归总,具体信息如下表。

表 12-1 文献基本信息

		数量(篇)	比例(%)
课程	综合英语	44	51.1
	写作	12	14.0
	口语	12	14.0
	阅读	5	5.8
	听力	2	2.3
	其他	11	12.8
	合计	86	100
教育层次	基础教育阶段	2	2.3
	高中、高职、中职	15	17.5
	大学	66	76.7
	其他	3	3.5
	合计	86	100
研究方法	质化数据	17	19.8
	量化数据	30	34.9
	混合数据	39	45.3
	合计	86	100

---

① 袁树厚,束定芳. 我国外语教学中的形成性评价研究:回顾与思考(2002—2016)[J]. 外语教学理论与实践,2017(4):51-56,21.
② 金艳. 大学英语评价与测试的现状调查与改革方向[J]. 外语界,2020(5):2-9.

续表

		数量（篇）	比例（%）
实验期限	<一学期	6	7.0
	一学期	25	29.0
	一学年	17	19.8
	>一学年	14	16.3
	未提及	24	27.9
	合计	86	100

课程方面，基于综合英语的研究44篇，占到总数的一半以上（51.1%）；英语口语12篇（14.0%）和英语写作12篇（14.0%）次之，阅读和听力都在5篇以下；基于其他课程如词汇、文学等的研究有11篇（12.8%）。可以说，这些研究涵盖了英语学科的大部分基础课程。

教育层次方面，针对大学层次的有66篇，比例高达76.7%；高中层次（包括高职和中职）15篇（17.5%）；基础教育阶段以及其他文献比重较小，分别为占2篇（2.3%）、3篇（3.5%）。这些比例差可以一定程度映射出我国学界对各层次的不同关注度。

在研究方法方面，所搜集到的文献囊括了三大基本研究方法：量化、质化和混合法。其中，采用混合数据法的39篇（45.3%），量化和质化数据分别有30篇（34.9%）和17篇（19.8%）。

实验持续时间长短不一。其中，最短的为期仅6周，① 最长的则逾3年。② 6篇（7%）短于一学期；25篇（29.0%）一学期；31篇（36.1%）一学年及以上。

此外，样本量也颇具多样化。有的参与人数很少，如万宏瑜③只有3个案例；有研究则包括几个班，如任春梅④；还有样本量高达1500人的大型问卷调

---

① 毕鹏晖. 大学英语微移动词汇学习融入形成性评估模式的研究［J］. 外语电化教学，2017（1）：35-42，48.
② 曹荣平，陈亚平. 形成性评估及其在口译教学中的应用探析［J］. 中国翻译，2013（1）：45-50.
③ 万宏瑜. 基于形成性评估的口译教师反馈：以视译教学为例［J］. 中国翻译，2013（4）：45-49.
④ 任春梅. 网络环境下大学生英语自主学习能力评价体系研究［J］. 现代教育科学，2010（5）：150-152，176.

查，如郭卫民①。

课程、教育层次、研究方法以及实验期限和样本量等方面的多元性可以在确保本研究具备足够覆盖面的同时，为本研究的效度提供一定的保障。即这些研究有可能较为全面地反映形成性评价促学效应在我国英语教育领域的迁移状况。

三、分析与发现

笔者对86篇研究的"发现"或"结果"部分在仔细阅读的基础上进行主题提炼，反复比较、归纳整理以及细化分析后发现：形成性评价对我国学生及其英语学习的诸多方面都产生了一定的影响，大致体现在如下四个方面。

（一）角色转换

我国教育体系中学生的角色定位受儒家文化的影响，是被动的知识接受者，也是各种评价的对象，即被评价者。② 而学生以自主者身份参与、管理和评价自己的学习是形成性评价的要旨所在。③ 在与形成性评价相关的86个研究中，有53篇（61.6%）发现形成性评价对我国英语学习者的角色产生了积极影响。具体表现为学生的主导地位在英语教学的课堂内外得到重视，于是学生的课堂参与力度得以增加，④ 自主学习能力增强，⑤ 主动性有所提高。⑥⑦

同伴的互动和合作是学生参与的主要形式。结果显示形成性评价对同伴之间协商与合作关系的强调以及以小组的形式进行的活动如组内互评等，使得我

---

① 郭卫民. 大学英语学习评价体系的构建与实践 [J]. 职业技术教育，2009 (23)：79-80.
② HU G. Potential Cultural Resistance to Pedagogical Imports: The Case of Communicative Language Teaching in China [J]. Language, Culture and Curriculum, 2002, 15 (2): 93-105.
③ BROADFOOT P. Introduction to Assessment [M]. London: Continuum, 2007.
④ TANG Y. A Case Study of Formative Assessment in a Chinese High School [J]. Indonesian Journal of Applied Linguistics, 2013, 2 (2): 224-234.
⑤ 张娜. 高职英语口语教学中形成性评价模式探索 [J]. 东南大学学报（哲学社会科学版），2009，11 (S2)：221-223.
⑥ 陈舜孟. 形成性评价对英语学习者情感的影响实验研究 [J]. 教育探索，2007 (11)：120-121.
⑦ 詹先君. 外语学习主体多元化评价的效应研究：以大学英语学习评价为例 [J]. 外语界，2010 (3)：87-94.

国英语学习者之间的关系更加融洽;① 个性迥异的学生在宽松的学习氛围下得以与同伴一起学习,共同促进;② 在加强对彼此了解的同时,取长补短,培养了合作学习的能力。③ 可以说,形成性评价在课堂的实施使得学生的角色发生了一定程度的变化。正如王京华等④学者所言:"形成性评价使得教育评价从单向转为了双向,学生从教育的客体转为了评价的主体,学生获得了教育评价的知情权、发言权和决策权,参与评价的整个过程。"

然而,形成性评价并非对所有学生的角色定位都产生了积极影响。事实上,有12篇文献发现其影响在一些学生身上具有明显的滞后性和局限性。如陈美华、徐小燕⑤的部分实验对象表现出一定的适应不良或滞缓,表示对形成性评价这一新的理念在短时间内无法接受,无法转变自身的角色,也不积极参与相关活动。另有研究表明,性格内向或个性独立的学生课堂参与度不高,有抵抗心理,⑥ 或不愿意接受小组活动,对同伴合作的兴趣较低;⑦⑧ 也有因同伴的意见缺乏建设性,明确或委婉地拒绝按照同伴的建议做出相应的改动。⑨ 还有研究发现,一些自控能力差的学生由于意志力薄弱⑩、学习动机不强⑪等,无法持之以恒地按教师提议的自主学习方案学习或进行同伴互评等活动,所以无法实现自身角色的转变。如何促使这些同学对自身角色重新理解、定位,并实现自主学

---

① 郑春萍,逯行,王海波.大学英语实验教学与评估平台的设计与应用[J].现代教育技术,2015(1):72-78.
② 曹芳,吴志芳,刘立翔.形成性评估在大学英语教学中的应用[J].高教发展与评估,2008(3):90-93,123.
③ 孙琼.独立学院大学英语形成性评价实践[J].现代教育管理,2010(8):62-64.
④ 王京华,李丽娟,吴晓燕,等.形成性评价对英语学习策略影响的实验研究[J].河北大学学报(哲学社会科学版),2006(4):121-125.
⑤ 陈美华,徐小燕.大学英语口语能力形成性评估实证研究[J].东南大学学报(哲学社会科学版),2008,10(2):119-123,128.
⑥ 刘芹,胡银萍,张俊锋.理工科大学生英语口语形成性评估体系构建与验证[J].外语教学,2011,32(1):57-61.
⑦ 赵鹏.大学英语形成性评估的实践[J].首都师范大学学报(社会科学版),2008(S4):112-117.
⑧ 孙琼.独立学院大学英语形成性评价实践[J].现代教育管理,2010(8):62-64.
⑨ 张立.在EFL写作教学中中国大学生对同伴互评的认知[J].四川外语学院学报,2008(4):141-144.
⑩ 许悦婷,刘永灿.大学英语教师形成性评估知识的叙事探究[J].外语教学理论与实践,2008(3):61-67.
⑪ 张人.形成性评价在高职大学英语教学中的应用[J].继续教育研究,2008(4):107-108.

习者身份的转换是一个亟待进一步深化研究的新课题。

（二）情感因素

形成性评价强调学生参与或主导其学习过程，因此会影响到学习者的学习动机、态度等。①② 该影响被本文搜集的文献进一步证实。86 篇文献中的 57（66.3%）项研究皆显示形成性评价在课堂的使用中产生了积极效应，如使学生对英语学习的兴趣更加浓厚；③ 更加明确自己的努力方向，有更强的前进动力；④ 减轻了评价带来的心理压力和焦虑感，更好地享受学习的过程；⑤ 与同伴相互扶持与帮助，为彼此提供积极的情感支持，以更加积极的姿态投入学习⑥；等等。

尤其值得一提的是，有 5 项研究显示：形成性评价的实施似乎对学习较差学生的情感影响更明显。如在张蓉、沈椿萱⑦研究中，成绩较差的学生表示形成性评价照顾到了他们的自尊心，使他们感受到了人文关怀，从而调动了学习英语的积极性，激发了学习英语的自信。此外，对课堂参与的重视，包括给予一定的分数权重，也激发了英语水平较差的学生参与课堂活动的热情并且他们为了成绩合格，会一改之前的消极和怠惰，努力参与到课堂活动中来。⑧

另外还有 11 篇（12.8%）文献发现形成性评价对学生的影响并非都是积极、正面的。例如，某些非英语专业的大学生长期受终结性评价的影响，对学

---

① Assessment Reform Group. Assessment for Learning：10 Principles ［M］. Cambridge：University of Cambridge，2002.
② FLÓREZ T，SAMMONS P. A Literature Review of Assessment for Learning：Effects and Impact ［D］. Oxford：University of Oxford，2013.
③ 王笃勤，梁明晖，李仁平，等. 中等职业学校英语评价研究 ［J］. 中国职业技术教育，2010（35）：24-28.
④ 邹晓玲，张旭宁. 形成性网络考试与大学英语自我调节学习：不同成绩报道形式对自我调节学习的影响 ［J］. 现代教育技术，2013（1）：69-73.
⑤ 周娉娣，秦秀白. 形成性评估在大学英语网络教学中的应用 ［J］. 外语电化教学，2005（5）：5-13.
⑥ XIAO Y. Formative Assessment in a Test-dominated Context：How Test Practice can Become More Productive ［J］. Language Assessment Quarterly，2017，14（4）：1-17.
⑦ 张蓉，沈椿萱. 试析大学英语合作学习的形成性评估模式 ［J］. 黑龙江高教研究，2014（6）：168-170.
⑧ CHEN Q，MAY C L. Chinese EFL Students'Response to an Assessment Policy Change ［M］//GUO X U，YAN J. Assessing Chinese Learners of English：Language Constructs，Consequences and Conundrums. London：Palgrave MacMillian，2016：199-218.

习结果的关注远远大于过程,因此应对形成性评价的态度并不积极。① Wang 和 Jeffrey② 研究中的受试者也表示对档案袋这种形成性评价形式的同伴互评和合作有压力,甚至产生抵抗心理,相对而言更青睐传统的教师评估。更有高职学生因为学习英语的动机和水平较低,对形成性评价采取了消极和抵抗的态度;③ 还有学生由于对英语学习兴趣低,形成性评价和终结性评价对他们来说没差别,甚至因为形成性评价的要求引起了反感。④

这种负面影响在小组活动中也有所体现。例如,学生在小组合作完成任务时互相推诿;⑤ 或在互评过程中对同伴不信任,更希望得到教师的点评,而在同伴互评时,出于面子或关系给同学满分;⑥ 有的学生碍于面子才会对同伴进行评价,多数学生则根本不对同伴进行评价。⑦ 如何培养学生对形成性评价的积极态度,对能否进一步发挥其对学生的情感因素的正面引导,是现阶段我国英语教育评价领域必须正视并给予解决的难题。

(三)学习策略与方法

形成性评价以学生和学习为中心,意在通过各种策略的运用帮助学生"学会学习"⑧。换言之,所谓形成性评价就是通过革新或优化学生的学习策略尤其是培养学生的元认知策略而实现学生学习结果以及学习能力的提升。

笔者分析搜集的文献后首先发现:形成性评价在我国外语教育领域的应用

---

① 张丽娟,文凤息."双评价":大学英语教学评价体系改革的方向[J].中国成人教育,2009(22):149-150.
② WANG P, JEFFREY R. Listening to Learners: An Investigation into College Students' Attitudes towards the Adoption of E-portfolios in English Assessment and learning [J]. British Journal of Educational Technology, 2017, 48(6): 1451-1463.
③ 张人.形成性评价在高职大学英语教学中的应用[J].继续教育研究,2008(4):107-108.
④ 赵鹏.大学英语形成性评估的实践[J].首都师范大学学报(社会科学版),2008(4):112-117.
⑤ 陈美华,徐小燕.大学英语口语能力形成性评估实证研究[J].东南大学学报(哲学社会科学版),2008,10(2):119-123,128.
⑥ CHEN Q, MAY L, KLENOWSKI V, et al. The Enactment of Formative Assessment in English Language Classrooms in Two Chinese Universities: Teacher and Student Responses [J]. Assessment in Education Principles Policy & Practice, 2014, 21(3): 271-285.
⑦ 黄红兵.在线大学英语写作形成性评价模型构建研究[J].现代教育技术,2015,25(1):79-86.
⑧ Assessment Reform Group. Assessment for Learning: 10 Principles [M]. Cambridge: University of Cambridge, 2002.

对学生在选择和调整学习策略方面,产生了一定程度的影响(15,17.4%)。如周娉娣、秦秀白[1]在对78人试行了为期2年的形成性评价实验之后发现:"73%的同学能根据自己设定的学习目标,监控自己学习计划的实施、学习技能的运用和发展,并能选择适合自己的学习策略。"而詹先君[2]在两个学期的实验之后发现:形成性评价"在帮助师生发现教和学中存在的问题和优势、调整教学策略和学习方法"方面有积极的影响。陈旭红[3]和万宏瑜[4]以及郭卫民[5]的大学英语课堂等皆有类似发现。

形成性评价对学生学习策略形成和使用的影响在研究中(9,10.5%)也得到了实证。如孙琼[6]和任春梅[7]分别以独立院校的146位非英语专业大学生和普通院校的24个班为研究对象,通过一学期和两学年的对比研究,一致发现:形成性评价的实施使得学生自主学习能力有了明显的长进,并形成了良好的学习策略。邱黄辉、詹丽芹[8]在职业大学的研究中也发现,形成性评价"使学生成为学习的主体,让学生在阅读交流互动中相互学习阅读策略与技巧,调动了对英语阅读学习的积极性,养成良好的阅读习惯,提高英语阅读效果"。另一项针对36位受试对象历时一年的大学英语口语教学形成性评价实验性研究发现,72.22%的学员都有尝试运用各种学习策略来提高自己的英语口语。[9] 针对301

---

[1] 周娉娣,秦秀白. 形成性评估在大学英语网络教学中的应用 [J]. 外语电化教学,2005 (5):5-9.
[2] 詹先君. 外语学习主体多元化评价的效应研究:以大学英语学习评价为例 [J]. 外语界,2010 (3):87-94.
[3] 陈旭红. 形成性评估应用于大学英语课程口语测试的实证研究 [J]. 外语与外语教学,2009,41 (7):22-25.
[4] 万宏瑜. 基于形成性评估的口译教师反馈:以视译教学为例 [J]. 中国翻译,2013 (4):45-49.
[5] 郭卫民. 大学英语学习评价体系的构建与实践 [J]. 职业技术教育,2009 (23):79-80.
[6] 孙琼. 独立学院大学英语形成性评价实践 [J]. 现代教育管理,2010 (8):62-64.
[7] 任春梅. 网络环境下大学生英语自主学习能力评价体系研究 [J]. 现代教育科学,2010 (5):150-152,176.
[8] 邱黄辉,詹丽芹. 高师学生英语阅读现状分析及对策 [J]. 教育学术月刊,2012 (1):109-111.
[9] 李跃,蒋雯燕,任薇. 大学英语口语教学形成性评价的实验性研究 [J]. 海军工程大学学报(综合版),2010 (3):85-89.

位大学英语学习者的实证研究①也发现：形成性评价比终结性评价能更有效地促进学习者对于学习策略的应用，得到学生的认可。

形成性评价对我国二语学习者的元认知策略的明显影响在14篇文献中被证实。如王学锋②采用变点分析器对6名受试者进行了为期14周的动态监测之后发现：形成性评价使学生的英语写作水平得到了提升；有学生通过问题自省，形成了良好的内部反馈和自我监控，提高了元认知能力。王华、甄凤超③也在针对49名英语专业大二学生的研究中发现，实验班的学生在学习计划和安排以及自我认知和管理等元认知能力方面有所提升。王京华等④学者的一项针对形成性评价对学习策略影响的专门研究发现实验组比对照组在元认知策略方面具有显著优势（71%：34%）。张梅⑤、邹晓玲和张旭宁⑥、刘晓华和慕景强⑦等学者也一起为形成性评价对我国英语学习者在元认知方面的正面成效提供了切实的理据。

不过，也有研究⑧发现学习动机低的学生在学习策略的选择方面并没有因为形成性评价而显示出明显的变化，从而将形成性评价影响相关研究的细化发展提上了日程。

（四）学习成效

提高和促进学生的学习成效是形成性评价的终极目标和至高追求。⑨ 除第十

---

① 王京华，马建桂. 大学英语阅读教学中的形成性评价实验研究［J］. 宁夏社会科学，2006（5），152-154.

② 王学锋. 形成性评价对大学生英语写作水平的动态影响研究［J］. 解放军外国语学院学报，2016（4）：102-110，160.

③ 王华，甄凤超. 基于语言教学项目的形成性评估流程效果研究和再完善［J］. 外语研究，2008（3）：56-64，112.

④ 王京华，李丽娟，吴晓燕，等. 形成性评价对英语学习策略影响的实验研究［J］. 河北大学学报（哲学社会科学版），2006（4）：121-125.

⑤ 张梅. 基于形成性自我评价的大学生终身学习能力培养研究［J］. 重庆大学学报（社会科学版），2010（1）：140-144.

⑥ 邹晓玲，张旭宁. 形成性网络考试与大学英语自我调节学习：不同成绩报道形式对自我调节学习的影响［J］. 现代教育技术，2013（1）：69-73.

⑦ 刘晓华，慕景强. 高职外语能力取向的发展性评价教学实证研究［J］. 职业技术教育，2012（14）：44-47.

⑧ 张人. 形成性评价在高职大学英语教学中的应用［J］. 继续教育研究，2008（4）：107-108.

⑨ Assessment Reform Group. Assessment for Learning：10 Principles［M］. Cambridge：University of Cambridge，2002.

一章用 0.46 的效应量确认形成性评价对我国英语学习者学习成效的积极影响外，本章分析的 86 篇文献中的 24 篇（27.9%）表明：形成性评价对我国不同层次二语学习者的学习结果产生了一定的正面影响。这在大学英语写作①②和口语教学③，高中④以及小学英语课堂上⑤皆得到了证实：实验班成绩显著高于控制班。

形成性评价的促学效果还体现在英语学习能力和技巧的提高上（27 篇，31.4%）。郑春萍等⑥学者和 Zheng 和 Li⑦ 的研究皆表明：实验班在自评与反思、同伴互评中获得了更多的学习和交流机会，更清楚地认识到自己的优缺点，因此最终在演讲技巧方面的提高远远优于控制班。唐锦兰、吴一安⑧则发现：形成性评价体系增强了交互性，学生在更加了解评价标准的同时，提高了写作能力。同样以非英语专业的本科生为受试对象的研究显示：形成性评价使学生的单项写作技能⑨及听说读写综合技能⑩，甚至终身学习的能力⑪都有较大的提升。

---

① 冯蕾，高淑芬. 评分方法在大学英语写作形成性评估中效应实证研究：整体评分与混合评分方法对比分析 [J]. 北京交通大学学报（社会科学版），2012，11（3）：126-131.
② 黄红兵. 在线大学英语写作形成性评价模型构建研究 [J]. 现代教育技术，2015（1）：79-86.
③ 李兵绒. 大学英语口语教学中形成性评估的应用 [J]. 山西师大学报（社会科学版），2008（6）：146-148.
④ TANG Y. A Case Study of Formative Assessment in a Chinese High School [J]. Indonesian Journal of Applied Linguistics，2013，2（2）：224-234.
⑤ 孙明焱. 多元形成性评价在小学英语教学中的有效应用 [J]. 中国教育学刊，2016（S2）：8-12.
⑥ 郑春萍，李楚菡，卢志鸿. 形成性评估在公众英语演讲教学中的运用 [J]. 北京邮电大学学报（社会科学版），2012（5）：112-118.
⑦ ZHENG C，LI C. Application of Formative Assessment in a Chinese EFL Course [M] // LI M，ZHAO Y. Exploring Learning & Teaching in Higher Education. Springer Berlin Heidelberg，2015：395-410.
⑧ 唐锦兰，吴一安. 写作自动评价系统在大学英语教学中的应用研究 [J]. 外语与外语教学，2012，44（4）：53-59.
⑨ 曹荣平，张文霞，周燕. 形成性评估在中国大学非英语专业英语写作教学中的运用 [J]. 外语教学，2004，25（5）：82-87.
⑩ 罗莎. MOOC 环境下支架型同伴评价探究：以英语写作任务为例 [J]. 外语电化教学，2016（6）：42-47.
⑪ 张梅. 基于形成性自我评价的大学生终身学习能力培养研究 [J]. 重庆大学学报（社会科学版），2010（1）：140-144.

也有研究发现由于学生的抵制①，或出于教师个人因素以及学校环境因素的制约②，或实验时间较短③，形成性评价在提高学生的英语水平方面并不比传统的评价更具优势，甚至出现实验结束后实验组成绩低于控制组的现象。④ 而对于基础较差的中职和高职生，其影响更多是学习的自觉性和态度等非智力方面。⑤ 形成性评价促学效应的复杂性是另一个需要深入探讨的领域。

四、结论

形成性评价的促学功能确实在我国的英语教育领域得到了一定程度的正迁移，体现在促进学生向主动型学习者角色转换、体验积极合作的素养和感受、培养元认知学习策略，以及学习成效等方面。而且，随着时间的推移和形成性评价原理逐渐被接受，基本可以推测，积极的影响会越发明显。

但是该结论也凸显出一些问题和局限。如本章所选文献中基础教育领域和职业类院校所占的比重偏小。仅有的2篇关于基础教育阶段的文献显示形成性评价对学生的正面影响较为明显。虽然缺乏足够的数据对这个层次的积极发现提供有力支撑，且实施中存在的问题仍需进一步改进，但揭示了一点：形成性评价在这一层次的可挖潜能空间很大，需要更多的学术和政策关注。

其次，虽然不乏长期的投入性实践，但是本章所选文献中有不少短期的实验性研究。不能确定这些研究中所反映的正面效应到底是会延续，还是会随着实验的结束而中止。而形成性评价的促学成效是需要被镶嵌进教学法中，成为日程课堂的有机组成部分，伴随着可持续性的实践实现的。⑥ 期望经过验证的学

---

① 张人. 形成性评价在高职大学英语教学中的应用 [J]. 继续教育研究, 2008 (4): 107-108.
② 唐雄英, 章少泉. 新型评价在大学英语教学中的实施和问题 [J]. 外语与外语教学, 2007, 39 (1): 14-19.
③ 毕鹏晖. 大学英语微移动词汇学习融入形成性评估模式的研究 [J]. 外语电化教学, 2017 (1): 35-42, 48.
④ 刘芹, 胡银萍, 张俊锋. 理工科大学生英语口语形成性评估体系构建与验证 [J]. 外语教学, 2011, 32 (1): 57-61.
⑤ 王笃勤, 梁明晖, 李仁平, 等. 中等职业学校英语评价研究 [J]. 中国职业技术教育, 2010 (35): 24-28.
⑥ WILIAM D. The Role of Formative Assessment in Effective Learning Environments [M] // DUMONT H, ISTANCE D, BENAVIDES F. The Nature of Learning: Using Research to Inspire Practice, Paris: OECD Publishing, 2010.

术思想能够内化为日后课堂教学的一部分，并能得以推广。

另外，网络这一新事物与教学的结合是教育的必然趋势。有研究借助多媒体或网络平台模式展开，且对大部分学生的积极效果较为明显，但表述较为模糊；①② 因此，并不能确定学生的积极反应到底是由形成性评价引起还是新教学媒介导致。而且，虽然所有的文献都用了形成性评价这一名词，但并不是所有研究实施的都一定是形成性评价。按照文中描述，有的研究如郭卫民③和任春梅④等实施的只是"平时评价"或"过程评价"，与形成性评价有很大差别。所以，并不能确定其效果与形成性评价的直接关联。

最后，与袁树厚、束定芳⑤的观点一样，笔者也发现部分研究脱离了应试教育的背景，实验对象人数偏少且实验方法不够全面，不能确定其结论能否适用于大规模的英语教学，能否经得起实践的考验。

五、小结

本章通过86篇实证性文献的主题分析从另一个角度对形成性评价促学效应在我国英语学科的迁移进行了补充性回答，并再次得出相对肯定的结论，即形成性评价的促学效应确实在该领域得到了一定程度的正迁移。这一结论和第十一章的结论一起为形成性评价在我国英语学科的未来发展方向提供一些佐证。

---

① 郑春萍，逯行，王海波. 大学英语实验教学与评估平台的设计与应用 [J]. 现代教育技术，2015（1）：72-78.
② 黄海英，李绮贞. LOA 理论在大学英语网络教学中的运用 [J]. 现代教育技术，2007（10）：54-56.
③ 郭卫民. 大学英语学习评价体系的构建与实践 [J]. 职业技术教育，2009（23）：79-80.
④ 任春梅. 网络环境下大学生英语自主学习能力评价体系研究 [J]. 现代教育科学，2010（5）：150-152，176.
⑤ 袁树厚，束定芳. 我国外语教学中的形成性评价研究：回顾与思考（2002—2016）[J]. 外语教学理论与实践，2017（4）：51-56，21.

第 V 篇

总结&展望

第十三章　形成性评价原则的重构和
　　　　 形成性评价政策的效果

本章基于前十二章实证性探索及文献综述的发现和结论，尝试对形成性评价在我国中西部某省份情境重构状况，以及在该区域大学英语学科教育乃至我国英语教育领域的实施效应问题进行总结性回答。

一、关于原则的情境重构

本研究以探讨形成性评价在我国英语教育领域的情境重构和实现路径为目标。但受现实条件所限，对第一个问题（情境重构问题）的探索，仅在我国中西部某欠发达省份用一个有区域意义的设计进行。第六章至第九章就是用来自这一区域八所高等院校的数据对该问题进行实证性探讨，综合这四章的发现可以给出一个具有局域性特点的尝试性解答。

具体而言，如第六章所示，形成性评价在该区域的八所高校首先被终结性评价占主导地位的现实评价情状予以解构，而在院校层次的政策解读和制定过程中，又由包括院系层次的中层领导在内的主要参与者们在自身评价素养、现实状况，以及其根植于社会文化和历史情形的思想观念等因素的干预下进行了意义协商，最终在当地（及更广泛的地域）大学英语教育情境下重构为"过程评价"。笔者认为，从社会文化视角看，可以将"过程评价"称为形成性评价在我国英语教育领域的一种本土形态，也可以认为该形态是形成性评价的一种情境适应性重构。而且鉴于过程评价仅仅离开了终结性评价一小步，它应该是一种迈向形成性评价的初级形态。换言之，它与基于盎格鲁文化的所谓正统形成性评价形态①在内容、形式、执行者、功能等方面都存在区别。但不可否认的是，它是现实情形下真实发生的，是与终结性评价融合的结果，也是两种看似针锋相对的评价模式在我国英语教育现实情境中的一种"握手言和"。

第七、第八两章对一个 211 理工大学（案例 A）和一个二本师范类院校（案例 B）的个案调查则同时用来自院系领导和处于教学第一线的教师的数据深刻揭示了形成性评价在政策和实践层次重构的复杂性。这两个院校共享我国的宏观、时序和外部环境②，但在我国高等教育圈的地位不同，经济给养状况有别，影响各校形成性评价实施状况的主要因素也不相同。如案例 A 中，权力和传统评价观是造成该校形成性评价被边缘化的主要原因，但教师在遵从学校评价政策的前提下，在课堂上努力发挥其主观能动性，找寻实现形成性评价的可能。案例 B 中并没有太多权力作用的体现。相反，教师们被给予较大的自由空间，于是教师们在有限的资源、落后的设备条件、贫瘠的评价素养和学生的回应/不回应中各自寻求平衡。之后第九章汇总八校数据中凸显出的中观和微观层次的诸多问题和挑战，进而指向形成性评价在该地区当下所面临的困境与未来前行的艰难。

二、关于政策的实施效果

第十、十一、十二章对形成性评价影响和成效分别从问卷调查、元分析和主题分析角度的探讨发现：经过十多年的政策性推行和实施，形成性评价已经在我国（大学）英语教育领域得以立足。虽然评价政策的变化对某所综合大学学生英语学习的影响不是很大，却也诱发了改变的趋势和可能。而第十一章从相关文献中析出的 0.46 效应值和第十二章的主题分析皆表明形成性评价确实在一定程度上对我国英语学习者产生了促学效果。这一结论说明，在复杂理论所描述的前三个维度，③ 即时序、外部和宏观背景，也就是我国的历史、社会、文化和英语教育情境下，形成性评价的促学潜力是有可能实现的，决定其实现与

---

① CARLESS D. From Testing to Productive Student Learning：Implementing Formative Assessment in Confucian-heritage Settings ［M］. New York：Routledge，2011.
② SNYDER S. The Simple，the Complicated，and the Complex：Educational Reform Through the Lens of Complexity Theory ［M］. Paris：OECD Publishing，2013.
③ SNYDER S. The Simple，the Complicated，and the Complex：Educational Reform Through the Lens of Complexity Theory ［M］. Paris：OECD Publishing，2013.

否或实现程度的条件可能更多处于中观和微观。

这些发现对形成性评价在我国英语教育领域的启示：实现形成性评价的促学潜力，或许可以忽略宏观情境，尤其是传统的学习和评价观念的影响，转而在中观和微观层次下功夫。要知道，改变思想观念不是一日之功，但是中观和微观的制约条件，如资源、设备、培训等在我国国力逐渐强盛的今天已成为可能。

更重要的是，在新政策，如《大学英语教学指南》[①] 和《深化新时代教育评价改革总体方案》[②] 等的推动下，形成性评价需要向前行，期望为深受测试反拨效应困扰的我国英语教育领域更大程度地解绑；借形成性评价的促学功能，助力我国英语教育质量的综合提升和平衡发展。

这些发现还对本研究拟定回答的第二个问题，即形成性评价实现路径，有一定的启示：既然"过程评价"是形成性评价在我国英语教育情境下的一种较为初级的形态，且是情境适应下的产物，那么形成性评价在前行时，或在不同的情境下，就有可能会在与终结性评价的融合中衍生出其他形态。这一推测促使作者对文献中体现的形成性评价其他形态额外关注，最终发现我国英语教育领域已经呈现出多种形态。换言之，形成性评价与终结性评价融合为情境适应性形态已成为现实，是可行的。这一发现又激励作者对形成性评价和终结性评价融合的必要性、理论的可能性进行深挖，对两者融合的未来进行思考，最后产生了第十四章作为对实现路径问题的尝试性解答。

---

① 教育部高等学校大学外语教学指导委员会. 大学英语教学指南 [M]. 北京：高等教育出版社，2020.
② 深化新时代教育评价改革总体方案 [EB/OL]. 中华人民共和国中央人民政府网，2020-10-13.

第十四章 形成性评价在我国英语教育领域的实现路径

本章基于第十三章对前十二章发现的总结,提出了对形成性评价在我国英语教育领域实现路径的理性考量。作者认为形成性评价与终结性评价的融合是必然的趋势,而实现促学效应的关键是能否在现实语境中找到可供两者协同作用的平衡点。之后,论证了两者融合的现实必要性、理论可能性和实践可行性。最后,从社会文化视角为形成性评价在我国英语教育领域的未来发展方向进行了展望,并提出动态适应的建议。

一、引言

形成性评价改革进入我国英语教育评价政策话语体系已近二十年。二十年来,形成性评价借助政策提供的便利,在终结性评价占统治地位的这片土地上,找到立足之地,并逐渐站稳脚跟。其行路之难可以想象,但其取得的成就和未来的发展方向不容小觑。

毕竟,相对于我国原有的以终结性评价为主导的评价体系而言,形成性评价已不是某一或某些方面的革新,而是革命性的改变。① 笔者认为,鉴于我国复杂的教育情境(详见第三、四章),协调形成性评价与终结性评价间的紧张关系,让两者能够在我国教育情境之下互相融合并产生协同作用,将是最优化最大化实现其促学潜能可走的现实且可行的路径,这也是我国推行评价改革亟须

---

① KIRTON A, HALLAM S, PEFFERS J, et al. Revolution, Evolution or a Trojan Horse? Piloting Assessment for Learning in Some Scottish Primary Schools [J]. British Educational Research Journal, 2007, 33 (4): 605-627.

解决的先决性关键问题。①

二、形成性评价与终结性评价融合的必要性

形成性评价与终结性评价融合的必要性在我国英语教育领域至少体现在四个方面。

第一，国家提升英语教育质量及其内涵的需要。在全球化时代的今天，英语在我国不单单是一门学科，也不是学生个人的事，而是一项兼具政治和经济意义的国家使命。② 国家的快速发展和国际竞争力的提升需要大量既精通专业知识又具有全球视野、通晓国际规则、熟练运用外语、精通中外谈判和沟通的国际化人才。毋庸置疑，英语教育已成为我国战略发展的重要组成部分。③④ 然而，大量的数据表明：我国虽然是英语学习大国，但毕业生的英语能力与现实需求有不小的落差。⑤ 将形成性评价及其促学功能融入现有评价体系符合我国提升英语教育质量的迫切需要。

第二，革新和改良原有评价体系的需要。我国英语教育领域从 20 世纪 80 年代中期起一直采用简单、快捷、客观的标准化考试形式，在某些关键时期又附加以高风险。三十多年以来，标准化特色的终结性测试主导了这个领域，成为该领域评价的代名词。⑥ 测试结果在学校及社会等领域被误用及滥用，如将大学英语四、六级通过率作为各校间评比的指标之一，与教师的晋升和工资，学

---

① CARLESS D, LAM R. Developing Assessment for Productive Learning in Confucian-influenced Settings: Potentials and Challenges [M]//WYATT-SMITH C, KLENOWSKI V, COLBERT P. Designing Assessment for Quality Learning. Dordrecht: Springer, 2014: 167-179.

② WANG Q. The National Curriculum Changes and Their Effects on English Language Teaching in the People's Republic of China [M] // CUMMINS J, DAVISON C. International Handbook of English Language Teaching. New York: Springer, 2007: 87-105.

③ 蔡基刚. 国家战略视角下的我国外语教育政策调整——大学英语教学：向右还是向左? [J]. 外语教学, 2014, 35 (2): 40-44.

④ 王定华. 改革开放40年我国外语教育政策回眸 [J]. 课程. 教材. 教法, 2018 (12): 4-11.

⑤ 蔡基刚. 大学英语四、六级可转向社会化水平考试 [N]. 中国青年报, 2019-01-07 (6).

⑥ WANG J. The College English Test in China: Challenges and Suggestions [J]. Asian Journal of English Language Teaching, 2007, 17 (2): 137-144.

生的学位、毕业、深造、就业甚至大城市的居留等挂钩。①② 这些权重导致了严重的负面反拨效应，譬如"应试教学、题海战术、高分低能"③④⑤ 以及"费时低效"⑥ 等。个别学生以获得证书为目标，甚至会采取作弊、替考等手段达到目的。⑦ 可以说，这种评价方式不但不利于学生英语能力的培养，而且阻碍了学生道德素养的提升以及思辨能力的发展，⑧ 最终使得我国整体英语教育质量大打折扣。将形成性评价这一新的评价范式，引入现有评价体系，在打破测试的"唯一"和统治地位的同时，也期望能一定程度地缓解和拨正其负面效应。

第三，我国英语教学理念的变化需要与之相适应的评价范式。从20世纪后期起，社会建构主义理论即以"以学生为主体"的形态进入我国英语教育视野，如今已成为我国各教育层次英语教学的主导理念之一。如义务教育阶段、高中教育阶段的纲领性文件课程标准⑨⑩，以及《大学英语课程教学要求》⑪ 和《大

---

① CHENG L. The Key to Success: English Language Testing in China [J]. Language Testing, 2008, 25 (1): 15-37.
② JIN Y. Powerful Tests, Powerless Test Designers? Challenges Facing the College English Test [J]. Chinese Journal of Applied Linguistics, 2008 (5): 3-11.
③ JIN Y. Powerful Tests, Powerless Test Designers? Challenges Facing the College English Test [J]. Chinese Journal of Applied Linguistics, 2008 (5): 3-11.
④ JIN Y. The Limits of Language Tests and Language Testing: Challenges and Opportunities Facing the College English Test [M] //CONIAM D. English Language Education and Assessment: Recent Developments in Hong Kong and the Chinese Mainland. Singapore: Springer, 2014: 155-169.
⑤ 蔡基刚. 大学英语四、六级可转向社会化水平考试 [N]. 中国青年报, 2019-01-07 (6).
⑥ 戴炜栋. 外语教学的"费时低效"现象：思考与对策 [J]. 外语与外语教学, 2001, 33 (7): 1-32.
⑦ 金艳, 杨惠中. 走中国特色的语言测试道路：大学英语四、六级考试三十年的启示 [J]. 外语界, 2018 (2): 29-39.
⑧ 蔡基刚. 大学英语四、六级可转向社会化水平考试 [N]. 中国青年报, 2019-01-07 (6).
⑨ 中华人民共和国教育部. 义务教育英语课程标准（2011年版）[M]. 北京：北京师范大学出版社, 2012.
⑩ 中华人民共和国教育部. 普通高中英语课程标准（2017年版）[M]. 北京：人民教育出版社, 2018.
⑪ 教育部高等教育司. 大学英语课程教学要求 [M]. 上海：上海外语教育出版社, 2007.

学英语教学指南》①中皆有明确规定。改变教师讲授为主的单一课堂教学模式,确立学生在教学过程中的主体地位,实现由"教"向"学"的转变,"以教师引导和启发、学生积极主动参与"为典型特征的教学新常态已逐步形成。原有的标准化测试体系与这些新的教学理念和教育导向不再相适应,甚至羁绊着新理念在课堂中的实施;形成性评价作为社会建构主义的伴生评价范式进入我国英语教育评价框架是必然趋势。

第四,我国英语教育评价多重功能的需要。教育评价本身具有多功能性,具体可细分为社会评估、形成性、学生监测、转移、分级等十八种,形成性、终结性是其中最重要的两大基本功能。这些功能在实际的评价过程中并非自成一体,而是经常会有一定程度的重叠,因此,完全割裂是不可能的。②③ 换言之,兼顾各评价功能使之和谐共存是现实的需要。对我国英语教育而言,客观公正的终结性评价功能是整个体制不可或缺的。因为无论是学绩评估、学制的设置,还是分级、升学、资格证书的发放等皆需要一把兼具信度和效度的尺子帮助相关部门做出相对公平且令人信服的评判;而形成性评价的促学功能同样是该领域提高质量实现良性发展的需要。综上所述,形成性评价与终结性评价在我国英语教育领域的兼容并蓄是必然且确定的。

三、形成性评价与终结性评价融合的可能性

对于形成性评价与终结性评价融合的可能性,历来存在不少争议。以Pellegrino等为代表的一派学者持反对意见。他们认为教学评价如需兼顾多种功能,各功能的实际效果会在各种"权衡"中大打折扣,因而坚决反对"一种评价,

---

① 教育部高等学校大学外语教学指导委员会. 大学英语教学指南[M]. 北京:高等教育出版社,2020.
② MANSELL W, JAMES M, ARG. Assessment in Schools. Fit for Purpose [R]. London: Economic and Social Research Council, Teaching and Learning Research Programme, 2009.
③ NEWTON P E. Clarifying the Purposes of Educational Assessment [J]. Assessment in Education: Principles, Policy & Practice, 2007, 14 (2): 149-170.

多种功能"①。更有学者②③④主张这两种评价功能导向完全不同,无法调和;若勉强融合,如将形成性证据用于终结性评价,则可能会使整个评价过程陷入混乱状态并危及教学效果。相反,另一种观点则援引该理论的最早提出者Scriven⑤对形成性评价和终结性评价的定义,认为形成性评价的过程本身就内含并可佐证终结性评价,甚至推出"形成性评价=终结性评价+反馈"的公式化结论。⑥ 另外,他们还用教师更愿意将两者融合,而不是费时费力实行两套完全不同的评价体系的事实,力证形成性和终结性目的共同实现的可能和必要。

事实上,以 Black、Wiliam 为主要代表的评价改革小组(Assessment Reform Group)早期就承认评价的多功能性,认为两种评价不应该被置于相对立的立场,而是一个"连续体"或"光谱"的两端。其关键区别在于评价证据的"收集、解释和使用"⑦⑧⑨。在对英格兰、法国、德国、美国四个国家的教育状况等考察之后,Black 和 Wiliam ⑩不得不承认形成性评价理论尚待完善,并指出:一种能够将形成性评价与现有评价体系有效融合并推而广之的理想模式并不存

---

① PELLEGRINO J W, CHUDOWSKY N J, GLASER R. Knowing What Students Know: the Science and Design of Educational Assessment [M]. Washington, D. C.: National Academy of Sciences, 2001.

② GOLDSTEIN H. Assessing Group Differences [J]. Oxford Review of Education, 1993, 19 (2): 141-150.

③ SADLER D R. Formative Assessment and the Design of Instructional Systems [J]. Instructional Science, 1989, 18: 119-144.

④ TEASDALE A, LEUNG C. Teacher Assessment and Psychometric Theory: A Case of Paradigm crossing? [J]. Language Testing, 2000, 17 (2): 163-184.

⑤ SCRIVEN M. The Methodology of Evaluation [M] // TYLER R W. Perspectives of Curriculum Evaluation. Rand McNally, 1967: 39-85.

⑥ TARAS M. Assessment for Learning: Understanding Theory to Improve Practice [J]. Journal of Further & Higher Education, 2007, 31 (4): 363-371.

⑦ HARLEN W. Teachers' Summative Practices and Assessment for Learning—tensions and Synergies [J]. The Curriculum Journal, 2005, 16 (2): 207-223.

⑧ HARLEN W, JAMES M. Assessment and Learning: Differences and Relationships Between Formative and Summative Assessment [J]. Assessment in Education: Principles, Policy & Practice, 1997, 4 (3): 365-37.

⑨ WILIAM D, BLACK P. Meanings and Consequences: A Basis for Distinguishing Formative and Summative Functions of Assessment? [J]. British Educational Research Journal, 1996, 22 (5): 537-548.

⑩ BLACK P, WILIAM D. Lessons from Around the World: How Policies, Politics and Cultures Constrain and Afford Assessment Practices [J]. Curriculum Journal, 2005, 16 (2): 249-261.

在，形成性评价在不同的教育和文化情境下可能需要不同的适应性形态。十年后，Black① 总结形成性评价在包括欧洲、美洲、亚太地区在内的九国实施状况后，又一次发出感慨：形成性评价还是一个"乐观但有待实现的意向"。

在近三十年不间断的学术争论中，形成性评价与终结性评价融合的可能被逐渐辨明并具化。Pryor 和同事②③首先提出形成性评价在终结性评价为主导的教育现实中有两种可能表现趋向：基于行为主义理论的"聚合型"（convergent）和基于建构主义理论的"发散型"（divergent）。在聚合型形态下，教师是唯一的评价负责人，常见量化的反馈形式，其目的在于考查学生是否能够对预先提出的问题、讲授过的内容等做出正确的回应或重述；发散型形态则重点关注学生真正的学习情况，学生不仅是被评价者，更同教师一起承担评价的责任，具体化的质性反馈是其主要形式。值得注意的是，尽管他们认为这两种评价趋向似乎分属于完全不同的阵营，但仍强调二者不可完全割裂，教师可根据实际情况在两者间自由转换。

Harlen④ 等学者则指出形成性评价与终结性评价并不是"二分"的关系，而是评价功能的"维度"问题，并进而提出评价功能与实践可依据现实的需要呈现出多种形态：非正式形成性评价、正式形成性评价、非正式终结性评价、正式终结性评价（如下图14-1所示）。

其中，非正式形成性评价是典型的形成性评价，其目的是通过为教师和学生提供具体的建议和反馈来提高教学质量，因而是教学的一部分。正式终结性评价则是正统的终结性评价，教师是唯一的评价负责人，其评价目的在于定期为学生的学习情况做出解释。在这两种评价形态间存在着诸多如正式形成性评价、非正式终结性评价等诸多维度和可能。

---

① BlACK P. Formative Assessment: An Optimistic But Incomplete Vision [J]. Assessment in Education: Principles, Policy & Practice, 2015, 22 (1): 161-177.
② PRYOR J, CROSSOUARD B. A Sociocultural Theorization of Formative Assessment [J]. Oxford Review of Education, 2008, 34 (1): 1-20.
③ TORRANCE H, PRYOR J. Investigating Formative Assessment Teaching, Learning and Assessment in the Classroom [D]. London: Open University, 1998.
④ HARLEN W. On the Relationship Between Assessment for Formative and Summative Purposes [M] //GARDNER J. Assessment and Learning. London: Sage, 2006: 103-117.

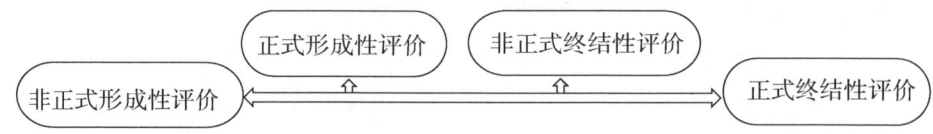

图 14-1　评价的多维形态①

Davison 和 Leung② 将形成性评价形态多样化的发展理念引入二语习得领域，并将这些渐变形态置于英语课堂评价的"连续体"上（如下图 14-2 所示）。

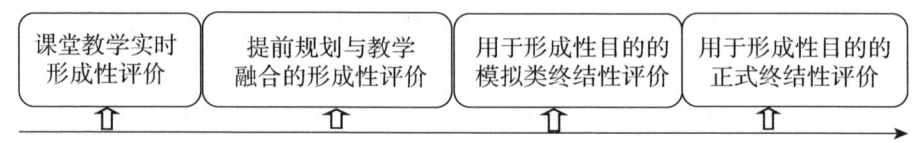

图 14-2　形成性评价的可能类型

他们认为"课堂教学实时形成性评价"是教师日常教学的一部分，只要有需要，随时可能发生，通常由教师和学生共同负责；"提前规划与教学融合形成性评价"也是教学的一个重要环节，着重关注学生的学习过程以及进展，教师和学生仍是评价主体；"用于形成性评价目的的模拟类终结性评价"是通过预先设定的测试来考查学生的进展及其发展空间，其目的是形成性，尽管学生也参与，但评价的主要责任人是教师；"用于形成性目的的正式终结性评价"则是用特定时段的测试来考查学生的学习成效，评价结果常以分数、水平报告的形式呈现。

Carless③ 则指出这些形态需要跨越文化障碍。如在与形成性评价的发源地有很大区别的儒家文化情境下，推行正统的形成性评价是完全不可能的；较合适的做法是根据各地的实际情况，在一个以教师为中心的"限制型"（restricted）和以学生为中心的"拓展型（extended）"为两端的连续体上做出合适的选择。所谓"限制型"形态强调形成性评价即便在以终结性评价为主导

---

① DOLIN J, BLACK P, HARLEN W, et al. Exploring Relations Between Formative and Summative Assessment [M] //DOLIN J, EVANS R. Transforming Assessment. Cham：Springer, 2018：53-80.

② DAVISON C, LEUNG C. Current Issues in English Language Teacher-based Assessment [J]. TESOL Quarterly, 2009 (43)：393-415.

③ CARLESS D. From Testing to Productive Student Learning：Implementing Formative Assessment in Confucian-heritage Settings [M]. New York：Routledge, 2011.

的评价体系下，仍可发挥其促学效应，如终结性测试可服务于形成性评价。而"拓展型"即正统的形成性评价形态，强调学生在评价中的主体地位。Carless 进而强调：只有选择切合自己教育情境的最佳形态，形成性评价方能最大程度地发挥其促学作用。

至此，学界对于形成性评价融入现有评价体系需要多样化和适应性转变已成为共识，包括英语学科和我国在内的儒家文化圈。然而，这些理论上的可能性及其在我国英语教育领域的实际效果仍需实践的检验。

四、形成性评价与终结性评价融合的可行性

自 21 世纪初，形成性评价以政策的形式被我国英语教育领域引进推行，形成性评价逐渐走入课堂，与该领域根深蒂固的测试文化和以儒家传统为特色的教育情境开始了相互碰撞和磨合。从发表的文献来看，这十多年中，形成性评价在我国呈现出了数个经过适应性调整的形态。

2007 年我国香港特别行政区将形成性评价的理念与该地的大规模公开考试相结合，以"校本评价"（school-based assessment，SBA）的形态在中学文凭考试英文科目中推行。[①][②] 其目的是在规避与现行英语教学大纲相冲突的前提下，对学生的英语水平做出客观真实的评价，并尽可能地提高学生的英语能力。[③] 具体内容包括：（1）在老师的指导下，学生们可自由选择观看电影或阅读书籍，然后根据其所选内容完成讨论或演讲；（2）学生可依据自己的选修模块来自由口述或讨论已学知识和技能。[④] 在该评价中，学生很大程度上不受传统标准化考试的限制，可自由选择与其语言水平、兴趣等相适应的表现任务，[⑤] 因而凸显了学生在校本评价中的主体地位。遗憾的是，由于该评价在学生的英语会考成绩中仅占 15%，可能会削弱学生参与的积极性。但终归由于其"以学生为本"的

---

① DAVISON C. Views from the Chalkface: English Language School-based Assessment in Hong Kong [J]. Language Assessment Quarterly, 2007, 4 (1): 37-68.
② 高满满. 校本评核：香港英语口语评估创新介绍 [J]. 外语测试与教学, 2012 (3): 8-11, 46.
③ 高满满, 黄静, 张文霞. 以评促学："促学评价"理论及其在中国外语教育中的实践 [J]. 山东外语教学, 2018, 39 (3): 33-41.
④ DAVISON C. Views from the Chalkface: English Language School-based Assessment in Hong Kong [J]. Language Assessment Quarterly, 2007, 4 (1): 37-68.
⑤ 高满满. 校本评核：香港英语口语评估创新介绍 [J]. 外语测试与教学, 2012 (3): 8-11, 46.

评价内容，该评价在大规模高风险的考评体系下亦发挥出一定的形成性作用。①

另有实证研究在我国香港地区②③及内地④发现考试前后的应对策略在学生学习中能发挥明显的促学效应，进而确定了形成性评价在测试文化下的另一种实践形态——"终结性测试的形成性使用"（formative use of summative tests, FUST），即教师在测试后以新的方式重新教授测试所考查的内容，与学生尤其是低水平学生进行一对一交流，同时鼓励学生反思在测试中的表现，以求达到在之后的考试中提升水平的最终目的。对终结性测试的形成性功用的后续考察发现：教师确实可以通过试前准备和试后反思引导学生朝着形成性的方向发展。⑤⑥ 这种评价形态虽然是在没有威胁到以终结性测试为主导的校内范围进行，但其最终目的仍是提高学生在测试中的表现，依旧以传统的测试为内容，教师还是评价主体（虽有学生参与），因此该评价的促学效果仍具有很大的局限性。⑦

针对内地大学英语范畴的研究则发现了形成性评价的又一种本土化形态——"平时评价"（process assessment）（或过程评价）。Chen 等学者先后在中国两所（一所重点大学和一所非重点大学）⑧ 大学以及中西部某省的八所院

---

① 高满满，黄静，张文霞. 以评促学："促学评价"理论及其在中国外语教育中的实践 [J]. 山东外语教学，2018，39（3）：33-41.
② CARLESS D. From Testing to Productive Student Learning: Implementing Formative Assessment in Confucian-heritage Settings [M]. New York: Routledge, 2011.
③ LAM R. Formative Use of Summative Tests: Using Test Preparation to Promote Performance and Self-regulation [J]. The Asia-Pacific Education Researcher, 2013, 22: 69-78.
④ XIAO Y. Formative Assessment in a Test-dominated Context: How Test Practice can Become More Productive [J]. Language Assessment Quarterly, 2017, 14 (4): 1-17.
⑤ CARLESS D, LAM R. Developing Assessment for Productive Learning in Confucian-influenced Settings: Potentials and Challenges [M] //WYATT-SMITH C, KLENOWSKI V, COLBERT P. Designing Assessment for Quality Learning. Dordrecht: Springer, 2014: 167-182.
⑥ KO P Y. Transcending Conventional Assessment Boundaries in Conducting Learning Study [J]. International Journal for Lesson & Learning Studies, 2019, 8 (3): 212-228.
⑦ CARLESS D. From Testing to Productive Student Learning: Implementing Formative Assessment in Confucian-heritage Settings [M]. New York: Routledge, 2011.
⑧ CHEN Q, KETTLE M, KLENOWSKI V, et al. Interpretation of Formative Assessment in the Teaching of English at Two Chinese Universities: A Sociocultural Perspective [J]. Assessment and Evaluation in Higher Education, 2012, 38 (7): 831-846.

校①，对《大学英语课程教学要求》②所规定的形成性评价政策在大学英语教学中的实施状况进行了深入考察。结果发现：形成性评价已然不自觉地转化为"平时评价"，一种具有文化特色的本土化形态。即教师对学生学期中在考勤、课堂参与、作业和小测试等方面的表现做记录并打分，该分数占一定的比例（10%~30%），并与期末考试一起构成学期考核的最终结果。这一状况在之后两项对20所院校③和全国范围530所各类院校④的问卷调查中也得到了证实。过程评价模式下，教师是唯一的评价负责人，无论是评价的内容，还是平时成绩的确定，都主要由教师完成。而且，平时评价所占比例不大，远不能撼动终结性测试在学生评价中的主导地位，其促学效果有限。⑤但由于该评价开始转向对评价过程的关注，与传统的终结性评价相比，它还是迈出了一小步（如图14-3所示）。⑥

图14-3　平时评价的位置图⑦

虽然经常有学者将"诊断评价"（diagnostic assessment）与形成性评价和终

---

① CHEN Q. Formative Assessment and Its Localised Representation in the Chinese Higher Education Context [J]. Frontiers of Education in China, 2017（1）：75-97.
② 教育部高等教育司. 大学英语课程教学要求 [M]. 上海：上海外语教育出版社，2007.
③ 黄华. 立体教学模式中的大学英语形成性评估问题研究 [J]. 中国外语，2010（5）：15-21.
④ 王守仁，王海啸. 我国高校大学英语教学现状调查及大学英语教学改革与发展方向 [J]. 中国外语，2011，（5）：4-11，17.
⑤ CHEN Q. Formative Assessment and Its Localised Representation in the Chinese Higher Education Context [J]. Frontiers of Education in China, 2017（1）：75-97.
⑥ CHEN Q, KETTLE M, KLENOWSKI V, et al. Interpretation of Formative Assessment in the Teaching of English at two Chinese Universities：A Sociocultural Perspective [J]. Assessment and Evaluation in Higher Education, 2012, 38（7）：831-846.
⑦ 陈秋仙. 论形成性评价在中国的文化适可与挪用 [J]. 山西大学学报（哲学社会科学版），2016，39（3）：80-90.

结性评价相并列，① 但它又不失为两种评价模式取中或融合的一种方式。② 该评价模式在我国高中阶段的英语课堂应用较为多见。由外研社开发并推广的"优诊学"平台虽然功不可没，但是可以找出学生的认知漏洞，并拾缺补遗，提高学生的评价结果和表现的诊断功能也是重要原因。③ 诊断性评价模式下，教师和学生借助诊断报告及多元反馈（调查量表、访谈、活动表现、学习档案、学习日志、随笔、课堂观察、自评以及同伴互评等）来获取诊断性测评信息，确定学生的弱项，进而有针对性地进行教学策略训练以提高学生的英语写作水平④⑤、词汇与语法⑥和听力⑦等课程。其评价主体仍是教师，但其评价方式、内容以及低风险的特点都使得该评价发挥出"不错"的促学效果。⑧ 不过，学生对"优诊学"诊断报告中量化数据的过度关注，导致质性建议极易被忽视，因而在某种程度上限制了其促学效果。

此外，"多元评价"（multiple assessment）也伴随体验式英语教学模式在我国英语教育领域的推行进入了评价话语体系。该评价模式强调评价功能的"多重性"、评价标准和评价主体的"多元性"，以及评价内容和手段的"多样化"，旨在通过将形成性评价和终结性评价，学生自评和互评，外部评价和内部评价，质性评价和定量分析等多维结合，对学习、教学和课程发展进行全面而系统的综合评价，以实现"改进学习、提高教学和完善课程体系"的目标。⑨ 课堂评估、学习档案、学生日记、问卷调查、师生座谈和访谈、督导检查、学校考试

---

① NEWTON P E. Clarifying the Purposes of Educational Assessment [J]. Assessment in Education：Principles, Policy & Practice, 2007, 14 (2)：149-170.
② LOONEY J W. Integrating Formative and Summative Assessment：Progress Toward a Seamless System? [M]. Paris：OECD Publishing, 2011：58.
③ 武尊民. 诊断性语言测评为课堂教学决策提供依据 [J]. 英语学习, 2017 (8)：20-25.
④ 黄菊, 袁霜霜, 范可星. 诊断性测评应用于高中英语写作教学, 促进教师测评素养发展 [J]. 英语学习, 2018 (10)：32-34.
⑤ 黄菊, 叶雯琳, 彭静, 等. 基于诊断性测评提升高中生英语写作语篇衔接能力的案例研究 [J]. 英语学习, 2019 (9)：40-44.
⑥ 周红, 杨永军. 应用"DTL—诊教学"模式, 改善高中英语词汇与语法教学 [J]. 英语学习, 2018 (10)：26-32.
⑦ 孟亚茹. 大学英语听力能力认知诊断评估模型的构建与验证 [D]. 上海：上海外国语大学, 2013.
⑧ 黄菊, 叶雯琳, 彭静, 等. 基于诊断性测评提升高中生英语写作语篇衔接能力的案例研究 [J]. 英语学习, 2019 (9)：40-44.
⑨ 金艳. 体验式大学英语教学的多元评价 [J]. 中国外语, 2010 (1)：68-76, 111.

和外部统考等都是可选评价形式。研究发现：多元评价能够在评价者和被评者的关系、评价结果的信度和效度、结果使用，① 以及学习成效和动机，甚至学习习惯的养成等方面②都产生明显的积极影响。但是，评价主体复杂、评价素养参差不齐，时间和精力成本较高，实效性和可操作性受限，多元评价大范围推广应用的可能性不大。③

"向学评价"（learning-oriented assessment）是另一种试图平衡评价的多重功能，以产生"协同效应"为目标的新型评价模式。④ 该模式尝试融合对学习的评价，即终结性评价（assessment of learning）；促学评价，即形成性评价（assessment for learning）以及作为学习的评价（assessment as learning）。换言之，该模式试图兼顾形成性评价对于课堂的聚焦、终结性评价对于学习结果的重视，以及学生的元认知能力的培养，而兼顾的前提是要保证评价标准的一致性。⑤⑥ 理论上，向学评价似乎能真正地实现教学大纲、课堂教学以及外部测试的统一。但该模式的可行性及有效性尚需坚实的、来自一线课堂实践的证据证实。⑦ 向学评价很可能是未来评价理论与实践的发展方向。

堪称正统的形成性评价在文献中也偶有显现。如清华大学的快乐英语写作

---

① 詹先君. 外语学习主体多元化评价的效应研究：以大学英语学习评价为例 [J]. 外语界，2010（3）：87-94.
② 刘森，牛子杰. 优化英语语音教学多元评价模式的实证研究 [J]. 外语教学理论与实践，2018（4）：62-68.
③ 詹先君. 外语学习主体多元化评价的效应研究：以大学英语学习评价为例 [J]. 外语界，2010（3）：87-94.
④ CARLESS D. Learning-oriented Assessment：Conceptual Bases and Practical Implications [J]. Innovations in Education and Teaching International，2007，44（1）：57-66.
⑤ JONES N，SAVILLE N. Learning Oriented Assessment：A Systemic Approach [M]. Cambridge：Cambridge University Press，2016.
⑥ 李亮.《学习导向的评价——系统方法》评介 [J]. 外语测试与教学，2018（4）：56-58，63.
⑦ ZENG W，HUANG F，YU L，et al. Towards a Learning-oriented Assessment to Improve Students' Learning—A Critical Review of Literature [J]. Educational Assessment Evaluation & Accountability，2018，30：211-250.

课堂①②、中国人民大学的英语写作课堂③、外语类院校英语专业本科生的课堂展现活动④、研究生的英语文献阅读课堂⑤等。但这些课堂无一例外均具备高英语水平的学生、高评价素养的教师以及宽松的评价环境和氛围。换言之，形成性评价即便在我国非常不友好甚至可谓严苛的教育情境下也有可能得到有效的实施。只不过，完全具备所需条件的情形少之又少。

五、形成性评价与终结性评价融合的现状与展望

社会文化理论主张人类活动立足于具体的文化以及情境之中，是在所处"实践共同体"共享的"文化思维工具"影响下意义协商和权衡的结果。⑥⑦ 教育政策的制定和实施在该理论看来，不是一个自上而下的直线过程，而是由参与者在不同的社会和制度背景下进行的"复杂、持续、具有文化属性的社会实践行为"，是一个"动态的、交互作用的过程"⑧。

形成性评价政策的解读以及实施状况再次证实了这一理论。发端于英国的形成性评价改革在各国⑨⑩的实践情形是包括政策制定者、实践者等在内的参与者们在与当地文化以及具体教育情境的交互作用下，意义协商和再创造的过程。

---

① 曹荣平，张文霞，周燕. 形成性评估在中国大学非英语专业英语写作教学中的运用 [J]. 外语教学，2004，25（5）：82-87.
② 黄静，张文霞. 多元反馈对大学生英语作文修改的影响研究 [J]. 中国外语，2014（1）：51-56.
③ TIAN L, LI L. Chinese EFL Learners' Perception of Peer Oral and Written Feedback as Providers, Receivers and Observers [J]. Language Awareness, 2019, 27 (4): 312-330.
④ 姚香泓，邓耀臣，傅琼，等. 课堂展示准备阶段形成性反馈效果研究 [J]. 外语与外语教学，2014，46（2）：60-65，71.
⑤ 文秋芳.《文献阅读与评价》课程的形成性评估：理论与实践 [J]. 外语测试与教学，2011（3）：39-49.
⑥ LAVE J, WENGER E. Situated Learning: Legitimate Peripheral Participation [M]. Cambridge: Cambridge University Press, 1991.
⑦ WERTSCH J V, DEL RIO, P, ALVAREZ A. Sociocultural Studies of Mind [M]. Cambridge: Cambridge University Press, 1995.
⑧ LEVINSON B, SUTTON M, WINSTEAD T. Education Policy as a Practice of Power [J]. Educational Policy, 2009, 23 (6): 767-795.
⑨ BLACK P, WILIAM D. Lessons from Around the World: How Policies, Politics and Cultures Constrain and Afford Assessment Practices [J]. Curriculum Journal, 2005, 16 (2): 249-261.
⑩ BlACK P. Formative Assessment: An Optimistic But Incomplete Vision [J]. Assessment in Education: Principles, Policy & Practice, 2015, 22 (1): 161-177.

形成性评价在我国的实施状况也是如此。在悠久的儒家文化、根深蒂固的考试传统以及我国所特有的文化思考工具和当地现实情形的共同作用下，形成性评价的意义得以被协商、被重新建构，衍生出了校本评价、终结性评价的形成性使用、过程评价、诊断性评价、多元评价及向学评价六种适应性形态。

根据这六种评价形态在内容、主体、形式等方面的界定，尤其是评价结果的使用和潜在的促学效果，笔者认为他们评价特质的形成性趋向应该为：

向学评价>诊断性评价>多元评价>校本评价>终结性评价的形成性使用>过程评价

或可将这些形态在评价连续体上置于如下图所示位置。

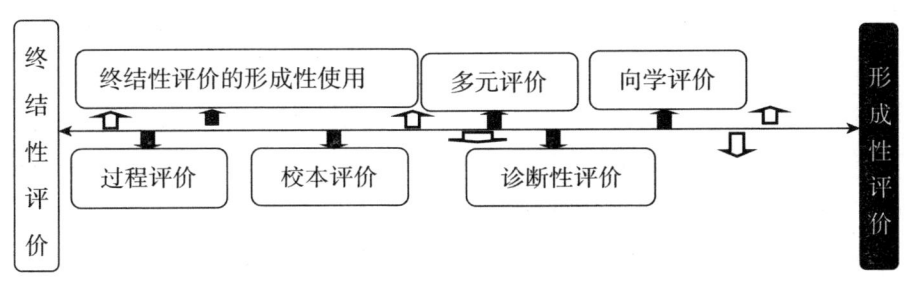

图 14-4　形成性评价与终结性评价的融合形态

这些形态以及尚待发现或尚在形成中的其他形态（空箭头所示）是形成性评价与终结性评价在我国社会文化宏观背景和具体的教育情境下融合的表现，是理论与现实相碰撞的结果。它们身上都不同程度地显现着当地历史和文化传统既有的对终结性评价和评价结果的关注，是依托情境（context-dependent）的产物。但显而易见的是，它们都是挣脱应试传统及其严重后果的努力和尝试，而且在朝着更有利于促进学习结果、提升教育质量的方向靠近。

不过，虽然形成性评价与终结性评价在我国英语教育领域不同程度的融合已经成为现实，但是这些融合形态能否产生，或者哪种形态能产生"卓有成效的协同效应"[1][2]（productive synergy），迄今为止尚无定论。如何在兼顾评价终结性功能的同时，充分发挥形成性评价的促学作用，最大化最优化地提升质量

---

[1] CARLESS D. From Testing to Productive Student Learning：Implementing Formative Assessment in Confucian-heritage Settings [M]. New York：Routledge, 2011.
[2] HARLEN W. Teachers' Summative Practices and Assessment for Learning—tensions and Synergies [J]. The Curriculum Journal, 2005, 16 (2)：207-223.

内涵依旧是当下我国英语教育亟待解决的重点和难题。

鉴于我国英语教育情境的地域差别和复杂性，笔者认为提供必要的功能变量或维度，让任意层次的决策者和实践者根据所处的情形自行选择最优途径不失为一种解决办法。这是因为形成性评价的"促学"与终结性评价的"测试"功能和谐共处的关键在于"适用性"；① 即评价模式的选择应视其需要满足的功能而定，不同的情形需要优先的评价功能不同。明确当时的主要功能，使评价机制做出适时调整，确保整个体系的实际操作"适可"并服务于该功能即可。②

基于如上考虑，笔者提出"基于情境的评价功能动态融合理念"。即各层次的政策制定者和实践者依据所处现实情形对评价模式实时调整，如在平时的课堂教学中，可大胆地推行以促学为导向的形成性评价活动；而在大型高风险测试期间，可利用终结性测试来服务于传统的鉴定以及选拔人才的功能。这就需要顶层的决策层提供适合各种情形的评价框架和形态选择；地方院校层次的决策者有很高的评价素养，同时能对所处现实情境做出良好的判断，并有配套的资源支撑；教师和学生都得到良好的专业学习的机会和充足的时间，明白该如何实施，更理解这样做的根本原因及可能带来的益处。如果我国英语教育质量提升很大程度系于评价的改变，那么评价素养的整体提高是必行的下一步。

---

① MANSELL W, JAMES M. The Assessment Reform Group. Assessment in schools: Fit for purpose [M]. London: Economic and Social Research, 2009.
② NEWTON P E. Clarifying the Purposes of Educational Assessment [J]. Assessment in Education: Principles, Policy & Practice, 2007, 14 (2): 149-170.

附录 I 主管院系领导问题清单

Q1. 请描述贵校对大学英语的课程安排：

A. 所占学分

B. 选必修

C. 课程设置

D. 教师安排

E. 目标学生规模

F. 班容量

Q2. 该课程安排在 2007 年《大学英语课程教学要求》印发前后是否有变化？

A. 如有，具体是什么？ B. 若无，为何？

Q3. 请描述贵校的现行大学英语课程评价政策？

Q4. 该评价政策的制定是出于什么考虑？决定权在哪个层次？与《大学英语课程教学要求》是否有关联？

A. 如有，具体是什么？ B. 若无，为何？ C. 最近是否会有变化？

Q5. 您认为该现行评价政策有何优缺点？

Q6. 请描述您对形成性评价的理解？该理解的来源是什么？

Q7. 您认为贵校的评价政策中是否有形成性评价的成分？

Q8. 您认为贵校实施形成性评价的空间和余地有多大？

Q9. 贵校实行形成性评价有何困扰和难处？

Q10. 据您了解，贵校的公共英语教师在课程评价方面的素养如何？

Q11. 对教师是否有过或可能有相关的培训和技术支持？

A. 如有，有哪些？B. 若无，为何？

Q12. 大学英语四、六级考试在贵校的实行状况？与国家政策的关联？教师的实际行为？

Q13. 如果把测试代表的测试文化和以形成性评价为标志的评价文化置于一个标尺的两端的话，您如何定位贵校的评价状况？

附录Ⅱ 教师焦点访谈问题清单

Q1. 请描述您所了解的学校关于大学英语课程评价的现行规定。

Q2. 你所了解的这些年来本课程评价政策的变化。

Q3. 您如何理解贵校现行大学英语的课程评价政策的主旨或目的？

Q4. 具体你是如何实行的？

Q5. 和贵校评价政策的一致性如何？

Q6. 之前你可曾有过有关课程评价的培训或指导？

A. 有，请描述该培训的核心

B. 无，你用来评价学生的知识和技巧来自哪里？

Q7. 你怎么理解形成性评价？

Q8. 你认为你的评价实践中是否有形成性评价的成分？请具体说明。

Q9. 你怎么给学生反馈？口头的还是书面的，一次性的还是连续重复？

给什么样的反馈？只有分数还是只有评语，抑或分数加评语？

参照什么标准？该标准学生是否明了？

Q10. 你在平时的课堂上是否有请学生参与评价同伴的学习的情况？如有，请举例。

Q11. 请描述您对课程评价目的的理解。

Q12. 请描述您对形成性评价目的的理解。

Q13. 请描述您对形成性评价和终结性评价关系的理解。

Q14. 你如何理解教师或学生在评价中的角色和作用？

Q15. 请描述您心目中理想的有效评估

Q16. 你认为实行形成性评价的困扰和难处有哪些？或者你在实行形成性评价时遇到了哪些困难？

附录Ⅲ　学生调查问卷

Section 1. About you（Tick please）

1. I am _____ ① female

② male

2. My major（专业）is _____

3. I am in year _____ ① one

② two

4. I am from _____ ① developed regions（发达地区）

② intermediate developed regions（中度发达地区）

③ underdeveloped regions or rural regions（不发达地区或农村）

5. The high school I went to is（我上的高中是）_____

① a key school of province level（省重点）

② a key school of city level（市重点）

③ an ordinary school（普通中学）

④ other（其他）_____

6. I would classify my involvement in classroom activities as（我在英语课堂上的参与程度为）_____

① very active　② active　③ medium active　④ passive　⑤ very passive

7. The factors deciding on my participation degree in classroom are（决定我课堂参与的因素是）_____

① interest

② character

③ teacher

④ my speaking ability

⑤ learning habit

⑥ weightings to process assessment（平时成绩的比重）

⑦other（其他）_____

8. I would classify my English proficiency level as（我的英语水平属于）

① very high　② high　③ medium　④ low　⑤ very low

9. The reasons that I take the CET-4（我参加大学英语四级考试的原因是）

① habit

② prove myself（证明自己）

③ useful for employment（找工作）

④ prove my English level

⑤ other _____

10. The thing that I hate most about the current CE assessment mode is

（我最不喜欢现行大学英语评价模式的一点是）：_____

_____.

11. The thing that I like best about the current CE assessment mode is

（我最喜欢现行大学英语评价模式的一点是）：_____

_____.

Section 2. Your views and responses to College English assessment

　　Please answer every item and give your immediate response.

问题	分值				
1. I understand what process assessment is like in our school 我完全明白大学英语的过程评价和平时成绩是怎么回事	1	2	3	4	5
2. Process assessment is a way to facilitate English learning 过程评价在我看来是促进英语学习的一种方式	1	2	3	4	5

续表

问题	分值				
3. Process assessment is an alternative way to gain grades 过程评价只是得到分数的另一种方法而已	1	2	3	4	5
4. My English improves as a result of the incorporated process assessment 过程评价对我的英语水平提高有帮助	1	2	3	4	5
5. Involvement in process assessment is not helpful for my English learning 过程评价对我英语水平的提高没有明显的正面影响	1	2	3	4	5
6. I've adjusted my approaches to learning because of process assessment 因为过程评价的缘故我调整了学习英语的方法	1	2	3	4	5
7. How is English learning assessed does not affect my approaches to English learning at all 大学英语评价采用什么评价方式不影响我学习英语的方法	1	2	3	4	5
8. I participate in classroom activities only when I have to 我只在不得不参与课堂活动的时候才参与	1	2	3	4	5
9. I participate in classroomactivities whenever I can 我会抓住一切机会积极参与	1	2	3	4	5
10. I know that CET-4 is now optional, not required by the school 我知道现在 CET-4 是自愿参加，学校并没有硬性要求	1	2	3	4	5
11. I will take CET-4 no matter whether the school requires or not 不管学校是否有硬性要求，我都会参加四级考试	1	2	3	4	5
12. After CET-4 became optional, I began to focus more on English learning itself CET-4 变为自愿参加后，我更专注于英语学习本身而不是考试了	1	2	3	4	5
13. After CET-4 became optional, I am less motivated to learn English CET-4 变为自愿参加后我学习英语的动力减弱了	1	2	3	4	5

续表

问题	分值				
14. CET-4 is becoming optional does not influence my approach to learn English CET-4变为自愿而不是硬性要求对我的英语学习方法没什么影响	1	2	3	4	5

1-非常不同意（strongly disagree，SD），2-不同意（disagree，D）；3-一般（neutral，N）；4-同意（agree，A）；5-非常同意（strongly agree，SA）

参考文献

中文文献

(一) 专著

[1] 蔡基刚. 大学英语教学:回顾、反思和研究 [M]. 上海:复旦大学出版社,2006.

[2] 曹荣平. 形成性评估的概念重构 [M]. 北京:北京大学出版社,2012.

[3] 陈秋仙. 形成性评价在中国之原理、政策及实施:基于英语学科的社会文化视角 [M]. 北京:科学出版社,2012.

[4] 大学文理科英语教学大纲修订组. 大学英语教学大纲(文理科本科用) [M]. 上海:上海外语教育出版社,1991.

[5]《大学英语教学大纲》修订工作组. 大学英语教学大纲(高等学校理工科本科用) [M]. 北京:高等教育出版社,1985.

[6]《大学英语教学大纲》修订工作组. 大学英语教学大纲(修订本) [M]. 北京:高等教育出版社,2000.

[7] 大学外语教学指导委员会. 大学英语教学指南 [M]. 北京:高等教育出版社,2020.

[8] 大学英语四级大纲委员会. 大学英语四级考试大纲 [M]. 上海:上海外语教育出版社,2005.

[9] 国家统计局. 2020年中国统计年鉴 [M]. 北京:中国统计出版社,2020.

[10] 中华人民共和国教育部. 普通高中英语课程标准 [M]. 北京:人民教育出版社,2003.

[11] 中华人民共和国教育部. 义务教育英语课程标准(2011年版) [M].

北京：北京师范大学出版社，2012.

［12］中华人民共和国教育部．普通高中英语课程标准（2017年版）［M］．北京：人民教育出版社，2018.

［13］中华人民共和国教育部．普通高中英语课程标准［M］．北京：人民教育出版社，2020.

［14］中华人民共和国教育部．义务教育英语课程标准［M］．北京：北京师范大学出版社，2022.

［15］教育部高等教育司．大学英语课程教学要求［M］．上海：上海外语教育出版社，2007.

［16］刘润清，戴曼纯．中国高校外语教学改革现状与发展策略研究［M］．北京：外语教学与研究出版社，2003.

［17］苏渭昌．中国教育思想通史：第八卷（1949—1992）［M］．长沙：湖南教育出版社，1996.

［18］徐仲秋．中国教育思想通史：第一卷（先秦）［M］．长沙：湖南教育出版社，1996.

［19］杨启光．全球教育政策转移比较研究［M］．杭州：浙江大学出版社，2014.

［20］张向众．中国基础教育评价的积弊与更新［M］．北京：教育科学出版社，2010.

（二）期刊论文

［1］毕鹏晖．大学英语微移动词汇学习融入形成性评估模式的研究［J］．外语电化教学，2017（1）.

［2］毕鹏晖．形成性自我评估融入移动听力学习的模式研究［J］．现代教育技术，2017，27（12）.

［3］蔡基刚．国家战略视角下的我国外语教育政策调整：大学英语教学：向右还是向左？［J］．外语教学，2014，35（2）.

［4］蔡基刚．我国大学英语教学史上四次定位争论综述及其启示［J］．中国大学教学，2015（10）.

［5］曹芳，吴志芳，刘立翔．形成性评估在大学英语教学中的应用［J］．高教发展与评估，2008（3）.

［6］曹荣平，陈亚平．形成性评估及其在口译教学中的应用探析［J］．中

国翻译, 2013, 34 (1).

[7] 曹荣平, 张文霞, 周燕. 形成性评估在中国大学非英语专业英语写作教学中的运用 [J]. 外语教学, 2004, 25 (5).

[8] 陈慧卿. 形成性评估中出现的问题及应对策略 [J]. 哈尔滨学院学报, 2007, 28 (9).

[9] 陈美华, 徐小燕. 大学英语口语能力形成性评估实证研究 [J]. 东南大学学报 (哲学社会科学版), 2008, 10 (2).

[10] 陈秋仙. 论形成性评价在中国的文化适可与挪用 [J]. 山西大学学报 (哲学社会科学版), 2016, 39 (3).

[11] 陈舜孟. 形成性评价对英语学习者情感的影响实验研究 [J]. 教育探索, 2007 (11).

[12] 陈旭红. 形成性评估应用于大学英语课程口语测试的实证研究 [J]. 外语与外语教学, 2009, 41 (7).

[13] 戴家干. 改造我们的考试 [J]. 教育测量与评价 (理论版), 2008 (2).

[14] 戴炜栋. 外语教学的"费时低效"现象：思考与对策 [J]. 外语与外语教学, 2001 (7).

[15] 冯天瑜. 科举制度：中国"第五大发明"[J]. 山西大学学报 (哲学社会科学版), 2014, 37 (1).

[16] 高满满. 校本评核：香港英语口语评估创新介绍 [J]. 外语测试与教学, 2012 (3).

[17] 高满满, 黄静, 张文霞. 以评促学："促学评价"理论及其在中国外语教育中的实践 [J]. 山东外语教学, 2018, 39 (3).

[18] 辜向东, 杨志强, 刘晓华. CET对大学英语课堂教学的反拨效应历时研究：重访三位大学英语教师的课堂 [J]. 外语测试与教学, 2013 (1).

[19] 郭茜, 杨志强. 试论形成性评价及其对大学英语教学与测试的启示 [J]. 清华大学教育研究, 2003 (5).

[20] 韩其顺. 大纲设计与《大学英语教学大纲》的特点 [J]. 外语界, 1985 (4).

[21] 韩其顺. 温故知新谈大纲：浅谈对《大学英语教学大纲（修订本）》的认识 [J]. 外语界, 1999 (4).

[22] 何莲珍. 新时代大学英语教学的新要求:《大学英语教学指南》修订依据与要点 [J]. 外语界, 2020 (4).

[23] 胡壮麟. 大学英语教学的个性化、协作化、模块化和超文本化: 谈《教学要求》的基本理念 [J]. 外语教学与研究, 2004, 36 (5).

[24] 黄华. 立体教学模式中的大学英语形成性评估问题研究 [J]. 中国外语, 2010 (5).

[25] 黄红兵. 在线大学英语写作形成性评价模型构建研究 [J]. 现代教育技术, 2015, 25 (1).

[26] 黄剑, 罗少茜, 林敦来. 国内外语教育形成性评价研究述评: 回顾与建议 [J]. 外语测试与教学, 2019 (3).

[27] 黄建滨, 邵永真. 大学英语教学改革的出路 [J]. 外语界, 1998 (4).

[28] 黄静, 张文霞. 多元反馈对大学生英语作文修改的影响研究 [J]. 中国外语, 2014, 11 (1).

[29] 黄菊, 叶雯琳, 彭静, 等. 基于诊断性测评提升高中生英语写作语篇衔接能力的案例研究 [J]. 英语学习, 2019 (9).

[30] 黄菊, 袁霜霜, 范可星. 诊断性测评应用于高中英语写作教学, 促进教师测评素养发展 [J]. 英语学习, 2018 (10).

[31] 蒋学清, 蔡静, 唐锦兰. 探析自动作文评价系统对大学生英语写作能力发展的影响 [J]. 山东外语教学, 2011, 32 (6).

[32] 金艳. 大学英语四、六级考试口语考试对教学的反拨作用 [J]. 外语界, 2000 (4).

[33] 金艳. 关于大学英语教学改革的思考: 评价与教学 [J]. 中国外语教育, 2008, 1, 7 (3).

[34] 金艳. 体验式大学英语教学的多元评价 [J]. 中国外语, 2010 (1).

[35] 金艳. 大学英语课程评价体系的构建 [J]. 山东外语教学, 2013, 34 (5).

[36] 金艳. 大学英语评价与测试的现状调查与改革方向 [J]. 外语界, 2020 (5).

[37] 金艳, 孙杭. 中国语言测试理论与实践发展 40 年: 回顾与展望 [J]. 中国外语, 2020, 17 (4).

[38] 金艳, 杨惠中. 走中国特色的语言测试道路: 大学英语四、六级考试三十年的启示 [J]. 外语界, 2018 (2).

[39] 李兵绒. 大学英语口语教学中形成性评估的应用 [J]. 山西师大学报 (社会科学版), 2008 (6).

[40] 李清华. 形成性评估的现状与未来 [J]. 外语测试与教学, 2012 (3).

[41] 李清华. 形成性评估理论框架的构建 [J]. 教育测量与评价 (理论版), 2014 (4).

[42] 刘复兴. 论我国教育政策范式的转变 [J]. 北京师范大学学报 (社会科学版), 2004 (3).

[43] 刘海峰. "科举" 含义与科举制的起始年份 [J]. 厦门大学学报 (哲学社会科学版), 2008 (5).

[44] 刘芹, 胡银萍, 张俊锋. 理工科大学生英语口语形成性评估体系构建与验证 [J]. 外语教学, 2011, 32 (1).

[45] 刘森, 牛子杰. 优化英语语音教学多元评价模式的实证研究 [J]. 外语教学理论与实践, 2018 (4).

[46] 刘晓华, 慕景强. 高职外语能力取向的发展性评价教学实证研究 [J]. 职业技术教育, 2012, 33 (14).

[47] 刘晓玲, 杨高云. 一种基于网络的同伴写作评改方法 [J]. 中国外语, 2008 (2).

[48] 刘云生. 论新时代系统推进教育评价改革 [J]. 国家教育行政学院学报, 2022 (2).

[49] 刘振天, 罗晶. 高等教育评价"双刃剑": 何以兴利除弊 [J]. 大学教育科学, 2021 (1).

[50] 罗莎. MOOC环境下支架型同伴评价探究: 以英语写作任务为例 [J]. 外语电化教学, 2016 (6).

[51] 钱冠连. 还是要整合性考试: 谈纯分析性考试为何是失误 [J]. 外语教学与研究, 2003 (5).

[52] 苏文秀. 实施形成性评价过程中的问题及对策 [J]. 中国成人教育, 2012 (3).

[53] 孙明焱. 多元形成性评价在小学英语教学中的有效应用 [J]. 中国教

育学刊,2016(S2).

[54] 唐锦兰.探究写作自动评价系统在英语教学中的应用模式[J].外语教学理论与实践,2014(1).

[55] 唐锦兰,吴一安.写作自动评价系统在大学英语教学中的应用研究[J].外语与外语教学,2012,44(4).

[56] 唐雄英,章少泉.新型评价在大学英语教学中的实施和问题[J].外语与外语教学,2007,39(1).

[57] 万宏瑜.基于形成性评估的口译教师反馈:以视译教学为例[J].中国翻译,2013,34(4).

[58] 王定华.改革开放40年我国外语教育政策回眸[J].课程.教材.教法,2018,38(12).

(三)报纸

[1] 蔡基刚.大学英语四、六级可转向社会化水平考试[N].中国青年报,2019-01-07(6).

[2] 李雪.扛起新形势下外语教育的重大使命[N].光明日报,2021-05-08.

[3] 邵永真,黄建滨.标本兼治,侧重应用:大学英语教改刍议[N].光明日报,1997-8-22.

(四)其他

[1] 孟亚茹.大学英语听力能力认知诊断评估模型的构建与验证[D].上海:上海外国语大学,2013.

[2] 孙慧.期望与现实:新大学英语四级考试对大学英语教学的反拨作用调查研究[D].长沙:中南大学,2008.

[3] 肖巍.CET对中国大学生英语考试策略使用的反拨效应研究[D].重庆:重庆大学,2012.

[4] 郑琼琼.当前我国中小学教师的功利主义价值取向研究[D].重庆:西南大学,2011.

[5] 教育部.教育部2005年第2次新闻发布会:介绍大学英语四、六级考试改革有关情况[EB/OL].中华人民共和国教育部网,2005-02-25.

[6] 教育部.教育部办公厅关于进一步提高质量全面实施大学英语教学改革的通知[EB/OL].中华人民共和国教育部官网,2006-07-31.

[7] 中共中央 国务院印发深化新时代教育评价改革总体方案［EB/OL］. 中华人民共和国中央人民政府网, 2020-10-13.

二、英文文献
（一）专著

［1］ ALLAL L, LOPEZ L. Formative Assessment of Learning: A Review of Publications in French［M］// Formative Assessment: Improving Learning in Secondary Classrooms. Paris: OECD Publication, 2005.

［2］ Assessment Reform Group. Assessment for Learning: 10 Principles［M］. Cambridge: University of Cambridge, 2002.

［3］ BACHMAN L F, PALMER A S. Language Testing in Practice: Designing and Developing Useful Language Tests［M］. Oxford: Oxford University Press, 1996.

［4］ BERRY R, ADAMSON B. Assessment Reform in Education［M］. HK: Springer, 2011.

［5］ BISWAS D. Asian Students' Perceived Passivity in the ESL/EFL Classroom［M］. Mitte Saarbrücken: LAP LAMBERT Academic Publishing, 2011.

［6］ BLACK P, HARRISON C, LEE C, et al. Assessment for Learning: Putting It into Practice［M］. London: Open University Press, 2003.

［7］ BLOCK D. The Social Turn in Second Language Acquisition［M］. Washington, D. C.: Georgetown University Press, 2003.

［8］ BLOOM B S, HASTINGS J T, MADAUS G F. Handbook on the Formative and Summative Evaluation of Student Learning［M］. New York: McGraw-Hill, 1971.

［9］ BORENSTEIN M, HEDGES L V, HIGGINS J P T, et al. Introduction to Meta-Analysis［M］. Hoboken: Wiley, 2009.

［10］ CHENG L, J FOX. Assessment in the Language Classroom［M］. London: Palgrave, 2017.

［11］ COHEN J. Statistical Power Analysis for the Behavioral Sciences［M］. 2nd ed. New York: Erlbaum, 1988.

［12］ CRESWELL J W. Educational Research: Planning, Conducting and Evaluating Quantitative and Qualitative Research［M］. 4th ed. New York: Pearson Education, 2015.

[13] BROADFOOT P. Introduction to Assessment [M]. London: Continuum, 2007.

[14] BRUNER J. The Culture of Education [M]. Cambridge: Harvard University Press, 1996.

[15] CARLESS D. From Testing to Productive Student Learning: Implementing Formative Assessment in Confucian-heritage Settings [M]. New York: Routledge, 2011.

[16] FULLAN M. The New Meaning of Educational Change [M]. 4th ed. New York: Teacher's College Press, 2004.

[17] FULLAN M, KIRTMAN L. Coherent School Leadership: Forging Clarity from Complexity [M]. Alexandria: ASCD, 2019.

[18] GLASER B G. The Grounded Theory Perspective III [M]. Mill Valley: Sociology Press, 2005.

[19] JONES N, SAVILLE N. Learning Oriented Assessment: A Systemic Approach [M]. Cambridge: Cambridge University Press, 2016.

[20] KLUTE M, APTHORP H, HARLACHER J, et al. Formative Assessment and Elementary School Student Academic Achievement: A Review of the Evidence (REL 2017-259) [M]. Regional Educational Laboratory Central, 2017.

[21] LANTOLF P J. Sociocultural Theory and Second Language Learning [M]. Oxford: Oxford University Press, 2000.

[22] LAVE J, WENGER E. Situated Learning: Legitimate Peripheral Participation [M]. Cambridge: Cambridge University Press, 1991.

[23] LEECH N L, BARRETT K C, MORGAN G A. SPSS for Introductory and Intermediate Statistics: IBM SPSS for Introductory Statistics Use and Interpretation [M]. London: Routledge, 2015.

[24] MERRIAM S B. Qualitative Research and Case Study Application in Education [M]. San Francisco: Jossey-Bass, 1998.

[25] MILLER C M I, PARLETT M. Up to the Mark: A Study of the Examination Game [M]. Society for Research into Higher Education, 1974.

[26] MORGAN GA, LEECH N L, GLOECKNER G W, et al. SPSS for Introductory and Intermediate Statistics: IBM SPSS for Introductory Statistics Use and Inter-

pretation [M]. London: Routledge, 2011.

[27] NOAH H J, ECKSTEIN M A. Towards a Science of Comparative Education [M]. London: Macmillan, 1969.

[28] PELLEGRINO J W, CHUDOWSKY N J, GLASER R. Knowing What Students Know: the Science and Design of Educational Assessment [M]. Washington D. C.: National Academy of Sciences, 2001.

[29] PIAGET J. The Development of Thought [M]. Blackwell, 1975.

[30] PRINGR. The Philosophy of Education [M]. London: Bloomsbury Publishing, 2004.

[31] SCOTT S, SCOTT D E, WEBBER C F. Assessment in Education: Implications for Leadership [M]. New York: Springer, 2016.

[32] SHOHAMY E. The Power of Tests: A Critical Perspective on the Uses of Language Tests [M]. London: Longman, 2001.

[33] SKINNER B F. The Behavior of Organism: An Experimental Analysis [M]. New York: Appleton-Century-Crofts, 1938.

[34] SNYDER S. The Simple, the Complicated, and the Complex: Educational Reform Through the Lens of Complexity Theory [M]. Paris: OECD Publishing, 2013.

[35] WENGER E. Communities of Practice: Learning, Meaning, and Identity [M]. Cambridge: Cambridge University Press, 1998.

[36] WERTSCH J V, DEL RIO P, ALVAREZ A. Sociocultural Studies of Mind [M]. Cambridge: Cambridge University Press, 1995.

[37] VYGOTSKY L S, COLE M. Mind in Society: The Development of Higher Psychological Processes [M]. Cambridge: Harvard University Press, 1978.

[38] BERRY R. Assessment Reforms Around the World [M] //BERRY R, ADAMSON B. Assessment Reform in Education: Policy and Practice. Dordrecht: Springer, 2011.

[39] BOUD D, FALCHIKOV N. Assessment for the Longer Term [M] // BOUD D, FALCHIKOV N. Rethinking Assessment in Higher Education: Learning for the Longer Term. New York: Routledge, 2007.

[40] CARLESS D, LAM R. Developing Assessment for Productive Learning in Confucian-influenced Settings: Potentials and Challenges [M] //WYATT-SMITH C,

KLENOWSKI V, COLBERT P. Designing Assessment for Quality Learning. Dordrecht: Springer, 2014.

[41] CHAN C K K, RAO N. Revisiting the Chinese Learner: Changing Contexts, Changing Education [M] //CERC Studies in Comparative Education. Hong Kong: Springer, 2010.

[42] CHEN Q. The Potential Barriers to College English Assessment Policy Change in China: A Sociocultural Perspective [M] //GARRICK B, POED S, SKINNER J. Educational Planet Shapers: Researching, Hypothesising, Dreaming the Future. Post Pressed, 2009.

[43] CHEN Q, MAY C L. Chinese EFL Students' Response to an Assessment Policy Change [M] //GUO X U, YAN J. Assessing Chinese Learners of English: Language Constructs, Consequences and Conundrums. London: Palgrave MacMillian, 2016.

[44] CHENG L. Geopolitics of Assessment [M] //LIONTAS J I. The TESOL Encyclopedia of English Language Teaching. Hoboken: John Wiley & Sons, 2018.

[45] CHENG L, CURTIS A. The Realities of English Language Assessment and the Chinese learner in China and Beyond [M] //CHENG L, CURTIS A. English Language Assessment and the Chinese Learner. New York: Routledge, 2010.

[46] CUMMING J J, VAN DER KLEIJ F M. Effective Enactment of Assessment for Learning and Student Diversity in Australia [M] //LAVEAULT D, ALLAL L. Assessment for Learning: Meeting the Challenge of Implementation. The Enabling Power of Assessment. Cham: Springer, 2016.

[47] DELUCA C, VALIQUETTE A, KLINGER D A. Implementing Assessment for Learning in Canada: The Challenge of Teacher Professional Development [M] //D LAVEAULT, ALLAL L. Assessment for Learning: Meeting the Challenge of Implementation. The Enabling Power of Assessment. Cham: Springer, 2016.

[48] DOLIN J, BLACK P, HARLEN W, et al. Exploring Relations Between Formative and Summative Assessment [M] //DOLIN J, EVANS R. Transforming Assessment. Cham: Springer, 2018.

[49] GAO L. Reforms in Student Assessment in Mainland China [M] //LAW E H F, LI C. Curriculum Innovations in Changing Societies. New York: Sense Publishers, 2013.

[50] GRUBER K H. The Rise and Fall of Austrian Interest in English Education [M]//PHILIPS D, OCHS K. Educational Policy Borrowing: Historical Perspectives, Oxford Studies in Comparative Education. Oxford: Symposium Books, 2004.

[51] HAMP-LYONS L. The Impact of Testing Practices on Teaching in Hinkel [M]//HINKEL E. The Handbook of Research in Second Language Teaching and Learning. Mahwah: Lawrence Erlbaum Associates Publisher, 2007.

[52] HARLEN W. On the Relationship between Assessment for Formative and Summative Purposes [M]//GARDNER J. Assessment and Learning. London: Sage, 2006.

[53] HO D Y, PENG S, CHAN F S. Authority and Learning in Confucian-heritage Education: A Relational Methodological Analysis [M]//CHIU C, SALILI F, HONG Y. Multiple Competencies and Self-regulated Learning Implications for Multicultural Education. Charlotte: IAP, 2001.

[54] JAMES M. Assessment and Learning [M]//SWAFFIELD S. Unlocking Assessment: Understanding for Reflection and Application. Abingdon: Routledge, 2008.

[55] JAMES M. Assessment for Learning: Research and Policy in the (Dis) United Kingdom [M]//BERRY R, ADAMSON B. Assessment Reform in Education. Dordrecht: Springer, 2011.

[56] JIN Y. The Limits of Language Tests and Language Testing: Challenges and Opportunities Facing the College English Test [M]//CONIAM D. English Language Education and Assessment: Recent Developments in Hong Kong and the Chinese Mainland. Singapore: Springer, 2014.

[57] KENNEDY K J. Exploring the Influence of Culture on Assessment: The Case of Teachers' Conceptions of Assessment in Confucian-heritage Cultures [M]//BROWN G T L, HARRIS L R. Handbook of Human and Social Conditions in Assessment. New York: Routledge, 2016.

[58] LEE W O. The Cultural Context for Chinese Learners: Conceptions of Learning in the Confucian Tradition [M]//WATKINS D A, BIGGS J B. The Chinese Learner: Cultural, Psychological and Contextual Influences. Hong Kong: Hong Kong University Press, 1996.

[59] LEVINSON B A, WINSTEAD T, SUTTON M. An Anthropological Approach to Education Policy as a Practice of Power: Concepts and Methods [M]//

FAN G, POPKEWITZ T. Handbook of Education Policy Studies. New York: Springer, 2020.

[60] LEVINSON B, SUTTON M. Introduction: Policy as/in Practice-A Sociocultural Approach to the Study of Educational Policy [M] // LEVINSON B, SUTTON M. Policy as Practice: Toward a Comparative Sociocultural Analysis of Educational Policy, Edited by Westport, Connecticut. London: Ablex Publishing, 2001.

[61] LI S, WANG H. Traditional Literature Review and Research Synthesis [M] // PHAKITI A, DE COSTA P, PLONSKY L, et al. The Palgrave Handbook of Applied Linguistics Research Methodologies. New York: Palgrave Macmillan, 2018.

[62] LIU J, XU Y T. Assessment for Learning in English Language Classrooms in China: Contexts, Problemsand Solutions [M] // REINDERS H. Innovation in Language Learning and Teaching: New English Learning and Teaching Environments. London: Palgrave Macmillan, 2017.

[63] MADAUS G F. The Influence of Testing on the Curriculum [M] // TANNER L N. Critical Issues in Curriculum: English Seventh Yearbook of the National Society for the Study of Education. Chicago: The University of Chicago Press, 1988.

[64] MARTON F, SäLJö R. Approaches to Learning [M] // MARTON F, HOUNSELL D, ENTWISTLE N. The Experience of Learning: Implications for Teaching and Studying in Higher Education. Edinbwgh: Scottish Academic Press, 1997.

[65] MCMILLAN J H. The Practical Implications of Educational Aims and Contexts for Formative Assessment [M] // ANDRADE H L, CIZEK G J. Handbook of Formative Assessment. London: Routledge, 2010.

[66] SALILI F. Explaining Chinese Motivation and Achievement: A Sociocultural Analysis [M] // MAEHR M L, PINTRICH P R. Advances in Motivation and Achievement: Culture, Motivation and Achievement. Greenwich: JAI Press, 1995.

[67] SPREEN C A. The Vanishing Origins of Outcomes-based Education [M] // PHILIPS D, OCHS K. Educational Policy Borrowing: Historical Perspectives, Oxford Studies in Comparative Education. Symposium Books, 2004.

[68] TAN K. Assessment for Learning Reform in Singapore-Quality, Sustainable or Threshold? [M] // BERRY R, ADAMSON B. Assessment Reform in Education: Policy and Practice. London: Springer, 2011.

[69] WEI W. A Critical Review of Washback Studies: Hypothesis and Evidence [M] // AL-MAHROOQI R, COOMBE C, AL-MAAMARI F, et al. Revisiting EFL Assessment. Second Language Learning and Teaching. Cham: Springer, 2017.

[70] WILIAM D. An Overview of the Relationship Between Assessment and the Curriculum [M] // SCOTT D. Curriculum & Assessment. Greenwich: JAI Press, 2001.

（三）期刊

[1] AULD E, MORRIS P. Comparative Education, the "New Paradigm" and Policy Borrowing: Constructing Knowledge for Educational Reform [J]. Comparative Education, 2013, 50 (2).

[2] BENBASAT L, GOLDSTEIN D K, MEAD M. The Case Research Strategy in Studies of Information Systems [J]. MIS Quarterly, 1987, 11 (3).

[3] BENNETT R E. Formative Assessment: A Critical Review [J]. Assessment in Education: Principles, Policy and Practice, 2011, 18 (1).

[4] BERRY R. Assessment Trends in Hong Kong: Seeking to Establish Formative Assessment in an Examination Culture [J]. Assessment in Education: Principles, Policy & Practice, 2011 (2).

[5] BIGGS J. Learning from the Confucian Heritage: So Size Doesn't Matter? [J] International Journal of Educational Research, 1998 (29).

[6] BlACK P. Formative Assessment: An Optimistic But Incomplete Vision [J]. Assessment in Education: Principles, Policy & Practice, 2015, 22 (1).

[7] BLACK P, WILIAM D. Classroom Assessment and Pedagogy [J]. Assessment in Education: Principles, Policy & Practice, 2018, 25 (6).

[8] BLACK P, WILIAM D. Assessment and Classroom Learning [J]. Assessment in Education: Principles, Policy & Practice, 1998, 5 (1).

[9] BLACK P, WILIAM D. Lessons from around the World: How Policies, Politics and Cultures Constrain and Afford Assessment Practices [J]. Curriculum Journal, 2005, 16 (2).

[10] BLACK P, WILIAM D. Developing the Theory of Formative Assessment [J]. Educational Assessment Evaluation and Accountability, 2009, 21 (5).

[11] BLACK P, WILIAM D. Inside the Black Box: Raising Standards through Classroom Assessment [J]. Phi Delta Kappan, 2010, 92 (1).

［12］BROWN G, GEBRIL A, MICHAELIDES M. Teachers' Conceptions of Assessment: A Global Phenomenon or a Global Localism［J］. Front. Educ. , 2019, (4).

［13］BROWN G T L, HUI S K F, YU F, et al. Teachers' Conceptions of Assessment in Chinese Contexts: A Tripartite Model of Accountability, Improvement, and Irrelevance［J］. International Journal of Educational Research, 2011, (50).

［14］BROWN G T L, Gao L. Chinese Teachers' Conceptions of Assessment for and of Learning: Six Competing and Complementary Purposes［J］. Cogent Education, 2015, 2 (1).

［15］BYBEE R W. Achieving Scientific Literacy: From Purposes to Practices［J］. Educational Change, 1997, (1).

［16］CARLESS D. Learning – oriented Assessment: Conceptual Bases and Practical Implications［J］. Innovations in Education and Teaching International, 2007, 44 (1).

［17］CARLESS D. Trust, Distrust and Their Impact on Assessment Reform［J］. Assessment and Evaluation in Higher Education, 2009 (1).

［18］CARLESS D. Exploring Learning – oriented Assessment Processes［J］. Higher Education, 2015, 69 (6).

［19］CHEN J, BROWN G T L. High-stakes Examination Preparation that Controls Teaching: Chinese Prospective Teachers' Conceptions of Excellent Teaching and Assessment［J］. Journal of Education for Teaching, 2013, 39 (5).

［20］CHEN Q. Formative Assessment and Its Localised Representation in the Chinese Higher Education Context［J］. Frontiers of Education in China, 2017 (1).

［21］CHEN Q, KETTLE M, KLENOWSKI V, et al. Interpretation of Formative Assessment in the Teaching of English at Two Chinese Universities: A Sociocultural Perspective［J］. Assessment and Evaluation in Higher Education, 2012, 38 (7).

［22］CHEN Q, May L, KLENOWSKI V, et al. The Enactment of Formative Assessment in English Language Classrooms in Two Chinese Universities: Teacher and Student Responses［J］. Assessment in Education: Principles Policy & Practice, 2014, 21 (3).

［23］CHENG L. The Key to Success: English Language Testing in China［J］. Language Testing, 2008, 25 (1).

[24] CHENG L, ROGERS T, HU H. ESL/EFL Instructors' Classroom Assessment Practices: Purposes, Methods, and Procedures [J]. Language Testing, 2004 (3).

[25] CHENG L, ROGERS W T, WANG X. Assessment Purposes and Procedures in ESL/EFL Classrooms [J]. Assessment & Evaluation in Higher Education, 2008 (1).

[26] CHENG L, WANG X. Grading, Feedback and Reporting in ESL/EFL Classrooms [J]. Language Assessment Quarterly, 2007 (1).

[27] CHENG X. Asian Students' Reticence Revisited [J]. System, 2000, 28 (3).

[28] COLLINS S, REISS M, STOBART G. What Happens When High-stakes Testing Stops? [J] Assessment in Education: Principles, Policy & Practice, 2010, 17 (3).

[29] COOMBE C, AL-HAMLY M, TROUDI S. Foreign and Second Language Teacher Assessment Literacy: Issues, Challenges and Recommendations [J]. Language Teaching and Learning in ESL Education, 2010 (38).

[30] COOMBS A, RICKEY N, DELUCA C, et al. Chinese Teachers' Approaches to Classroom Assessment [J]. Educational Research for Policy and Practice, 2022, 21 (1).

[31] CROOKS T J. The Impact of Classroom Evaluation Practices on Students [J]. Review of Educational Research, 1988, 58 (4).

[32] DARWISH Al S, SADEQI A A. Reasons for College Students to Plagiarize in EFL Writing: Students' Motivation to Pass [J]. International Education Studies, 2016, 9 (9).

[33] DAUGHERTY R. Reviewing National Curriculum Assessment in Wales: How can Evidence Inform the Development of Policy [J]. Cambridge Journal of Education, 2008, 38 (1).

[34] DAUTERMANN J. Teaching Business and Practical Writing in China: Confronting Assumptions and Practices at Home and Abroad [J]. Technical Communication Quarterly, 2005, 14 (2).

[35] DAVISON C. The Contradictory Culture Ofteacher-based Assessment: ESL

teacher Assessment Practices in Australian and Hong Kong Secondary Schools [J]. Language Testing, 2004, 21 (3).

[36] DAVISON C. Views from the Chalkface: English Language School-based Assessment in Hong Kong [J]. Language Assessment Quarterly, 2007, 4 (1).

[37] DAVISON C, LEUNG C. Current Issues in English Language Teacher-based Assessment [J]. TESOL Quarterly, 2009 (43).

[38] DELUCA C, KLINGER D, PYPER J, et al. Instructional Rounds as a Professional Learning Model Forsystemic Implementation of Assessment for Learning [J]. Assessment in Education: Principles, Policy & Practice, 2015 (22).

[39] DENG C, CARLESS D R. Examination Preparation or Effective Teaching: Conflicting Priorities in the Implementation of a Pedagogic Innovation [J]. Language Assessment Quarterly, 2010, 7 (4).

[40] DUNN K E, MULVENON S W. A Critical Review of Research on Formative Assessments: The Limited Scientific Evidence of the Impact of Formative Assessments in Education [J]. Practical Assessment, Research, and Evaluation, 2009, 14 (7).

[41] DUVAL S, TWEEDIE R. A Nonparametric "Trim and Fill" Method of Accounting for Publication Bias in Meta Analysis [J]. Journal of the American Statistical Association, 2000, 95 (449).

[42] ENGESTRÖM Y. Expansive Learning at Work: Toward an Activity Theoretical Reconceptualization [J]. Journal of Education & Work, 2001, 14 (1).

[43] ENTWISTLE N, ENTWISTLE A. Contrasting Forms of Understanding for Degree Examinations: The Student Experience and Its Implications [J]. Higher Education, 1991, 22 (3).

[44] FLÓREZ P M T. Systems, Ideologies and History: A Three-dimensional Absence in the Study of Assessment Reform Processes [J]. Assessment in Education: Principles, Policy & Practice, 2014, 22 (1).

[45] GINSBERG E. Not Just a Matter of English [J]. HERDSA News, 1992, 14 (1).

[46] GIPPS C. Socio-cultural Aspects of Assessment [J]. Review of Research in Education, 1999, 24 (1).

[47] GLASER B G. Conceptualization: On Theory and Theorizing Using Grounded Theory [J]. International Journal of Qualitative Methods, 2002, 1 (2).

[48] GOLDSTEIN H. Assessing Group Differences [J]. Oxford Review of Education, 1993, 19 (2).

[49] GRAHAM S, HEBERT M, HARRIS K R. Formative Assessment and Writing: A Meta analysis [J]. The Elementary School Journal, 2015, 115 (4).

[50] GRIMSHAW T. Problematizing the Construct of "the Chinese learner": Insights from Ethnographic Research [J]. Educational Studies, 2007, 33 (3).

(三) 其他

[1] ARG. Changing Assessment Practice: Process, Principles and Standards [EB/OL]. www.assessment-reform-group.org, 2009-04-30.

[2] AUBREY S C. Influences on Japanese Students' Willingness to Communicate across Three Different Sized EFL Classes [Unpublished master's thesis] [D]. Auckland: The University of Auckland, 2010.

[3] Council of Chief State School Officers. Revising the Definition of Formative Assessment [EB/OL]. 2018.

[4] Council of Ministers of Education, Canada. OECD Study on Enhancing Learning Through Formative Assessment and the Expansion of Teacher Repertoires [EB/OL]. 2005.

[5] DATT S. & CHETTY P. 8-step Procedure to Conduct Qualitative Content Analysis in a Research [EB/OL]. 2016.

[6] FLÓREZ T, SAMMONS P. A Literature Review of Assessment for Learning: Effects and Impact [D]. Oxford: University of Oxford, 2013.

[7] LOONEY J W. Integrating Formative and Summative Assessment: Progress Toward a Seamless System? OECD Education Working Papers [EB/OL]. OECD Publishing, 2011: 58.

[8] OECD. Assessment for Learning: The Case for Formative Assessment [EB/OL]. 2008.

[9] OECD. Education in China: A Snapshot [EB/OL]. 2016.

[10] Organisation for Economic Cooperation and Development [OECD]. Formative Assessment Improving Learning in Secondary Classrooms [EB/OL]. 2005.

[11] SANGANGULA L A. The Effects of Large Class Size on Effective EFL Teachingand Learning [D]. Instituto Superior de Cinecias de Educacao, 2016.

[12] SHUTE V. Focus on Formative Feedback [D]. Princeton: Educational Testing Service, 2007.

[13] SINGAPORE M. o. E. Shaping Our Future: Thinking Schools, Learning Nation [EB/OL]. 1997.

[14] TORRANCE H, PRYOR J. Investigating Formative Assessment Teaching, Learning and Assessment in the Classroom [D]. London: The Open University, 1998.

[15] YIN Y. The Influence of Formative Assessments on Student Motivation, Achievement, and Conceptual Change [D]. Cambridge: Harvard University, 2005.

[16] ZHOU M. Behind the Chinese Obsession with Elite Universities [EB/OL]. 2019.

书 评

陈秋仙教授的国家社科成果《形成性评价在我国英语教育领域的情境重构及实现路径》五年磨一剑，精心构思、实施、总结、升华，终于面世，是英语教育评测学界的重要成果，可喜可贺！

该书深入探讨了形成性评价在中国大学英语教学中的应用，以及如何通过区域性视角来优化这一评价理论的实现路径，是一本从理论出发，扎根于中国英语教育领域的学术力作。作者认识到，虽然形成性评价的理念自21世纪初已被逐渐引入我国的教育评价体系，但其在实际应用中仍面临诸多挑战。这些挑战包括对形成性评价理论的认知普及、文化情境的适应性解构与重构、在我国教育中的错位以及如何将这一理论与学科的专业特色相结合等。作者提出，通过对情境重构和实现路径的探索，形成性评价能够为中国英语教育带来新的活力。

作者通过对形成性评价理论和现有实证文献的深入、系统化分析，结合我国特别是中西部地区大学外语教育的实际情况，探讨了如何在教学中有效地实施形成性评价。书中详细分析了形成性评价在中国大学英语教学中面临的挑战，这些挑战包括教师对形成性评价理念的认识不足、评价工具和方法的缺乏以及学校和教育行政部门的支持不够等。针对这些问题，作者提出了一系列解决方案，如加强教师培训、开发适合中国学生特点的形成性评价工具以及建立更加完善的评价体系等。此外，作者还强调了区域性视角的重要性。中国是一个地域广阔、文化多样的国家，不同地区的教育资源和条件存在显著差异。因此，形成性评价的实施需要考虑到这些区域性特点，以确保评价体系的有效性和适用性。书中通过案例分析，展示了如何在不同地区实施形成性评价，并取得了积极成效。作者进一步在形成性评价形态的演变规律和发展轨迹基础上，提出

"基于情境的评价功能动态融合理念",是对形成性评价理论的原创性贡献。

《形成性评价在我国英语教育领域的情境重构及实现路径》是一本具有深刻见解和实用价值的学术著作。作为一部结合理论与实践,深入分析中国大学英语教育评价体系的著作,本书无疑将对推动我国英语教育的发展产生积极影响。它不仅为教育工作者提供了形成性评价的理论基础和实践指导,也为推动中国英语教育改革提供了有力的支持。在本书的最后,作者不仅总结了研究成果,还提出了对未来教育改革的启示和建议。这些内容将对教育工作者、政策制定者以及对教育评价感兴趣的研究者提供宝贵的参考。

曹荣平
2024 年 4 月
于北京林业大学柏儒苑